Kohlhammer

Die Autorin

Prof. Dr. Miriam Morgan ist Professorin und hat die deutschlandweite Leitung der Studiengänge »Sozialpädagogik & Management« sowie »Sozialpädagogik, Management & Coaching« an der internationalen Berufsakademie (iba).

Miriam Morgan

Migrationsbedingte Vielfalt in der Kita

Pädagogische Arbeit mit Eltern, Kindern und im Team

Verlag W. Kohlhammer

Für Mike, ohne dessen konsequentes Ignorieren
genderstereotyper Vorstellungen dieses
Buch nicht möglich gewesen wäre
Für Ben & Philipp

Dieses Werk einschließlich aller seiner Teile ist urheberrechtlich geschützt. Jede Verwendung außerhalb der engen Grenzen des Urheberrechts ist ohne Zustimmung des Verlags unzulässig und strafbar. Das gilt insbesondere für Vervielfältigungen, Übersetzungen, Mikroverfilmungen und für die Einspeicherung und Verarbeitung in elektronischen Systemen.

Die Wiedergabe von Warenbezeichnungen, Handelsnamen und sonstigen Kennzeichen in diesem Buch berechtigt nicht zu der Annahme, dass diese von jedermann frei benutzt werden dürfen. Vielmehr kann es sich auch dann um eingetragene Warenzeichen oder sonstige geschützte Kennzeichen handeln, wenn sie nicht eigens als solche gekennzeichnet sind.

Es konnten nicht alle Rechtsinhaber von Abbildungen ermittelt werden. Sollte dem Verlag gegenüber der Nachweis der Rechtsinhaberschaft geführt werden, wird das branchenübliche Honorar nachträglich gezahlt.

Dieses Werk enthält Hinweise/Links zu externen Websites Dritter, auf deren Inhalt der Verlag keinen Einfluss hat und die der Haftung der jeweiligen Seitenanbieter oder -betreiber unterliegen. Zum Zeitpunkt der Verlinkung wurden die externen Websites auf mögliche Rechtsverstöße überprüft und dabei keine Rechtsverletzung festgestellt. Ohne konkrete Hinweise auf eine solche Rechtsverletzung ist eine permanente inhaltliche Kontrolle der verlinkten Seiten nicht zumutbar. Sollten jedoch Rechtsverletzungen bekannt werden, werden die betroffenen externen Links soweit möglich unverzüglich entfernt.

1. Auflage 2022

Alle Rechte vorbehalten
© W. Kohlhammer GmbH, Stuttgart
Gesamtherstellung: W. Kohlhammer GmbH, Heßbrühlstr. 69, 70565 Stuttgart
produktsicherheit@kohlhammer.de

Print:
ISBN 978-3-17-036672-5

E-Book-Formate:
pdf: ISBN 978-3-17-036673-2
epub: ISBN 978-3-17-036674-9

Inhaltsverzeichnis

1	**Einleitung**	**9**

2	**Grundlagen**	**15**
2.1	Umgang mit migrationsbedingter Vielfalt in Pädagogik und Gesellschaft	16
2.1.1	Umgang mit migrationsbedingter Vielfalt in der Pädagogik – ein historischer Überblick	16
2.1.2	Integration, Inklusion und Interkulturelle Öffnung	20
2.2	Interkulturelle Kompetenz von pädagogischen Fachkräften	26
2.2.1	Definition und Modelle interkultureller Kompetenz	27
2.2.2	Die Bedeutung von Machtasymmetrien, Fremdbildern und Diskriminierungserfahrungen	30
2.2.3	Die besondere Rolle der Reflexionskompetenz	32
2.3	Kultur	34
2.3.1	Sechs wichtige Fakten zum Thema Kultur	35
2.3.2	Potenzial und Gefahr des Kulturbegriffs	46
2.3.3	Umgang mit Kultur in diesem Buch	50
2.4	Weitere Einflussfaktoren in interkulturellen Situationen	51
2.5	Checkliste	52

3 Zusammenarbeit mit Eltern mit Migrationshintergrund — 54

3.1	Das Konzept der Bildungs- und Erziehungspartnerschaft	55
3.2	Herausforderungen und Chancen in der Zusammenarbeit mit Eltern mit Migrationshintergrund	58
3.3	Eltern mit Migrationshintergrund – eine diverse Personengruppe	60
3.4	Kulturell bedingte Unterschiede zwischen Bildungs- und Erziehungskonzepten von Eltern mit Migrationshintergrund und pädagogischen Fachkräften	65
3.4.1	Arten von Bildungs- und Erziehungsdifferenzen	66
3.4.2	Selbstständigkeit	71
3.4.3	Spielen und Lernen	75
3.4.4	Umgang mit Autorität	80
3.4.5	Bindung	86
3.4.6	Rollen von Kita und Familie	95
3.5	Checkliste	97

4 Zusammenarbeit in kulturell diversen Fachkräfte-Teams — 99

4.1	Chancen und Herausforderungen kulturell diverser Teams	100
4.1.1	Chancen	100
4.1.2	Herausforderungen	102
4.1.3	Erfolgsfaktoren	104
4.2	Pädagogische Fachkräfte mit Migrationshintergrund	107

4.2.1	Zahlen und Fakten	107
4.2.2	Besondere Herausforderungen	109
4.3	Kulturelle Unterschiede in diversen Fachkräfteteams	112
4.3.1	Exkurs: Dimensionsmodelle von Kultur	113
4.3.2	Küssen, Kuscheln, Körperkontakt	116
4.3.3	Umgang mit Zeit	120
4.3.4	Kommunikation	123
4.3.5	Gestaltung von Angeboten	126
4.4	Checkliste	131

5 Arbeit mit Kindern in einer kulturell diversen Gesellschaft 132

5.1	Vorurteile in der frühen Kindheit	134
5.1.1	Stereotype – Vorurteile – Diskriminierung	134
5.1.2	Vorurteilsentwicklung im frühen Kindesalter	136
5.1.3	Konsequenzen für die Frühe Bildung	137
5.2	Aktuelle Ansätze interkulturellen Lernens in Praxis und Theorie	140
5.2.1	Interkulturelle Arbeit in der aktuellen Kita-Praxis	140
5.2.2	Landeskundliches vs. interkulturelles Lernen	142
5.2.3	Theoretische Ansätze interkulturellen Lernens	145
5.3	Interkulturelles Lernen als Vermittlung von Vielfaltskompetenz	149
5.4	Methoden der Vermittlung von Vielfaltskompetenz in der Kita	154
5.4.1	Vielfältige Alltagspraxen aufgreifen	155
5.4.2	Materialien nutzen, die das vielfältige Aussehen von Menschen widerspiegeln	156
5.4.3	Geschichten, Lieder und Beispiele bewusst auswählen	158

5.4.4	Die eigene Sprache reflektiert und bewusst einsetzen	161
5.4.5	Mehrsprachigkeit wertschätzen	163
5.4.6	Sich einsetzen gegen Diskriminierung und Stereotypisierung	166
5.4.7	Vorbild sein	168
5.5	Interkulturelles Lernen in homogenen Kindergruppen	168
5.6	Checkliste	170

6	**Techniken zum Umgang mit (potenziellen) kulturellen Unterschieden**	**171**
6.1	Der Eisberg-Check	172
6.2	Die Fünf-Finger-Regel	175
6.3	Der Vorteil-Nachteil-Check	179
6.4	Der Einflüsse-Check	183
6.5	Checkliste	188

7	**Fazit: Migrationssensible Zusammenarbeit mit Eltern, Kindern und im Team**	**189**

Literatur	**196**

1

Einleitung

Zwei kleine Jungen, John und Ali[1], spielen in der Bauecke. Beide sind erst vor wenigen Wochen mit ihren Familien als Geflüchtete nach Deutschland gekommen. Ali stammt aus Afghanistan, John aus Nigeria. Während des Spiels fällt der dreijährige Ali etwas ungeschickt auf einen Baustein und beginnt zu weinen. Eine Pädagogin kommt, um ihn zu trösten. Doch der Junge, der noch kaum ein Wort Deutsch spricht, weint weiter. Die Pädagogin nimmt ihn auf den Schoß und redet beruhigend auf ihn ein. Der vierjährige John ist währenddessen eng an die beiden herangerückt und sagt immer wieder: »Sorry, Ali!

---

1 Bei dieser Schilderung handelt es sich um eine wahre Begebenheit, die Namen der Kinder wurden jedoch abgeändert.

1 Einleitung

I'm so sorry.« Die Pädagogin fragt John sichtlich irritiert: »Warum entschuldigst du dich denn? Du warst doch gar nicht schuld!« Doch John lässt sich nicht beirren und wiederholt immer wieder: »Sorry, I'm sorry.« Nach einer Weile ist die Pädagogin sichtlich verärgert, dass neben den anderen spielenden Kindern und dem weinenden Ali nun auch noch John (scheinbar) ihre Aufmerksamkeit einfordern will und gibt ihm schließlich in barschem Ton zu verstehen, dass er woanders spielen und sie nicht weiter stören soll.

In diversen Gesellschaften wie der deutschen kommt es im Kita-Alltag immer wieder zu Situationen dieser Art. Obwohl die Pädagogin keinem der Kinder Unrecht tun will, interpretiert sie Johns Verhalten aufgrund ihres fehlenden Einblicks in sprachliche und kulturelle Unterschiede als unangemessenen Versuch, ihre Aufmerksamkeit zu erlangen. John hingegen möchte in Wirklichkeit lediglich sein Mitgefühl für Ali ausdrücken und zeigt damit ein Handeln, das eigentlich ihre Anerkennung verdient hätte.

Aktuell (Stand 31.12.2019) haben 26 Prozent der in Deutschland lebenden Menschen einen Migrationshintergrund[2]. Unter den null- bis fünfjährigen Kindern sind es durchschnittlich 40 Prozent (Statistisches Bundesamt et al., 2021, S. 68), in vielen Einrichtungen der Ballungsräume liegt der Anteil sogar bei rund 80 Prozent. Knapp acht Millionen der Menschen mit Migrationshintergrund sind bereits in Deutschland geboren, etwa 14 Millionen sind erst im Laufe ihres Lebens nach Deutschland immigriert (Statistisches Bundesamt et al.,

---

2 Der Begriff »Migrationshintergrund« findet in der amtlichen Statistik seit 2005 Verwendung. Er »umfasst Menschen, die entweder selbst nicht mit deutscher Staatsbürgerschaft geboren wurden oder aber mindestens einen Elternteil haben, der nicht mit deutscher Staatsbürgerschaft geboren wurde. Das betrifft alle Ausländerinnen und Ausländer, alle Eingebürgerten, alle (Spät-)Aussiedlerinnen und (Spät-)Aussiedler, alle Personen, die die deutsche Staatsbürgerschaft durch Adoption erhalten haben, sowie die mit deutscher Staatsangehörigkeit geborenen Kinder dieser vier Gruppen« (Statistisches Bundesamt et al., 2021, S. 30).

2021, S. 31). 1,8 Millionen von ihnen sind als Schutzsuchende in Deutschland registriert (Statistisches Bundesamt et al., 2021, S. 42). Menschen mit Migrationshintergrund tragen jedoch nicht nur durch andere Sprachen, Kulturen und Erfahrungen zur Diversität der deutschen Gesellschaft bei, sondern sind auch innerhalb der Gruppe äußerst divers. Sie haben unterschiedliche Bildungshintergründe[3], sprechen verschiedene Sprachen, üben verschiedene Berufe aus, gehören unterschiedlichen Religionen an. Ihr Weg nach Deutschland variiert von einer komfortablen Arbeitsmigration hochqualifizierter Fachkräfte bis hin zu höchst traumatischen Fluchterfahrungen. Es finden sich unterschiedliche Familienformen, Familienkulturen, sexuelle Orientierungen, Fähigkeiten/Beeinträchtigungen und nicht zuletzt Persönlichkeiten.

Die Folge ist eine große Diversität unter den Menschen, mit denen pädagogische Fachkräfte in Kindertageseinrichtungen tagtäglich zusammenarbeiten. Diese Diversität birgt viel Potenzial, kann aber auch zu Missverständnissen, Frustration und Konflikten führen. Die Herausforderung besteht daher nicht nur darin, einen neuen Faktor (Migration) in der pädagogischen Arbeit zu beachten, sondern auch darin, mit einer großen Komplexität umzugehen, in der einfache Einordnungen nach dem Schema »Türkische Familien sind so, deutsche Familien sind so« nicht greifen können.

Ziel dieses Buches ist es, eine Einführung zu geben in die Besonderheiten der pädagogischen Arbeit von Kindertageseinrichtungen in einer Migrationsgesellschaft. Dabei wird einerseits relevantes theoretisches Wissen vermittelt, andererseits aber auch mithilfe von Reflexionsfragen, Fallbeispielen sowie konkreten Tipps und Methoden der Weg für den Transfer in die Praxis geebnet. Eine zentrale

---

3 Mit ca. 28 Prozent ist der Anteil der 18–24-Jährigen mit (Fach-)Hochschulabschluss zwar ebenso hoch wie unter der Bevölkerung ohne Migrationshintergrund, allerdings ist der Anteil von Menschen ohne Schulabschluss, Erwerbslosen und der armutsgefährdeten Erwerbstätigen in der Bevölkerung mit Migrationshintergrund deutlich erhöht (Statistisches Bundesamt et al., 2021, S. 36 ff.).

1 Einleitung

Frage, die die Ausführungen dieses Buches dabei begleitet, ist die Frage, wie migrationsbedingte (und zum Teil andere) Quellen von Vielfalt in der pädagogischen Arbeit ernst genommen werden können, ohne in ein einfaches Schubladendenken zu verfallen. Migrationsbedingte Diversität begegnet pädagogischen Fachkräften in Kindertageseinrichtungen insbesondere auf drei Ebenen (vgl. Abbildung 1.1):

1. Die Zusammenarbeit zwischen Fachkräften und Eltern mit Migrationshintergrund
2. Die Zusammenarbeit in (kulturell diversen) Fachkräfteteams
3. Die Arbeit mit Kindern in einer diversen Gesellschaft

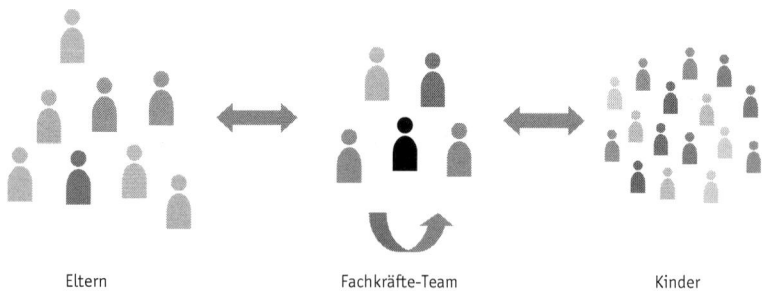

Abb. 1.1: Drei zentrale Ebenen, auf denen kulturelle Diversität im Kita-Alltag relevant wird.

Die Thematisierung dieser drei Ebenen bildet den Kern dieses Buches. Dieser vorangestellt führt Kapitel 2 (▶ Kap. 2) in einige grundlegende Themen und Fragen ein und stellt insofern das Fundament für die weiteren Ausführungen dar. Es befasst sich mit der Frage des Umgangs mit kultureller Diversität in Pädagogik und Gesellschaft, der interkulturellen Kompetenz pädagogischer Fachkräfte sowie dem wichtigen und zugleich schwierigen Begriff der Kultur. Aber auch andere Faktoren, die interkulturelle Situationen beeinflussen können, werden beleuchtet.

Anschließend nimmt Kapitel 3 (▸ Kap. 3) die erste der oben genannten Ebenen in den Blick: die Zusammenarbeit mit Eltern mit Migrationshintergrund. Eingegangen wird auf das Konzept der Bildungs- und Erziehungspartnerschaft sowie die speziellen Chancen und Herausforderungen, die sich in der Zusammenarbeit mit Eltern mit Migrationshintergrund ergeben. Auch Unterschiede zwischen Bildungs- und Erziehungskonzepten von Fachkräften und Eltern werden thematisiert sowie Lösungsansätze für mögliche Missverständnisse und Irritationen aufgezeigt.

Kapitel 4 (▸ Kap. 4) legt den Fokus auf die Zusammenarbeit in kulturell diversen Fachkräfteteams. Diese stellen zunehmend die Realität in deutschen Kindertageseinrichtungen dar, finden in der Literatur bislang aber noch wenig Beachtung. Folglich werden die besondere Situation dieser Gruppe und ihre speziellen Herausforderungen dargelegt, die sich ihr im Berufsalltag stellen. Anschließend werden Chancen und Herausforderungen kulturell diverser Teams beleuchtet. Schließlich wird auch in diesem Kapitel mithilfe von Fallbeispielen für mögliche Irritationen und Missverständnisse sensibilisiert, die auf kulturelle Unterschiede zurückgeführt werden können. Dabei werden auch hier Wege aufgezeigt, wie in diesen und ähnlichen Situationen konstruktiv und diversitätsbewusst agiert werden kann.

Der dritten wichtigen Ebene widmet sich Kapitel 5 (▸ Kap. 5): der Arbeit mit Kindern in einer kulturell diversen Gesellschaft. Im Fokus stehen dabei nicht speziell Kinder mit Migrationshintergrund, sondern vielmehr alle Kinder. Es wird argumentiert, dass die Arbeit mit jungen Kindern die besondere Chance bietet, ihnen bereits in den ersten Lebensjahren eine Wahrnehmung von Diversität im Sinne einer selbstverständlichen Normalität zu vermitteln. Da interkulturelles Lernen in Gesetzen und Bildungsplänen zur frühkindlichen Bildung zwar explizit gefordert wird, aber die vorliegenden Ideen und Konzepte zur konkreten Umsetzung zu einem großen Teil als oberflächlich oder stereotypisierend kritisiert werden können, wird in diesem Buch ein neues Konzept interkulturellen Lernens vorgestellt. Dieses ist speziell auf das frühe Kindesalter zugeschnitten und

1 Einleitung

konzipiert interkulturelles Lernen als die Vermittlung von Vielfaltskompetenz. Nach einem Einblick in die Erkenntnisse zur Entwicklung von Vorurteilen in der frühen Kindheit sowie einem Überblick über vorliegende Ansätze interkulturellen Lernens werden die zentralen Ziele interkulturellen Lernens, im Sinne seines Verständnisses als Vielfaltslernen, vorgestellt. Um die Umsetzung dieser Ideen in der Praxis zu ermöglichen, schließt das Kapitel mit einer umfangreichen Sammlung von Tipps und Methoden für den Kita-Alltag.

Kapitel 6 (▸ Kap. 6) ergänzt die Ausführungen zur Zusammenarbeit mit Eltern, Kindern und im Fachkräfte-Team durch ein Thema, deren Relevanz sich auf alle drei dieser Ebenen erstreckt. Vor dem Hintergrund der großen gesellschaftlichen Diversität, die sich nicht nur durch Migration, sondern auch durch deren Überlappung mit anderen Faktoren ergibt, werden vier konkrete Techniken vorgestellt, die ermöglichen, dieser Diversität in adäquater Weise zu begegnen. Sie zeigen Wege auf, wie mit potenziellen kulturellen Unterschieden in einer hochkomplexen Gesellschaft konstruktiv umgegangen werden kann und ermutigen zu Selbstreflexion und Dialog.

2

Grundlagen

Der Umgang mit migrationsbedingter Diversität wird in Deutschland seit Mitte des 20. Jahrhunderts intensiv und zum Teil auch sehr kontrovers in Wissenschaft und Gesellschaft diskutiert. Bevor in den Kapiteln 3 bis 5 spezifisch auf die verschiedene Personengruppen eingegangen wird, mit denen pädagogische Fachkräfte in Kindertageseinrichtungen zusammenarbeiten, werden in diesem folgenden Kapitel einige grundlegende Themen behandelt, die als Basis für die Ausführungen der weiteren Kapitel dienen.

Kapitel 2.1 (► Kap. 2.1) befasst sich mit der Frage des Umgangs mit kultureller Vielfalt in Pädagogik und Gesellschaft. Es gibt einen historischen Überblick über die Diskussion dieser Frage in der Pädagogik, wodurch auch die heutigen Foki im Umgang mit migrationsbedingter Vielfalt im Bildungsbereich besser verstehbar werden.

Anschließend werden die Konzepte der Integration, Inklusion und interkulturellen Öffnung beleuchtet. Kapitel 2.2 (▶ Kap. 2.2) diskutiert, welches Wissen und welche speziellen Fähigkeiten Pädagog:innen dabei unterstützen, in einer Migrationsgesellschaft konstruktiv und diversitätsbewusst ihrer Arbeit nachzugehen. Kapitel 2.3 (▶ Kap. 2.3) widmet sich dem wichtigen, aber auch schwierigen Begriff der Kultur und stellt unter anderem dar, wie in diesem Buch versucht wird, die Chancen des Begriffs zu nutzen und gleichzeitig die mit ihm verbundenen Gefahren zu meiden. Anschließend kommen in Kapitel 2.4 (▶ Kap. 2.4) weitere Faktoren zur Sprache, die interkulturelle Situationen potenziell beeinflussen. Wie auch die übrigen Kapitel wird dieses Kapitel 2 mit einer Checkliste abgeschlossen, die hilft, den eigenen Wissensstand über das Gelesene zu überprüfen (▶ Kap. 2.5).

2.1 Umgang mit migrationsbedingter Vielfalt in Pädagogik und Gesellschaft

2.1.1 Umgang mit migrationsbedingter Vielfalt in der Pädagogik – ein historischer Überblick

Bis in die 1970er Jahre hinein wird das Thema Migration und Bildung in Deutschland – in der Politik ebenso wie in der Wissenschaft – wenig reflektiert. Lediglich die Schulpflicht wird sukzessive auch auf ausländische Kinder ausgeweitet. Erst in den 1970er Jahren, als zunehmend mehr so genannte »Gastarbeiterkinder« das deutsche Bildungssystem besuchen, beginnt sich die so genannte Ausländerpädagogik zu entwickeln. Ihr Fokus liegt primär auf der Förderung der deutschen Sprachkenntnisse. Darüber hinaus orientiert man sich an der, von der Kultusministerkonferenz 1964 vorgegebenen, so genannten »Doppelstrategie«: Einerseits wird die schulische Integration (z. B. durch Sprachförderung) unterstützt, andererseits wird Wert darauf gelegt, die »kulturelle Identität« der Kinder und damit ihre »Rückkehrfähig-

2.1 Umgang mit migrationsbedingter Vielfalt in Pädagogik und Gesellschaft

keit« zu erhalten. Hintergrund dieses Vorgehens ist die Annahme, dass der Aufenthalt der Gastarbeiter:innen in Deutschland zeitlich begrenzt sein werde und sie und ihre Familien früher oder später in ihr Herkunftsland zurückkehren würden.

Um 1980 beginnt sich gegenüber der Ausländerpädagogik starke Kritik zu regen. Diese fokussiert sich insbesondere auf drei Punkte. Als besonders problematisch wird erstens die Defizitperspektive der Ausländerpädagogik angesehen: Ausländische Kinder würden darin als »Mängelwesen« angesehen, denen aufgrund ihrer eingeschränkten Kenntnisse der deutschen Sprache kompensatorische Hilfen zugeteilt werden müssten. Anstoß erregt zweitens die Stigmatisierung der »Ausländerkinder« dadurch, dass ihnen durch den Fokus der Bemühungen auf ihre spezifische Zielgruppe eine besondere Bedürftigkeit unterstellt würde. Drittens richtet sich die Kritik darauf, dass die soziostrukturellen Ursachen für Benachteiligung von »Gastarbeiterkindern« unbeachtet blieben (vgl. z. B. Hamburger et al., 1984).

Aus dieser Kritik gehen Mitte der 1980er Jahre zwei Richtungen hervor. Eine Gruppe von Wissenschaftler:innen nimmt an, dass Diskriminierung insbesondere durch die Befähigung zum interkulturellen Verstehen abgebaut werden könne. Es entstehen Konzepte der so genannten »interkulturellen Erziehung«. Die Defizitperspektive der Ausländerpädagogik wird durch eine Differenzperspektive abgelöst. Gefordert wird nun nicht mehr die Assimilation, das heißt Anpassung der Kinder mit Migrationshintergrund an die deutsche Kultur und Sprache, sondern vielmehr die Anerkennung von kultureller Vielfalt. So verschiebt sich auch die Zielgruppe der pädagogischen Aktivitäten. Im Fokus stehen nun nicht mehr nur die ausländischen, sondern alle Kinder. Auch die Konzentration der Ausländerpädagogik auf Sprache öffnet sich und wird durch einen Fokus auf Identität abgelöst. Der bekannteste Vertreter dieser interkulturellen Erziehung ist der Erziehungswissenschaftler Georg Auernheimer (z. B. Auernheimer, 1990).

Eine zweite Gruppe von Wissenschaftler:innen sieht die Ursache der Herausforderungen von Ausländer:innen vor allem in ihrer rechtlichen und sozialen Diskriminierung. Sie geht davon aus, dass Benachteiligungen durch bessere strukturelle und soziale Integration

2 Grundlagen

ausgeglichen werden sollten (z. B. Hamburger, 1984; Radtke, 1995). Ab Anfang der 1990er Jahre werden zunehmend Rassismustheorien und antirassistische Konzepte aus Großbritannien, Frankreich und den Niederlanden in die deutsche Diskussion eingebracht. Statt der Anerkennung von kulturellen Differenzen wie in der interkulturellen Erziehung der 1980er Jahre liegt der Fokus dieser antirassistischen Pädagogik darauf, Ursachen von Diskriminierung zu identifizieren und Strategien zu entwickeln, um diese zu verhindern.

Aber noch eine weitere Entwicklung kennzeichnet die 1990er Jahre. So findet in der wissenschaftlichen Diskussion ein Perspektivenwechsel statt. Unter dem Stichwort »interkulturelle Öffnung« verschiebt sich der Fokus weg von ausländischen und inländischen Kindern und Jugendlichen hin zu den Einrichtungen und Institutionen, in denen diese betreut werden (Barwig & Hinz-Rommel, 1995). Es wird folglich nicht mehr (nur) gefragt, wie eine Pädagogik für Kinder und Jugendliche in einer durch Migration geprägten Gesellschaft gestaltet sein muss. Vielmehr liegt der Fokus auf der Frage, wie sich die Einrichtungen und Institutionen ändern müssen, um dieser Situation gerecht zu werden (► Kap. 2.1.2). Parallel setzt eine Diskussion ein, die unter dem Begriff der »interkulturellen Kompetenz« den Blick auf die notwendigen Kompetenzen und Voraussetzungen der Pädagog:innen in einer Migrationsgesellschaft richtet (Hinz-Rommel, 1994) (► Kap. 2.2).

Die 2000er Jahre sind geprägt durch den zunehmenden Einfluss von Diversity-Konzepten (z. B. Leiprecht, 2008). Statt den Blick nur auf eine Form von Differenz zu richten (z. B. Migration) verknüpfen diese verschiedene Heterogenitätsdimensionen miteinander. Dies sind beispielsweise Alter, Geschlecht, Migrationsgeschichte, Behinderung oder sozioökonomischer Status[4] (Gramelt, 2021, S. 17). Diversity ist

---

4 Auf die Parallelen zwischen interkultureller, feministischer und integrativer Pädagogik weist Annedore Prengel bereits (1993) mit ihrer »Pädagogik der Vielfalt« hin und fordert, diese Differenzaspekte gemeinsam zu betrachten (► Kapitel 5.2.3).

2.1 Umgang mit migrationsbedingter Vielfalt in Pädagogik und Gesellschaft

dabei kein rein deskriptiver Begriff, sondern »zielt auf die Wertschätzung sozialer Gruppenmerkmale bzw. -identitäten [...]. Das pädagogische Ziel ist der positive Umgang mit Diversity sowie die Entwicklung von Diversity-Kompetenzen« (Walgenbach, 2017, S. 92). Unter dem Begriff der der Intersektionalität (Crenshaw, 1989) wird zudem darauf hingewiesen, dass verschiedene Heterogenitätsdimensionen »*nicht isoliert voneinander* analysiert werden können, um die Hintergründe sozialer Ungleichheit zu verstehen. Vielmehr geht es um Verwobenheit und Überkreuzungen mehrerer Kategorien – sprich Intersektionen – mit gesellschaftlichen Strukturen und Verhältnissen in Wirtschaft, Politik, Kultur etc.« (Bronner & Paulus, 2017, S. 11, Hervorhebung im Original).

Uneinigkeit herrscht in der wissenschaftlichen Community jedoch darüber, ob die Diversity-Perspektive bisherige Foki (etwa auf Migration, Gender oder Behinderung) ersetzen oder lediglich ergänzen sollte. Aus Sicht Auernheimers (2016, S. 45) etwa sollte die Diversity-Perspektive »nicht mit Erwartungen überfrachtet« werden. Sie solle vielmehr als »eine Art Meta-Perspektive« betrachtet werden, die allerdings weder die interkulturelle Pädagogik noch andere »Sonderpädagogiken« ersetzt.

Generell ist zu beachten, dass die dargestellten Ansätze und Schwerpunkte in Bezug auf die Frage des Umfangs mit migrationsbedingter Vielfalt in der Pädagogik zwar zeitlich unterschiedlich verortet werden können, sich aber nicht vollständig gegenseitig abgelöst haben. »Es besteht ein Nebeneinander bereits etablierter Arbeitsansätze [... sowie] neueren Entwicklungen« (Gögercin, 2018, S. 39).

Unter den konkreten Einzelansätzen, die seit der Jahrtausendwende großen Einfluss ausüben, gilt es insbesondere die Migrationspädagogik zu nennen (Mecheril, 2004; Mecheril et al., 2010; Mecheril, 2016). Diese zeichnet ein Gegenmodell zur interkulturellen Pädagogik der 1980er Jahre. Sie kritisiert die Fokussierung auf den Faktor Kultur und argumentiert vielmehr, dass erst durch die Thematisierung kultureller Unterschiede kulturell »Andere« erzeugt werden und es dadurch zu Ab- und Ausgrenzung kommen kann. Aufgabe der Migrationspädagogik sei es daher, zu untersuchen, »wie *der/die*

Andere unter Bedingungen von Migration erzeugt wird und welchen Beitrag pädagogische Diskurse und pädagogische Praxen hierzu leisten« (Mecheril, 2010, 15 f., Hervorhebung im Original). Starke Kritik äußert die Migrationspädagogik an Ansätzen, die nationale und kulturelle Zugehörigkeiten gleichsetzen. Sie selbst verwendet statt dessen den Begriff der »natio-ethno-kulturellen Zugehörigkeit« (Mecheril, 2003, S. 118 ff.).

»[Der Begriff natio-ethno-kulturell] ruft in Erinnerung, dass die sozialen Zugehörigkeitsordnungen, für die Phänomene der Migration bedeutsam sind, von einer diffusen, auf Fantasie basierenden, unbestimmten und mehrwertigen »Wir«-Einheit strukturiert werden« (Mecheril, 2010, S. 14).

Speziell im frühkindlichen Bereich haben darüber hinaus die Anti-Bias-Education (in Deutschland auch unter dem Begriff »vorurteilsbewusste Bildung und Erziehung« (▶ Kap. 5.2.3) bekannt) und die kultursensitive Frühpädagogik (▶ Kap. 5.2.3) bedeutenden Einfluss. Aber auch die Pädagogik der Vielfalt nach Annedore Prengel ist weiterhin von Bedeutung (▶ Kap. 5.2.3). Da diese in späteren Kapiteln diskutiert werden, wird an dieser Stelle nicht näher auf sie eingegangen.

2.1.2 Integration, Inklusion und Interkulturelle Öffnung

Im aktuellen Diskurs über den Umgang mit migrationsbedingter (und anderer) Vielfalt in Gesellschaft und Bildungseinrichtungen sind einige Begriffe von großer Relevanz, die bislang nur beiläufig Erwähnung gefunden haben. Dazu gehören insbesondere Integration, Inklusion und interkulturelle Öffnung. In den folgenden Ausführungen werden das Begriffspaar Integration – Inklusion sowie der Begriff der interkulturellen Öffnung und die mit ihnen verbundenen Konzepte vorgestellt. Im Hintergrund steht dabei stets die Frage, wie auf einer strukturellen bzw. institutionellen Ebene mit migrationsbedingter Diversität in Gesellschaft und Bildungseinrichtungen umgegangen werden muss, um eine friedliche und gerechte Gesellschaft zu ermöglichen.

2.1 Umgang mit migrationsbedingter Vielfalt in Pädagogik und Gesellschaft

1 Integration

Der Begriff der »Integration« ist nicht eindeutig definiert. Süleyman Gögercin (2018, S. 173) beschreibt ihn als »mehrdeutig« und »mit facettenreichen Implikationen« einhergehend. Viola Georgi und Filiz Keküllüoğlu (2018, S. 41) ergänzen, der Begriff werde »entweder als Prozess, als Funktion oder als Ziel verstanden«. Besonders schwierig ist die Definition aber auch aufgrund seiner kontroversen und unklaren Verwendung im öffentlichen Diskurs:

> »Auch wenn es im wissenschaftlichen Kontext präzise Definitionen von ›Integration‹ gibt, wird der Begriff mehrheitlich vor allem mit den kontroversen öffentlichen Diskursen assoziiert, so dass es kaum möglich ist, die wissenschaftliche Verwendung des Begriffs von seiner Rezeption in Politik, Medien und Öffentlichkeit zu trennen« (Gögercin, 2018, S. 173 f.).

Zudem finden sich mehrere verwandte Begriffe (Assimilation, Akkulturation, Inklusion, Eingliederung oder Akkommodation), die sich mit dem Begriff der Integration überschneiden oder – je nach Definition des Integrationsbegriffs – sogar weitgehend identisch in ihrer Bedeutung sind. Als gemeinsamer Nenner kann jedoch folgende Definition gelten:

> »Integration wird [...] als ein Prozess verstanden, in dem die Eingewanderten und ihre Nachkommen zu integralen Bestandteilen der Gesellschaft des Landes werden sollen, in das sie migriert sind« (Georgi & Keküllüoğlu, 2018, S. 41).

In Bezug auf die Arbeit in Kindertageseinrichtungen stellt sich daher vor allem die Frage, *wie* dieser Prozess gestaltet werden kann, damit immigrierte Menschen und ihre Nachkommen integraler Bestandteil der deutschen Gesellschaft (und in kleinerem Rahmen auch integraler Teil der »Kita-Familie«) werden. Eine präzise Ausdifferenzierung, auf welche Weise Integration[5] stattfinden kann, stammt von John

---

5 Berry spricht von »Akkulturation«.

2 Grundlagen

W. Berry (2006)[6]. Abhängig davon, inwieweit die Angehörigen einer Minderheit einerseits (Herkunfts-)Kultur und -identität aufrechterhalten und andererseits Beziehungen zur Mehrheitsgesellschaft suchen, ergeben sich vier Strategien (▶ Abb. 2.1).

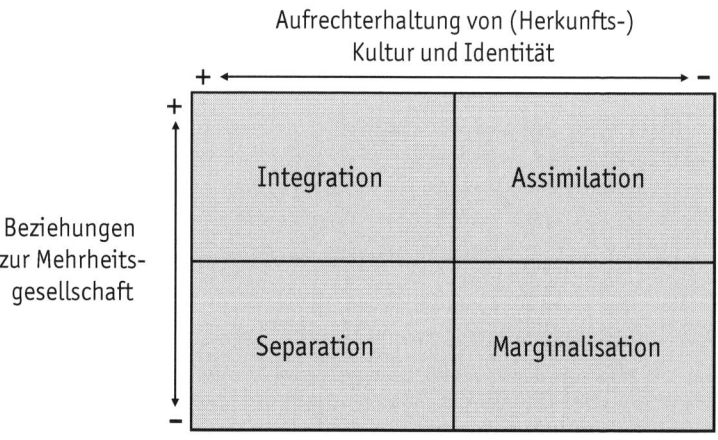

Abb. 2.1: Akkulturationsstrategien nach John W. Berry (2006, S. 23; eigene Darstellung)

Wenn sich Angehörige von Minderheiten von Herkunftskultur und -identität abwenden und gleichzeitig keine sozialen Kontakte zur Mehrheitsgesellschaft unterhalten, wird dies als *Marginalisation* bezeichnet. Zu *Separation* kommt es, wenn Angehörige von Minderheiten Herkunftskultur und -identität aufrechterhalten, aber keine oder kaum Beziehungen zur Mehrheitsgesellschaft unterhalten. Unter *Assimilation* versteht Berry die Aufgabe von Herkunftskultur und -identität bei gleichzeitiger starker sozialer Eingliederung in die Mehrheitsgesellschaft. Die eigentliche *Integration* in Berrys Sinne findet dagegen statt,

---

6 Eine ähnliche Unterscheidung stellt Hartmut Esser (2001, S. 19 ff.) vor.

wenn es Angehörigen von Minderheiten gelingt, einerseits Herkunftskultur und -identität aufrecht zu erhalten, aber gleichzeitig soziale Beziehungen zur Mehrheitsgesellschaft einzugehen.

> **Zum Nachdenken**
>
> Welche der vier Strategien finden Sie am sinnvollsten? Weshalb?

Integration stellt nach Berry diejenige Strategie dar, die mit dem geringsten Stresslevel verbunden ist, während Marginalisation die problematischste der beschriebenen Strategien darstellt (Berry, 2006, S. 31). Diese Ansicht findet im wissenschaftlichen Diskurs breite Anerkennung. Vielfach betont wird dabei auch, dass Integration nicht lediglich als Aufgabe der Minderheitsangehörigen, sondern ebenso Aufgabe der Mehrheitsgesellschaft anzusehen ist:

»Integration kann nicht nur einseitig als Aufgabe der (zu integrierenden) Individuen verstanden werden und die Verantwortung an sie delegiert werden, sondern ist als reziprokes Verhältnis zu betrachten. Integration heißt hier von Seiten der (Mehrheits-)Gesellschaft, die entsprechenden strukturellen, rechtlichen und sozialen Voraussetzungen zu schaffen, so dass die (integrierenden) Subjekte aktiv gesellschaftlich partizipieren und mitgestalten können« (Riegel, 2009, S. 37).

Zu beachten ist auch, dass es nicht allein in der Verantwortung und den Möglichkeiten der Minderheiten liegt, die für sie passende Strategie auszuwählen. Vielmehr kann Integration als Strategie nur dann gewählt werden, wenn in der Mehrheitsgesellschaft eine offene und inklusive Haltung gegenüber kultureller Diversität zu finden ist (Berry, 2006, S. 24).

2 Inklusion

Einige Wissenschaftler:innen kritisieren am Konzept der Integration jedoch die ihm zugrunde liegende »Zwei-Gruppen-Theorie« (Hinz, 2002, S. 359). Denn bei der Diskussion über Integration werden zwangsläufig zwei Gruppen (z. B. Menschen mit und ohne Migrationshintergrund oder Menschen mit und ohne Behinderung) voneinander unterschieden. Diese Kritik aufgreifend hat sich in den vergangenen Jahrzehnten zunehmend der Begriff der »Inklusion« durchgesetzt. Ursprünglich wurde der Begriff primär auf die Eingliederung von Menschen mit Behinderung bezogen. Im Vorwort der deutschen Version der UN-Behindertenrechtskonvention, die 2001 von der Generalversammlung der Vereinten Nationen beschlossen wurde, schreibt die Beauftragte der Bundesregierung für die Belange von Menschen mit Behinderungen:

> »Das Leitbild der Behindertenrechtskonvention ist »Inklusion«. Es geht also nicht darum, dass sich der oder die Einzelne anpassen muss, um teilhaben und selbst gestalten zu können.
> Es geht darum, dass sich unsere Gesellschaft öffnet, dass Vielfalt unser selbstverständliches Leitbild wird. Es geht um eine tolerante Gesellschaft, in der alle mit ihren jeweiligen Fähigkeiten und Voraussetzungen wertvoll sind« (Beauftragte der Bundesregierung für die Belange von Menschen mit Behinderungen, 2017, S. 3).

Mittlerweile findet der Inklusions-Begriff jedoch auch in Bezug auf andere Diversitätsdimensionen Verwendung und hat den Begriff der Integration einigen Bereichen sogar abgelöst.

Georgi und Keküllüoğlu (2018, S. 44) bezeichnen Inklusion als »optimierte, erweiterte oder gar visionäre Version von Integration«. Im Unterschied zum Integrationsbegriff sieht Inklusion soziale Gruppen grundsätzlich als heterogen und als zusammengesetzt aus zahlreichen verschiedenen Mehr- und Minderheiten an. Im Fokus steht daher nicht mehr die Eingliederung einer Gruppe von Menschen in eine andere, sondern das Zusammenleben aller Menschen bei gleichzeitiger Anerkennung von Diversität gleich welcher Form (▶ Abb. 2.2).[7]

---

7 Eine inklusive Sichtweise spielgelt sich auch in den Ausführungen zum interkulturellen Lernen von Kindern wieder, welche in Kapitel 5 formuliert werden.

2.1 Umgang mit migrationsbedingter Vielfalt in Pädagogik und Gesellschaft

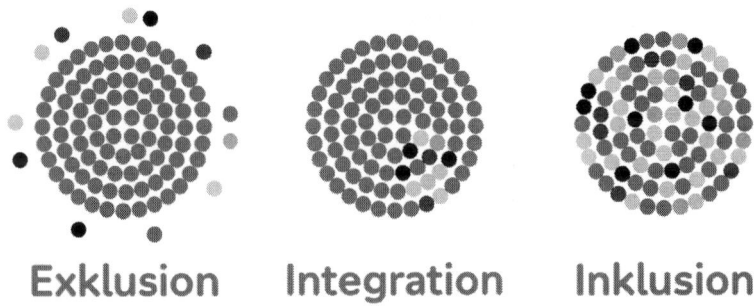

Exklusion   Integration   Inklusion

Abb. 2.2: Exklusion – Integration – Inklusion (Aktion Mensch, o.J.)

3 Interkulturelle Öffnung

Eng verbunden mit dem Gedanken, dass Integration nicht nur in der Verantwortung der Angehörigen von Minderheiten, sondern auch der Mehrheitsgesellschaft liegt, ist die Idee der interkulturellen Öffnung. Entscheidenden Anstoß für die deutsche Diskussion gab das 1995 publizierte Werk von Klaus Barwig und Wolfgang Hinz-Rommel (1995) »Die interkulturelle Öffnung sozialer Dienste«. Seither erfährt die interkulturelle Öffnung wachsende Beachtung in der deutschen Gesellschaft und ist mittlerweile zu einem »Postulat der sozialen Gerechtigkeit« (Schröer, 2018, S. 774 f.) geworden, das sich an die Gesellschaft insgesamt, aber auch an ihre Institutionen richtet.

> »Der Begriff der interkulturellen Öffnung basiert auf einem weiten Kulturverständnis und bezieht sich als solches nicht nur auf unterschiedliche Sichtweisen auf Basis von Kultur, sondern betrifft auch das Verhältnis der Geschlechter, zwischen Generationen oder Menschen mit unterschiedlichen körperlichen und geistigen Fähigkeiten« (Schröer, 2018, S. 775).

Interkulturelle Öffnung bezieht sich auf die strategische Ausrichtung von Organisationen, die sich etwa in Organisations-, Personal- oder Qualitätsentwicklung niederschlägt. Eine besondere Beachtung erfährt dabei der Abbau von Zugangsbarrieren (Mayer & Vanderheiden, 2014, S. 35; Schröer, 2018, S. 776). Definieren lässt sich der Begriff daher folgendermaßen:

2 Grundlagen

»Interkulturelle Öffnung kann zusammenfassend verstanden werden als ein bewusst gestalteter Prozess, der (selbst-)reflexive Lern- und Veränderungsprozesse von und zwischen unterschiedlichen Menschen, Lebensweisen und Organisationsformen ermöglicht, wodurch Zugangsbarrieren und Abgrenzungsmechanismen in den zu öffnenden Organisationen abgebaut werden und Anerkennung ermöglicht wird« (Schröer, 2007, S. 83).

Die Basis interkultureller Öffnung ist nach Hubertus Schröer eine interkulturelle Orientierung. Diese zielt auf Anerkennung von Menschen in ihrer Diversität.

»[Sie bildet] die Grundlage dafür, dass Gruppen und Individuen ihre jeweiligen Interessen vertreten, dass die Beteiligten eine selbstreflexive Haltung gegenüber der eigenen Kultur einnehmen können und dass dadurch eine gleichberechtigte Begegnung ermöglicht wird. Auf dieser Basis bietet interkulturelle Orientierung die Chance, das Verhältnis zwischen Mehrheit und Minderheit und die damit verbundene Definitionsmacht und die ungleiche Verteilung von Ressourcen zum Thema zu machen« (Schröer, 2018, S. 776).

Im Bereich von Kindertageseinrichtungen sind es nach Otto Filtzinger (2014, S. 211 ff.) insbesondere die folgenden Elemente, die im Zentrum interkultureller Öffnungsprozesse stehen (sollten): Die Interkulturelle Dimension in der Konzeption, interkulturelle Teamfortbildungen und kollegiale Beratung, Beschäftigung von multikulturellem Fachpersonal, interkulturelle Elternpartnerschaft und Elternpartizipation, Beseitigung von Zugangsbarrieren, Kommunikations- und Sprachenvielfalt sowie die regelmäßige Überprüfung der Interkulturalität.

2.2 Interkulturelle Kompetenz von pädagogischen Fachkräften

Wie bereits dargelegt, ist es in Bezug auf die Frage nach dem Umgang mit migrationsbedingter Vielfalt in Kindertageeinrichtungen sinnvoll, die Ausrichtung pädagogischer Institutionen und Angebote zu reflektieren und gegebenenfalls anzupassen (▶ Kap. 2.1.). Eine min-

2.2 Interkulturelle Kompetenz von pädagogischen Fachkräften

destens ebenso große Bedeutung kommt jedoch den pädagogischen Fachkräften selbst, ihrem Wissen, ihren Fähigkeiten und ihren Einstellungen zu. Ihnen wird sich das nun folgende Kapitel zuwenden. In Kapitel 2.2.1 (▶ Kap. 2.2.1) werden Definitionen und Modelle interkultureller Kompetenz vorgestellt. Kapitel 2.2.2 (▶ Kap. 2.2.2) fokussiert sich auf die Bedeutung des Wissens über Machtasymmetrien, Diskriminierung und Fremdbildern. Anschließend geht Kapitel 2.2.3 (▶ Kap. 2.2.3) auf eine Fähigkeit ein, die durch die große Komplexität und umfassende Diversität aktueller Migrationsgesellschaften an besonderer Bedeutung gewinnt: der Reflexionskompetenz.

2.2.1 Definition und Modelle interkultureller Kompetenz

Interkulturelle Kompetenz gilt bereichsübergreifend – sei es in der Wirtschaft, in der Pflege, im Privaten oder in der Pädagogik – als »Schlüsselqualifikation« des 21. Jahrhunderts (Schondelmayer, 2018). Der interkulturellen Kompetenz von Kita-Fachkräften kommt dabei jedoch eine doppelte Bedeutung zu. Einerseits wird sie benötigt, damit pädagogische Fachkräfte selbst gut in interkulturellen Situationen mit Eltern, Kindern, Kolleg:innen, Trägern etc. agieren können. Andererseits ist die interkulturelle Kompetenz der pädagogischen Fachkräfte unabdingbare Voraussetzung dafür, das interkulturelle Lernen der ihnen anvertrauten Kinder zu fördern, wie es zahlreiche Bildungspläne fordern (▶ Kap. 5). Entsprechend werden auch in den Bildungsplänen der Länder »›kulturelle und soziale Kompetenzen‹ sehr häufig als grundlegende Fähigkeiten pädagogischer Fachkräfte definiert« (Borke, 2017, S. 113). Offen bleibt jedoch nicht selten, was damit genau bezeichnet wird.

Eine weithin anerkannte Definition interkultureller Kompetenz beschreibt diese als die »Fähigkeit, effektiv und angemessen in interkulturellen Situationen zu kommunizieren« (Deardorff, 2006, S. 15). Überträgt man diese Definition auf den frühpädagogischen Bereich, erscheint die starke Orientierung an Effizienz und der Durchsetzung

2 Grundlagen

von Zielen für diesen Bereich jedoch nur eingeschränkt geeignet. Gleichzeitig bleiben viele Aspekte unerwähnt, die für das Arbeitsfeld Kita von großer Bedeutung sind. Es bedarf folglich einer an das Handlungsfeld Kita angepassten, Definition (Herzog, 2003, S. 179; vgl. Leenen et al., 2013, S. 116; Moosmüller, 2000, S. 25 ff.). Für die Soziale Arbeit schlagen Rainer Leenen und Kollegen, etwas allgemeiner formuliert, die folgende Definition vor:

»Interkulturelle Kompetenz besteht [...] in einem Bündel von Fähigkeiten, die einen produktiven Umgang mit der Komplexität kultureller Überschneidungssituationen erlauben« (Leenen et al., 2013, S. 114).

Die Autoren verweisen damit auf so genannte Listen- oder Strukturmodelle[8] interkultureller Kompetenz, welche interkulturelle Kompetenz als Konglomerat mehrerer Einzelkompetenzen definieren. Meist wird dabei zwischen affektiven, kognitiven und verhaltensbezogenen Kompetenzen unterschieden (vgl. z. B. Auernheimer, 2016, S. 20; Bolten, 2006; für einen Überblick über verschiedene Modelle zur interkulturellen Kompetenz vgl. Bolten, 2020; Petra Wagner, 2017, S. 263; Spitzberg & Changnon, 2009). Leenen und Kollegen unterscheiden dagegen »Interkulturell relevante allg. Persönlichkeitseigenschaften«, »Interkulturell relevante soziale Kompetenzen«, »spezifische Kulturkompetenzen« und »kulturallgemeine Kompetenzen« (▸ Tab. 2.1). Dennoch sind die von ihnen aufgezählten Einzelkompetenzen überwiegend deckungsgleich mit anderen Modellen und können einen ersten Einblick bieten, welche Art von Kompetenzen typischerweise unter dem Begriff der interkulturellen Kompetenz subsummiert werden.

---

8 Neuere Modelle interkultureller Kompetenz sind häufig stärker prozessorientiert angelegt (Bolten, 2020, S. 56 ff.). Sie basieren jedoch auf den genannten Strukturmodellen.

2.2 Interkulturelle Kompetenz von pädagogischen Fachkräften

Tab. 2.1: Vier Bereiche interkultureller Kompetenzen nach Leenen et al. (2013, S. 115; eigene Darstellung)

Interkulturell relevante allg. Persönlichkeitseigenschaften z. B.	Interkulturell relevante soziale Kompetenzen z. B.	Spezifische Kulturkompetenzen z. B.	Kulturallgemeine Kompetenzen z. B.
• Belastbarkeit • Unsicherheits- und Ambiguitätstoleranz • Kognitive Flexibilität • Emotionale Elastizität • Personale Autonomie	Selbstbezogen: • Differenzierte Selbstwahrnehmung • Realistische Selbsteinschätzung • Fähigkeit zum Identitätsmanagement Partnerbezogen: • Fähigkeit zur Rollen- & Perspektivenübernahme Interaktionsbezogen: • Fähigkeit, wechselseitig befriedigende Beziehungen aufzunehmen und zu erhalten	• Sprachkompetenz • Interkulturelle Vorerfahrungen • Spezielles Deutungswissen	• Wissen bzw. Bewusstsein von der generellen Kulturabhängigkeit des Denkens, Deutens und Handelns • Vertrautheit mit Mechanismen der interkulturellen Kommunikation • Vertrautheit mit Akkulturationsvorgängen • Wissen über allgemeine Kulturdifferenzen und ihre Bedeutung

2.2.2 Die Bedeutung von Machtasymmetrien, Fremdbildern und Diskriminierungserfahrungen

Eine wichtige Ergänzung zu dem Modell von Leenen et al. stellt – insbesondere für den pädagogischen Bereich – ein von Georg Auernheimer vorgestelltes mehrdimensionales Modell interkultureller Kompetenz dar. Auernheimer reagiert damit auf die häufig vorgebrachte Kritik[9] an der Überbetonung des kulturellen Aspekts in Modellen interkultureller Kompetenz und schlägt einen Fokus auf insgesamt vier Dimensionen vor. Neben dem Aspekt des Wissens über kulturelle Unterschiede sollten pädagogische Fachkräfte auch einen kompetenten Umgang mit Machtasymmetrien, Kollektiverfahrungen und Fremdbildern aufweisen (Auernheimer, 2013, S. 49 ff. ► Abb. 2.3)

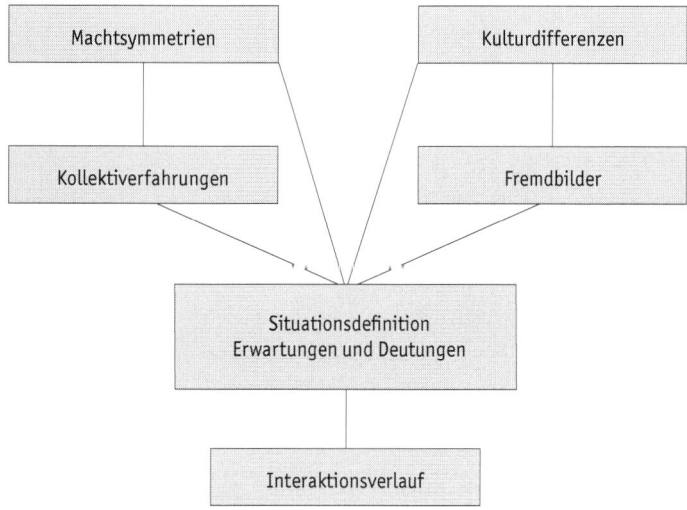

Abb. 2.3: Dimensionen interkultureller Kompetenz (Auernheimer, 2013, S. 50)

---

9 Für einen Überblick über Kritik am Konzept der Interkulturellen Kompetenz vgl. Moosmüller, 2020, Morgan, 2020a, S. 334 f.; Schondelmayer, 2018.

2.2 Interkulturelle Kompetenz von pädagogischen Fachkräften

Machtasymmetrien sind nach Auernheimer allgegenwärtig und finden dennoch häufig wenig Beachtung. Die Ursachen für Machtasymmetrien können vielfältig sein: unterschiedliche Kompetenzniveaus in Bezug auf die Beherrschung der Kommunikationssprache, die Zugehörigkeit zur gesellschaftlichen Mehrheit bzw. Minderheit, das gesellschaftliche Ansehen dieser Gruppe, Wohlstand, Bildungsstand und vieles mehr. Machtdifferenzen ergeben sich aber auch durch die Rollen in der Kita, etwa als Eltern und pädagogischer Fachkraft oder als Kind und Erwachsener. Elterngespräche beispielsweise sind immer auch davon geprägt, dass eine Person (die Fachkraft) die Befugnis hat zu bestimmen, über was gesprochen wird, was in der Kita letztlich passiert oder welches Kind einen Kitaplatz bekommt. Die Eltern sind durch diese Differenz abhängig von den pädagogischen Fachkräften (vgl. Auernheimer, 2013, 51 f.).

Machtasymmetrien sind häufig eng verknüpft mit Kollektiverfahrungen:

»Mit Machtasymmetrie, Ungleichheit, Diskriminierung zwischen sozialen Gruppen und Gesellschaften sind kollektive Erfahrungen verbunden, die bei Kontakten vor allem in den Köpfen derer, die einer unterlegenen Gruppe angehören, und seien es historisch zurückliegende Geschichten, wachgerufen werden« (Auernheimer, 2013, S. 54).

Sehr treffend verdeutlichen Pierre Bourdieu und Loic Wacquant, was der Begriff der Kollektiverfahrung gemeint ist:

»Kurz, wenn ein Franzose mit einem Algerier oder ein schwarzer Amerikaner mit einem WASP[10] spricht, dann sind das nicht einfach zwei Personen, die miteinander reden, sondern über sie vermittelt, die ganze Kolonialgeschichte oder die ganze Geschichte der ökonomischen, politischen und kulturellen Unterdrückung der Schwarzen [...] in den USA« (Bourdieu & Wacquant, 1996, S. 54)

Neben historischen Erfahrungen können Kollektiverfahrungen aber auch auf der aktuellen Situation der Gruppe basieren. Sie gründen

---

10 White Anglosaxon Protestant

etwa auf Erzählungen von Bekannten und Verwandten oder in den Medien diskutierten Fällen von Diskriminierung. Themen können beispielsweise die Benachteiligung von Ausländer:innen auf dem Wohnungsmarkt oder beim Zugang zum Bildungssystem sein. Solche kollektiven Erfahrungen führen nicht selten zu einem generalisierten Misstrauen oder einer hohen Verletzlichkeit der Mitglieder der betroffenen Gruppe. Aussagen anderer werden aufgrund früherer (kollektiver) Diskriminierungserfahrungen schnell wieder als diskriminierend aufgefasst und können Widerstand, Rückzug oder Aggressivität zur Folge haben (Auernheimer, 2013, S. 52 ff.).

Als dritte Dimension, die neben Machtasymmetrien und Kollektiverfahrungen interkulturelle Kontakte beeinflusst, nennt Auernheimer Fremdbilder. Auch Stereotype und Vorurteile sind allgegenwärtig und beeinflussen Situationen insbesondere dann, wenn die Personen, die diese Vorurteile haben, diese selbst nicht erkennen (Auernheimer, 2013, S. 57 ff.). Da dieses Thema in Kapitel 5.1.1 (▸ Kap. 5.1.1) näher thematisiert wird, soll an dieser Stelle jedoch lediglich darauf hingewiesen werden, dass auch ein Bewusstsein über den Einfluss von Fremdbildern und ein Befassen mit den eigenen Vorurteilen ein zentraler Bestandteil interkultureller Kompetenz von pädagogischen Fachkräften darstellt.

Schließlich stellt Auernheimer zufolge Wissen über kulturelle Unterschiede und der kompetenten Umgang mit ihnen die vierte entscheidende Dimension interkultureller Kompetenz von Pädagog:innen dar (Auernheimer, 2013, S. 59 ff.). Hinzu kommen individuelle Erfahrungen und Biographien, wie beispielsweise im Falle von Traumata (Auernheimer, 2013, S. 50).

2.2.3 Die besondere Rolle der Reflexionskompetenz

Im Zusammenhang mit der Definition interkultureller Kompetenz von pädagogischen Fachkräften soll an dieser Stelle auf eine weitere besonders wichtige Teilkompetenz hingewiesen werden: der Reflexionskompetenz.

2.2 Interkulturelle Kompetenz von pädagogischen Fachkräften

21,2 Millionen Menschen hatten im Juli 2020 in Deutschland einen Migrationshintergrund (Statistisches Bundesamt, 2020). Darunter finden sich zahllose verschiedene Herkunftsländer, Unterschiede in Zeitpunkt der Immigration, Aufenthaltsstatus, Gender, Bildungsstand, Sprachkenntnisse und vielem Weiteren. Hinzu kommt, dass Kultur kein statisches Gebilde darstellt, sondern laufend in Veränderung begriffen ist (▶ Kap. 2.3.1, Punkt 6). Einfache Erklärungen im Sinne von »Familien mit türkischem Hintergrund sind so, Familien mit italienischem Hintergrund sind so« bergen daher die große Gefahr, dass Menschen in Schubladen gesteckt werden, denen sie kaum bis gar nicht entsprechen. Vor diesem Hintergrund einer »super-diversen« (Vertovec, 2015) Gesellschaft gewinnt Reflexionskompetenz an großer Bedeutung:

> »Für eine kooperative Praxis im pädagogischen Bereich kommt es aber eher auf eine prozessuale Kompetenz an. Personen werden dann in ihrem Handeln nicht pauschal einer Kultur zugeordnet. Vielmehr werden die mit den Handlungen verbundenen unterschiedlichen Deutungen der beteiligten Interaktionspartner/innen reflektiert« (Schondelmayer, 2018, S. 52).

Insbesondere bedarf es einer kontinuierlichen Reflexion der eigenen Einstellungen, Überzeugungen, Normalitätsvorstellungen und Vorurteile (Herrmann et al., 2017, S. 35 f.; Kölsch-Bunzen et al., 2015, S. 30 ff.), eigener Handlungen (▶ Kap. 5.4.4) sowie der Interpretationen des Handelns anderer (▶ Kap. 6.2). Wichtig ist aber auch die Reflexion über die Grenzen des eigenen Wissens und Könnens. Paul Mécheril (2013) spricht in diesem Zusammenhang etwas spöttisch von »Kompetenzlosigkeitskompetenz« und erklärt:

> »›Kompetenzlosigkeitskompetenz‹ verweist auf das doppelte Erfordernis, das dem Umstand erwächst, dass keine ›einfachen‹, rezeptologisch erfassbaren professionellen Handlungszusammenhänge vorhanden sind: Professionelles Handeln ist darauf angewiesen, in ein grundlegend reflexives Verhältnis zu dem eigenen professionellen Handeln, seinen Bedingungen und Konsequenzen treten zu können« (Mecheril, 2013, S. 25).

Mécheril zufolge ist es gerade das Wissen um das eigene Nicht-Wissen, das die Bezugnahme auf Andere überhaupt erst ermöglicht: »Erst die

Anerkennung des Restes, die Anerkennung von Nicht-Wissen ermöglicht eine Bezugnahme auf den Anderen, die ihn nicht von vornherein in den Kategorien des Bezugnehmenden darstellt« (Mecheril, 2013, S. 29). Grundlage dieser Reflexionsfähigkeit ist ein erworbenes Wissen über das Konzept Kultur, Stereotype, kulturelle Unterschiede etc. Reflexionsfähigkeit ersetzt folglich nicht Wissen, Fähigkeiten und Einstellungen, wie sie in klassischen Strukturmodellen interkultureller Kompetenz (▶ Kap. 2.2.1) genannt werden. Sie stellt jedoch eine unabdingbare Ergänzung dar, da sie betont, dass diese im Kontext einer »super-diversen« (Vertovec, 2015) Gesellschaft wie der deutschen reflexiv eingesetzt werden müssen.[11]

2.3 Kultur

Der Begriff der Kultur ist bei der Thematisierung frühpädagogischer Arbeit in einer Migrationsgesellschaft unumgänglich. Er ist in seiner Definition jedoch ebenso uneindeutig wie in seiner Verwendung im pädagogischen Kontext umstritten. Er birgt viele Chancen, aber auch erhebliche Risiken, wenn er ohne angemessene Reflexion seiner Implikationen Verwendung findet. Im folgenden Kapitel 2.3.1 werden daher sechs wichtige Aspekte diskutiert, die bei der Verwendung des Begriffs Beachtung finden sollten. Kapitel 2.3.2 geht im Anschluss näher darauf ein, welche Potenziale, aber auch welche Gefahren der Kulturbegriff birgt bevor in Kapitel 2.3.3 abschließend die Verwendung des Kulturbegriffs in diesem Buch dargelegt wird.

---

11 Hinweise, wie interkulturelles Wissen und interkulturelle Fähigkeiten reflexiv eingesetzt werden können, finden sich in den folgenden Kapiteln, insbesondere aber in Kapitel 6.

2.3.1 Sechs wichtige Fakten zum Thema Kultur

1   Enger und erweiterter Kulturbegriff

In der Alltagssprache bezeichnet der Begriff Kultur häufig etwas, das der Duden (o. J.) als die »Gesamtheit der geistigen, künstlerischen, gestaltenden Leistungen einer Gemeinschaft als Ausdruck menschlicher Höherentwicklung« fasst. Dieses Verständnis von Kultur, das sich auf bestimmte Bereiche, insbesondere Kunst, Musik und Literatur, bezieht wird auch als »enger Kulturbegriff« bezeichnet. Er geht unter anderem auf die Philosophen Immanuel Kant und Oswald Spengler zurück, die zwischen »Zivilisation« und »Kultur« differenzierten. Für die Gestaltung der frühen Bildung im Kontext einer Migrationsgesellschaft steht dieses enge Kulturverständnis jedoch nicht im Vordergrund. Von Bedeutung ist hier der so genannte »erweiterte Kulturbegriff«, der Kultur eher im Sinne von »Lebenswelt« (Bolten, 2018, S. 44) versteht. Sehr grob, aber doch treffend, definieren Juliana Roth und Silke Ettling (2014, S. 28), der erweiterte Kulturbegriff umfasse »'alles, was zum menschlichen Leben gehört' – Werte, Rituale, der Umgang miteinander, Sprache usw.«. Eine viel zitierte und inhaltlich sehr umfassende Definition des (erweiterten) Kulturbegriffs stammt von dem deutschen Psychologen Alexander Thomas. Er erklärt:

> »Kultur ist ein universelles, für eine Gesellschaft, Organisation und Gruppe aber sehr typisches Orientierungssystem. Dieses Orientierungssystem wird aus spezifischen Symbolen gebildet und in der jeweiligen Gesellschaft usw. tradiert. Es beeinflußt [sic!] das Wahrnehmen, Denken, Werten und Handeln aller ihrer Mitglieder und definiert somit deren Zugehörigkeit zur Gesellschaft« (Thomas, 1993, S. 380).

Diese Definition wird in den folgenden Ausführungen wieder aufgegriffen und näher erläutert.

2   Kultur ist mehr als Nationalkultur

Gemäß der Kulturdefinition nach Thomas ist Kultur etwas universelles, das sich auf der ganzen Welt findet. Gleichzeitig sind es jedoch

2 Grundlagen

spezifische Kulturen verschiedener sozialer Gruppen, die im Alltag relevant werden. Zu beachten ist, dass Thomas von Orientierungssystemen spricht, die typisch sind »für eine Gesellschaft, Organisation und Gruppe« (Thomas, 1993, S. 380). Der Begriff Kultur beschränkt sich folglich nicht auf Nationalkulturen (z. B. die deutsche Kultur, die türkische Kultur etc.), auch wenn sich der gesellschaftliche Diskurs sehr häufig auf diese fokussiert.

Jürgen Bolten (2018, S. 40) beschreibt Kultur als »Resultat konventionalisierter Reziprozitätsdynamiken«. Kultur entsteht folglich, wenn eine Gruppe von Menschen über einen längeren Zeitraum gegenseitige Kontakte mit einander pflegt (Bolten, 2018, S. 40; Moosmüller, 2009, S. 15). Solche Gruppen nutzen beispielsweise bestimmte Begrüßungsformen (z. B. Handschlag, High Five, Umarmung, Verbeugung...), sie kennen die Bedeutung bestimmter Rituale (z. B. die Bedeutung des Weihwassers oder des Aufsagens des Ave Maria unter Katholiken), sie nutzen bestimmte Begrifflichkeiten (z. B. Begriffe der Jugendkultur), teilen eine bestimmte Art von Humor, haben einen bestimmten Kommunikationsstil (wie direkt drücke ich meine Anliegen aus, wie spreche ich mit Vorgesetzten und Kolleg:innen, welche Themen sind tabu?). Entsprechend kann überall dort, wo sich unter einer Gruppe von Menschen ein solches »Orientierungssystem« herausgebildet hat, von Kultur gesprochen werden. Im deutschen Sprachgebraucht finden sich daher auch Begriffe wie »Jugendkultur«, »Familienkultur« oder »Unternehmenskultur«.

Der Kulturbegriff lässt sich folglich ganz ohne Rückgriff auf internationale Kontexte erklären. Allerdings finden sich in den geografischen Regionen der Welt, die weiter voneinander entfernt liegen und zwischen denen über lange Zeit wenig Austausch zwischen den Menschen stattfand, häufig größere Unterschiede in den kulturellen Orientierungssystemen als zwischen Gruppen, unter denen verhältnismäßig viel Austausch bestand. Hinzu kommt, dass sich auch Umweltbedingungen, historische Entwicklungen sowie der Einfluss unterschiedlicher Religionen auf die Entwicklung von Kulturen auswirken und entsprechende Unterschiede hervorrufen können.

Dennoch ist es möglich, dass sich beispielsweise zwei international agierende Architektinnen aus Deutschland und Kamerun aufgrund ihrer Berufskulturen, ihrer Bildungshintergründe, den sozialen Kontakten, mit denen sie verkehren, oder der Gestaltung ihres Alltags (um nur einige Beispiele zu nennen) ähnlicher sind als eine 50-jährige deutsche Architektin und eine 16-jährige Punkerin. Geographische Distanz kann also ein, aber keineswegs der einzige Faktor für das Entstehen kultureller Differenzen darstellen. Ausschlaggebend ist die Zugehörigkeit zu sozialen Gruppen und der Austausch unter ihnen.

3 Kultur ist »fuzzy«

Aus der Erkenntnis, dass sich Kultur nicht nur auf Nationen, sondern verschiedene Arten von Gruppen beziehen kann, lässt sich logisch schlussfolgern, dass jeder Mensch mehreren Kulturen angehört, durch sie beeinflusst wird und sie im Gegenzug auch selbst beeinflusst. Bolten spricht in diesem Zusammenhang davon, dass Kulturen »fuzzy« sind (Bolten, 2018, 49 ff.). Er betont, dass die »entweder-oder«-Einteilung, die in der westlichen Tradition sehr häufig ganz automatisch angenommen wird[12], in vielen Bereichen des menschlichen Lebens in unserer heutigen Zeit nicht mehr der Realität entspricht und vielmehr durch ein »sowohl-als-auch«-Denken ersetzt werden sollte. Der Fokus sollte folglich auf Vernetzung statt auf Zuordnungen gelegt werden: »Es geht nicht darum, ein Element entweder einer Menge zuzuordnen oder es auszuschließen, sondern darum, Zugehörigkeits- bzw. Vernetzungsgrade von Elementen zu einer Menge zu modellieren« (Bolten, 2018, S. 50).

Wie in Abbildung 2.4 (▶ Abb. 2.4) dargestellt, gehören einzelne Personen (A, B, C, D, E) verschiedenen Kollektiven an (K1, K2,...). Sie

---

12 Geprägt wurde dieses Verständnis des Kulturbegriffs insbesondere durch den Philosophen Gottfried Herder (1990 [1774], S. 24 f.), der Nationen als Kugeln beschreibt. Durch seinen Einfluss herrscht in vielen westlichen Kontexten bis heute ein Verständnis von Kultur als in sich abgeschlossene Einheiten vor.

2 Grundlagen

unterhalten unterschiedlich starke reziproke Beziehungen mit diesen Gruppen (dargestellt durch unterschiedliche Dicke der Pfeile). Der Begriff »fuzzy« weist damit darauf hin, dass Kulturen nicht wie einzelne Schulbladen trennscharf voneinander abgrenzbar sind, sondern »unscharfe« Ränder haben, einander überlappen können und ihre Angehörigen sich gleichzeitig mit anderen Kulturen identifizieren können und von diesen beeinflusst werden (Bolten, 2018, S. 50).

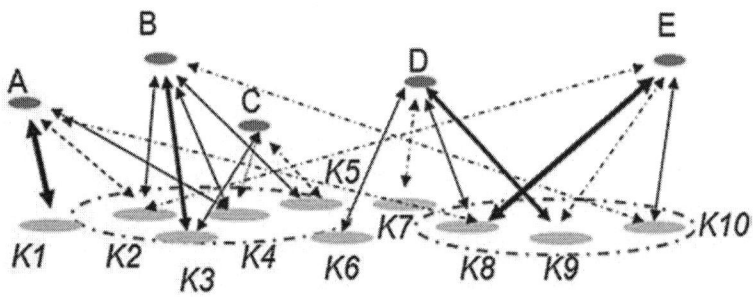

Abb. 2.4: Kultur als »Fuzzy Culture« (Bolten, 2018, S. 50)

Beispiel

Mehmet, ein junger Mann, der in Deutschland aufgewachsen ist und dessen Eltern aus der Türkei stammen, identifiziert sich nicht entweder als deutsch oder als türkisch. Vielmehr fühlt er sich ganz selbstverständlich beiden Kulturen zugehörig. Darüber hinaus hat ihn aber auch seine Familienkultur, die er ebenso weder als typisch türkisch noch als typisch deutsch klassifizieren würde, sehr beeinflusst. Als Sozialpädagogik-Student gehört er außerdem auch einer studentischen Kultur an. Viele seiner Freunde, die ein anderes Studium absolvieren, bezeichnen ihn zudem als »Sozialo«, und tatsächlich merkt er, wie ihn, je länger er studiert, die Vorliebe für bestimmte Themen, ein bestimmter Humor und sogar eine bestimmte Art zu denken und zu reden mit seinen Kommiliton:innen des gleichen Fachs stärker verbinden als mit anderen Verwandten und Bekannten.

4 Kultur beeinflusst

In der oben zitierten Definition konzipiert Thomas Kultur als ein »Orientierungssystem«, das »Wahrnehmen, Denken, Werten und Handeln« (Thomas, 1993, S. 380) der Mitglieder einer Gruppe beeinflusst. Um dies zu verdeutlichen, prägte der Anthropologe Franz Boas bereits 1904 in einer Abhandlung über die Geschichte der Anthropologie das Bild der »kulturellen Brille«:

»It is but natural that in the study of the history of culture our own civilization should become the standard, that the achievements of other times and other races should be measured by our own achievements. In no case is it more difficult to lay aside the ›Culturbrille‹ [...] than in viewing our own culture« (Boas, 1904, S. 517).

Symbolisch gesprochen trägt jeder Mensch eine solche kulturelle Brille. Ebenso wie bei einer Brille, an die man sich gewöhnt hat, weil man sie seit langem trägt, findet diese durch sie bedingte Verzerrung der Wirklichkeit meist unbewusst statt.

Beispiel

Die bekannte Entwicklungspsychologin Heidi Keller beschreibt eine Forschung, in der sie Müttern aus dem ländlichen Kamerun kurze Videosequenzen deutscher Mittelschichtmütter vorspielte. Die Reaktion der Mütter aus der Volksgruppe der Nso beschreibt sie folgendermaßen:
»Auf dem Rücken liegen, wie sie das auf Videos von deutschen Mutter-Kind-Interaktionen gesehen haben, halten sie [die Mütter aus dem ländlichen Kamerun] für schädlich für das Wachstum und Gedeihen der Kinder. Um es gelinde auszudrücken, sie waren entsetzt, wenn sie die deutschen Mütter sahen, die so weit von ihren Babys entfernt waren und die nicht sofort stillten, wenn das Baby

unruhig wurde. Sie haben es nicht für möglich gehalten, dass dies tatsächlich die Mütter waren – sie hielten sie für schlechte Babysitter!« (H. Keller, 2011, S. 64).

Ebenso irritiert zeigten sich wiederum deutsche Mittelschichtmütter von dem beinahe ununterbrochenen Körperkontakt, den Babys bei Müttern aus dem ländlichen Kamerun erfahren, der prompten Reaktion der Mütter auf die leisesten Zeichen von Unwohlsein oder den Einbezug älterer Kinder als Babysitter:innen. Wie Keller anschaulich erklärt, handelt es sich hierbei um unterschiedliche Modelle, von denen keines grundsätzlich besser oder schlechter für die Kinder ist. Dennoch rufen solche Unterschiede zum Teil starke emotionale Reaktionen hervor, da das Verhalten der jeweils anderen Müttergruppe durch die eigene kulturelle Brille bewertet wird.

Bekannt ist dieses Phänomen auch unter dem Begriff des Ethnozentrismus. Ursprünglich geprägt von William G. Sumner (1940) definiert Christoph Barmeyer Ethnozentrimus als

»Haltung, die unreflektiert Normen und Auffassungen der eigenen Gruppe oder Gesellschaft auf andere Gruppen oder Gesellschaften überträgt. Ethnozentrismus ist häufig die erste spontane und natürliche Reaktion gegenüber unverstandener Fremdheit und Differenz im interkulturellen Kontakt. Das eigenkulturelle, durch Sozialisation entwickelte Referenzsystem von Werten und Praktiken [...] dient als Maßstab, um andere kulturelle Gruppen zu beurteilen und zu bewerten« (Barmeyer, 2012, S. 55 f.).

Beispiel

Paula macht im Rahmen ihres Studiums ein Praktikum in einem Kindergarten in Frankreich. In den ersten Wochen widerstrebt es ihr sehr stark, dass die Kinder dort so wenig Zeit haben, frei zu spielen und ›einfach Kind zu sein‹. Die Alterstrennung, der strukturiertere Tagesablauf und die vielen Dinge, die die Kinder hier schon lernen ›müssen‹, lösen in ihr ein so starkes Abwehrgefühl aus, dass sie überlegt, das Praktikum abzubrechen. Erst nach einigen Wochen und zahlreichen Gesprächen mit den dortigen Pädagog:innen beginnt sie zu verstehen, dass die französischen Kinder den Kindergarten gern besuchen und es sich folglich schlicht um ein anderes (aber kein prinzipiell schlechteres) System handelt.

Mit dem Ethnozentrismus verbunden ist eine Bevorzugung der eigenen Gruppe, ihrer Prioritäten und Vorgehensweisen – ein Phänomen, das in der Psychologie auch unter dem Begriff »Eigengruppen-Bias« bekannt ist:

»Die Einbeziehung und Verortung der eigenen Person in die Unterscheidung von Eigen- und Fremdgruppe ist unmittelbar mit einem robusten Effekt verknüpft: Sie geht einher mit der Bevorzugung der Eigengruppe und damit zusammenhängend dem Eigengruppen-Bias: Ungeachtet objektiver Informationen tendieren Individuen dazu, ihre eigene Gruppe im Vergleich zu Fremdgruppen zu bevorzugen, besser zu bewerten und besser zu behandeln« (Mummendey et al., 2009, S. 47).

Wie am oben erwähnten Beispiel von Paula deutlich wird, sind solche Wertungen häufig eng mit Emotionen verbunden.

Ein Bewusstsein über die Einflüsse von kultureller Brille, Ethnozentrismus oder Eigengruppen-Bias spielt in der Arbeit in Kindertageseinrichtungen eine große Rolle. Es hilft, vorschnelle Bewertungen zu überdenken oder Emotionen, die durch unterschiedliche Vorgehensweisen oder Überzeugungen entstanden sind, kritisch zu überprüfen. Besonders relevant ist dies etwa bei der Zusammenarbeit mit Kolleg:innen, die neue bzw. andere Ideen und Methoden einbringen möchten[13] (▶ Kap. 4) oder bei der Bewertung von Bildungs- und Erziehungspraxen in den Familien der betreuten Kinder (▶ Kap. 3).

---

13 Gefühle der Abwehr aufgrund von Ethnozentrismus entstehen nicht nur gegenüber Ideen, die Kolleg:innen aus anderen Ländern auf Basis ihrer dortigen Erfahrungen einbringen, sondern häufig auch dann, wenn junge Kolleg:innen neu ins Team stoßen.

5 Kultur ist heterogen

> **Zum Nachdenken**
>
> Im Folgenden lesen Sie neun Aussagen über Deutsche. Wie fühlen Sie sich, wenn Sie diese Auflistung lesen?
>
> 1. Deutsche sind direkt.
> 2. Deutsche lieben Regeln, Organisation und Struktur.
> 3. Deutsche sind pünktlich.
> 4. Deutsche lieben Fußball.
> 5. Deutsche sind gut versichert.
> 6. Deutsche sind distanziert.
> 7. Deutsche lieben es, Bier zu trinken.
> 8. Deutsche können Brot backen.
> 9. Deutsche lieben Wurst.
>
> Quelle: https://www.fluentu.com/blog/german/german-stereotypes (Übersetzung ins Deutsche: MM).

Sofern Sie sich selbst als »deutsch« identifizieren, wird die oben aufgeführte Liste vermutlich gewisse Irritationen bei Ihnen auslösen. Grund ist, dass Kultur ein Konstrukt ist, das eine gewisse Homogenität einer Gruppe unterstellt. Dabei darf nicht aus den Augen verloren werden, dass die einzelnen Angehörigen einer Kultur eine starke Heterogenität aufweisen. Im Vergleich aller Deutschen und aller in Kenia lebenden Kenianer:innen, werden die Deutschen im Durchschnitt vermutlich merklich pünktlicher sein. Dennoch können sich einzelne Menschen deutlich von dem »kulturellen Durchschnitt« unterscheiden. Kultur ist also in sich heterogen. Dennoch kann sie großen Einfluss ausüben und sollte daher als wichtige Erklärungsmöglichkeit für Situationen im Kita-Alltag in Erwägung gezogen werden.

Kulturelle Unterschiede können jedoch immer nur *eine* mögliche Erklärung darstellen. Durch die Heterogenität von Kultur, aber auch aufgrund dessen, dass Menschen durch die Zugehörigkeit zu mehreren sozialen Gruppen beeinflusst werden (s. o.) wie der Tatsache, dass weitere Faktoren das Verhalten von Menschen beeinflussen (▶ Kap. 2.4), muss im Einzelfall immer geprüft werden, ob eine kulturelle Erklärungsmöglichkeit tatsächlich in der jeweiligen Situation zutrifft.

6 Kultur legt nicht fest

Zum Nachdenken

Ein Pädagoge spricht mit seiner Kollegin über einen Vater und sagt: »Der kann halt einfach nicht anders, das ist seine Kultur.« Was meinen Sie zu dieser Aussage?

Im vorigen Abschnitt wurde dargestellt, dass Kultur als in sich heterogen aufzufassen ist. Kultur ist jedoch nicht nur heterogen, sondern auch dynamisch, das heißt, laufend in Veränderung begriffen. Jörn Borke und Heidi Keller (2021, S. 15) definieren den Begriff Kultur daher als »einen dynamischen und interaktiven Prozess, in dem sich Überzeugungen und Werte herausbilden, die zentral für das Alltagsleben der Menschen in den jeweiligen Kontexten sind«. Ein Vergleich der eigenen kulturellen Umwelt und der der eigenen Großeltern-Generation führt die Wandelbarkeit von Kultur sehr gut vor Augen.

Noch wichtiger für die Arbeit in der Migrationsgesellschaft ist jedoch die Tatsache, dass Kultur Menschen zwar beeinflusst, aber keineswegs festlegt. Gerade in der Migrationssituation bietet sich die Chance, dass die unbewussten Einflüsse von Kultur durch die Konfrontation mit anderen kulturellen Systemen bewusstwerden und diese Reflexion in eine kreative Gestaltung der eigenen Bildungs- und Erziehungskonzepte mündet. Cathrine Delcroix kommentiert dazu:

2 Grundlagen

»After close to thirty years of working with migrants in Belgium and in France I still highly admire their endless reflexive and pragmatic capacities, even among the most subaltern ones. It is certainly connected to the experience of migration itself: When one lands in a different country it is a must to observe and try to understand the locals, to read their minds, to adapt to local customs and try to make the most of one's situation; and also to be creative. Indeed the very experience of migration does help, because migrants – unlike sedentary people – get exposed to two quite different systems of norms. This is an experience that leads to comparison, and stimulates reflexivity« (Delcroix, 2013, S. 1160).

Werden Menschen, die ihr eigenes Erziehungsverhalten bislang für selbstverständlich gehalten haben, mit einem anderen Bildungs- und Erziehungsmodell konfrontiert, ergeben sich grundsätzlich vier Möglichkeiten: *Erstens* kann das bisherige Erziehungsverhalten beibehalten werden. Grund dafür ist meist entweder eine unterlassene Auseinandersetzung mit den neu kennen gelernten Konzepten oder die bewusste und reflektierte Entscheidung, trotz einer entsprechenden Abwägung weiterhin die bisherigen Überzeugungen unverändert beizubehalten (vgl. Morgan, 2016, S. 307 ff.).

Zweitens kommt es vor, dass die bisherigen Prioritäten noch verstärkt werden. Dieses Phänomen ist von den US-amerikanischen Wissenschaftlern Alejandro Portes und Rubén G. Rumbaut (2001) als »reaktive Ethnizität« beschrieben worden. Es handelt sich um eine Reaktion auf eine als ablehnend oder feindlich empfundene Aufnahmegesellschaft:

»[R]eactive ethnicity is a ›made-in-America‹ product. The discourses and selfimages that it creates develop as a situational response to present realities. Even when the process involves embracing the parents' original national identities, this is less a sign of continuing loyalty to the home country than a reaction to hostile conditions in the receiving society« (Portes & Rumbaut 2001, S. 284).

Gerade auch wenn Eltern bestimmten, in der Aufnahmegesellschaft verbreiteten, Bildungs- und Erziehungskonzepten ablehnend gegenüberstehen und sich daher bezüglich des Einflusses der Gesellschaft auf ihre Kinder sorgen, greifen Sie zu dieser Variante (Morgan, 2016, S. 328 ff.).

Eine *dritte* Option stellt es für migrierte Eltern dar, ihre Erziehung dem typischen Erziehungsverhalten in der Aufnahmegesellschaft anzupassen (Morgan, 2016, S. 331 ff.). Diese Strategie wird unter dem Begriff der Assimilation gefasst und wurde bereits in Kapitel 2.1.2 (▶ Kap. 2.1.2) genauer diskutiert.

Neben den genannten drei Optionen, die sich auf einer Dimension zwischen Orientierung an bisherigen Überzeugungen und Übernahme von Konzepten der Aufnahmegesellschaft anordnen lassen, gilt es, eine weitere, *vierte* Strategie zu nennen: Wie bereits in dem oben genannten Zitat von Delcroix deutlich wird, kommt es in der Migrationssituation nicht selten zu einer kreativen Umgestaltung der eigenen Bildungs- und Erziehungskonzepte, die über eine einfache Anpassung oder Beibehaltung/Verstärkung der bisherigen Konzepte weit hinaus geht (vgl. S. Hall, 1994, S. 218).

In dieser selektiven und strategischen Auseinandersetzung können einzelne Aspekte beibehalten und andere an die Aufnahmekultur angepasst werden. Insbesondere besteht dabei auch die Möglichkeit, dass ganz neue Vorgehensweisen und Konzepte entstehen (Morgan, 2016, S. 310 f.). Nancy Adler (1980) spricht in diesem Kontext von »kultureller Synergie«. Obwohl sie ihr Konzept mit Bezug auf den Unternehmenskontext entwirft, kann es auf pädagogische Kontexte übertragen werden. Sie erklärt:

> »Cultural synergy is a process in which organization policies and practices are formed on the basis of, but not limited to, the cultural patterns of individual organization members and clients. Culturally synergistic organizations create [...] new forms of management: They transcend the individual cultures of their members« (Adler, 1980, S. 172; vgl. Barmeyer, 2018, S. 177 ff.).

In diesen Neuschöpfungen liegt ein großes Potenzial für alle Beteiligten. Anstelle einer unbewussten und meist unreflektierten Übernahme von Bildungs- und Erziehungskonzepten aus dem eigenen Umfeld (insbesondere der eigenen Herkunftsfamilie) können so verschiedene Ideen, Methoden und Prioritäten in einer Weise kombiniert werden, dass sie passgenau zur jeweiligen Familie, zum jeweiligen Kind, der Kita oder der Gesamtsituation passen. Das Ergebnis dieser kreativen

2 Grundlagen

Veränderung in der Migrationssituation ist aber auch eine große Diversität, weshalb einmal mehr vor einfachen Kategorisierungen und Schubladendenken im Umgang mit Menschen mit Migrationshintergrund zu warnen ist.

2.3.2 Potenzial und Gefahr des Kulturbegriffs

Wie bereits erwähnt, ist der Begriff »Kultur« in der aktuellen wissenschaftlichen Debatte, insbesondere aber innerhalb der Pädagogik, höchst umstritten.

> »Während einige Autor_innen interkulturelle Kompetenzen als angemessene Reaktion auf kulturelle Vielfalt [...] begreifen, kritisieren andere differenzkritische Ansätze [...] eben dies als wirkmächtige Praxis des Unterscheidens« (Koch, 2018, S. 188).

Kritiker:innen bemängeln insbesondere einen aus ihrer Sicht ›nativen Kulturalismus‹, der oft mit der Verwendung des Begriffs einhergehe und kulturelle Stereotype überbetone und dadurch verfestige (Kiesel & Volz, 2013, 80 ff.; Mecheril, 2013, 19 ff.). Hinzu kommt, dass durch einen Fokus auf Kultur andere (womöglich ausschlaggebendere) Ursachen von Konflikten wie etwa Machtasymmetrien, soziale Ungleichheit oder Diskriminierung vernachlässigt würden (Hamburger, 2012; Kiesel & Volz, 2013, 80 ff.; Krüger-Potratz, 2018, S. 188; Mecheril, 2013, 19 ff.). Abgelehnt wird darüber hinaus ein Kulturverständnis, das »von geschlossenen, einheitlichen Nationalkulturen und starren ethnischen Identitäten« (Koch, 2018, S. 189; vgl. Krüger-Potratz, 2018, S. 188) ausgeht. Während über diesen letztgenannten Punkt im Grundsatz große Einigkeit herrscht, ergeben sich Konflikte daraus, dass es Autor:innen häufig nicht gelingt, über Kultur zu schreiben ohne dass bei den Lesenden ein gewisses Maß an Einheitlichkeit und eine entsprechende Abgrenzung von Gruppen assoziiert wird. Wie Ute Koch treffend formuliert, ist dieses Problem jedoch im Begriff selbst angelegt und wird sich daher nicht vollständig auflösen lassen:

2.3 Kultur

»Ein Verständnis von Interkulturalität, das zur Abwehr von Diskriminierungen einen angemessenen Umgang mit kultureller Vielfalt sucht, setzt die Bedeutung von ›Kultur‹ als die zentrale Differenzdimension innerhalb eines Handlungsprozesses immer schon voraus. [...] Der Kulturbegriff schließt dabei zwingend die Perspektive des Vergleichs mit ein« (Koch, 2018, S. 189).

Ein weiterer Kritikpunkt an der Thematisierung von Kultur liegt darin, dass Kontakte zwischen Menschen mit und ohne Migrationshintergrund dadurch unnötig »exotisiert« würden (Mecheril 2013: 20 f.). In seiner Ausführung über den – bewusst überspitzt formulierten – Begriff der »Kompetenzlosigkeitskompetenz« (2013) warnt Paul Mécheril weiterhin vor der Gefahr, die ein (vermeintliches) Wissen über andere Kulturen mit sich bringt:

»Eine der geläufigen Vorstellungen im Rahmen interkulturellen Handelns geht davon aus, dass dieses Handeln dann gelingen kann, wenn die handelnde Person spezifisches Wissen über das Gegenüber zum Einsatz bringt. Je mehr ›wir‹ über ›die Anderen‹ wissen, so eine der Selbstverständlichkeiten interkulturellen Lernens, desto größer wird die Wahrscheinlichkeit des kooperativen und produktiven Umgangs mit Differenz« (Mecheril, 2013, S. 28).

Mecheril beschreibt ein solches (vermeintliches) Wissen als »einschränkend« und »festlegend« (Mecheril, 2013, S. 28). Vermeintliches Wissen über Kultur und interkulturelle Situationen bleibe immer abstrakt und lasse sich nicht unmittelbar auf die Lebensrealitäten einzelner Menschen übertragen. Insofern bleibe immer ein »Rest«, ein »Nicht-Wissen« (Mecheril, 2013, S. 29). Dem Bewusstsein für diesen »Rest« weist Mecheril große Bedeutung zu:

»Erst die Anerkennung des Restes, die Anerkennung von Nicht-Wissen ermöglicht eine Bezugnahme auf den Anderen, die ihn nicht von vornherein in den Kategorien des Bezugnehmenden darstellt. ›Nicht der Anspruch, den Anderen zu verstehen‹, schreibt Christoph Wulf (1999: 61), ›sondern die Erkenntnis, dass der Andere different und nicht verstehbar ist, muß zum Ausgangspunkt interkultureller Bildung werden‹« (Mecheril, 2013, S. 29).

Bleibt dieser Hinweis unbeachtet, führt die Beachtung des Konstrukts Kultur zu Fehleinschätzungen und der Reproduktion von Machtverhältnissen (Mecheril, 2013, S. 30).

Während viele dieser Kritikpunkte sehr berechtigt sind und dringend Beachtung finden sollten, birgt auf der anderen Seite auch die Nicht-Beachtung kultureller Einflüsse große Gefahren. Familien sind die »primäre[n] Sozialisationsinstanzen« (Lamm, 2020, S. 52) ihrer Kinder. Deren Sozialisationsvorstellungen und -strategien sind eng mit ihrem soziokulturellen Hintergrund verwoben (H. Keller, 2011; vgl. Borke & Keller, 2021, S. 16).

Eine Nichtbeachtung des soziokulturellen Hintergrunds von Familien auf Seiten der pädagogischen Fachkräfte kann demnach zu einer Übertragung von Annahmen und Konzepten auf Kinder und Familien führen, obwohl die Passung dieser Konzepte zu den betroffenen Familien nicht gegeben ist:

»Die pädagogische und entwicklungspsychologische Forschung bezieht sich zu 95 Prozent auf westliche Mittelschichtkinder und ihre Familien und wird von WissenschaftlerInnen dieses Kulturkreises betrieben. Was für diese Zielgruppe gut funktioniert, muss für Familien mit anderen kulturellen Hintergründen jedoch nicht gleichermaßen anschlussfähig sein« (Lamm, 2020, S. 61).

Gleichermaßen argumentieren auch Borke und Keller, »dass die derzeitigen pädagogischen Konzepte vor allem auf Sichtweisen und Bezugssysteme der postindustrialisierten Welt aufbauen und daher nur schwerlich kulturell fair sein können [...]« (Borke & Keller, 2021, S. 104).

Eine weitere Folge einer Nichtbeachtung des Faktors Kultur ist, dass die betroffenen Kinder gezwungen sind, selbstständig unterschiedliche Vorstellungen und Ansprüche in Elternhaus und Kita zu verstehen und Strategien zu finden, um mit den Differenzen umzugehen:

»Zum einen ist – anders als bei deutschen Eltern – die Wahrscheinlichkeit hoch, dass die Eltern andere Erziehungs- und Sozialisationsziele haben als die pädagogischen Fachkräfte [...]. Für Kinder bedeutet dies, dass die Unterschiede zwischen Elternhaus und KiTa sehr viel größer sind und dass sie vielleicht auch mit unterschiedlichen Informationen über angemessenes oder unangemessenes Verhalten zurecht kommen müssen« (Ialuna & Leyendecker, 2020, S. 92).

2.3 Kultur

Gelingt dies nicht (oder nicht sofort), kann es zu Missverständnissen wie dem in der Einleitung geschilderten Beispiel von John und Ali kommen.

Konsequenzen hat eine Nichtbeachtung von kulturellen Einflüssen auf Seiten der pädagogischen Fachkräfte aber auch für die Eltern. So weisen Francesca Ialuna und Birgit Leyendecker (2020, S. 92) darauf hin, dass es Eltern schwer fällt, ihren Kindern gezielt Fragen zu stellen, um mit ihren Kindern über deren Erlebnisse in der Kita ins Gespräch zu kommen, wenn sie die Abläufe, Themen und Schwerpunkte dort nicht kennen. Dies gilt in besonderer Weise für Eltern, die aufgrund ihrer Migrationserfahrung mit anderen Konzepten frühkindlicher Bildung vertraut sind.

Im Rahmen einer empirischen Forschung in deutschen Kindertageseinrichtungen wurde zudem gezeigt, dass die Nicht-Beachtung von kulturellen Differenzen bzw. ein Nicht-Bewusstsein über deren Existenz durch die Fachkräfte zur Abwertung elterlicher Erziehungskompetenzen führt. Dies kann zu Schwierigkeiten in der Zusammenarbeit zwischen Eltern und Fachkräften sowie der Verfestigung bestehender Machtasymmetrien führen (Morgan, 2016).

Festgehalten werden kann folglich, dass gegen die Thematisierung von Kultur in pädagogischen Kontexten zum Teil sehr berechtigte Kritik vorgebracht wird. Eine fehlende Reflexion von Kultur kann auf der anderen Seite jedoch ebenfalls zahlreiche problematische Konsequenzen nach sich ziehen. Die Frage, die es demnach zu beantworten gilt, fassen Adina Küchler und Alina Ivanova (2019, S. 317) sehr treffend zusammen: »Wie können Differenz und Diversität in ihrer Normalität anerkannt werden, ohne eine [...] ausgrenzende Festschreibung des Andersseins zu befördern?« Im folgenden Kapitel wird zusammengefasst, wie in diesem Buch versucht wird, die Potenziale des Kulturbegriffs aufzugreifen und gleichzeitig die mit ihm verbundenen Gefahren zu vermeiden.

2.3.3 Umgang mit Kultur in diesem Buch

Die im Folgenden erläuterten fünf Entscheidungen wurden getroffen, um der Notwendigkeit der Thematisierung von kulturellen Einflüssen in diesem Buch nachzukommen und gleichzeitig die mit dem Kulturbegriff verbundenen Gefahren so weit wie möglich zu vermeiden:

1. Der Kulturbegriff wurde in diesem Grundlagenkapitel eingehend erläutert.
2. Um die Entstehung von Stereotypen zu vermeiden, wird in den Kapiteln, die sich mit kulturellen Differenzen befassen, mit Fallbeispielen statt mit verallgemeinernden Aussagen über Migrationsgruppen gearbeitet. Die Fallbeispiele enthalten in der Regel bewusst keine Angabe zur Herkunft der beteiligten Eltern.[14] Diese Vorgehensweise erklärt sich auch dadurch, dass das Ziel der Thematisierung von kulturellen Unterschieden in diesem Buch nicht in der Vermittlung von Wissen besteht, sondern auf der Ausbildung einer Sensibilität für kulturelle Unterschiede und einer damit verbundenen Fähigkeit, *mögliche* kulturelle Unterschiede in der Kita-Praxis zu erkennen und als *potenzielle* Erklärungen für Situationen in Betracht zu ziehen. Um die Vielfalt der Herangehensweisen an die Kultur-Thematik abzubilden und der jeweiligen Quelle gerecht zu werden, wird bei Bezug auf andere wissenschaftliche Literatur eine dort erwähnte Herkunft von Personen jedoch nicht bewusst verschwiegen.

---

14 Eine Herkunftsangabe ist auch deshalb nicht nötig, da bewusst Beispiele gewählt wurden, die von Eltern/Fachkräften aus unterschiedlichen Herkunftsregionen thematisiert werden. Differenzen zwischen Eltern/internationalen Fachkräften und deutschen Fachkräften ergeben sich nicht nur aufgrund von kulturellen Orientierungen in bestimmten Herkunftsregionen, sondern ebenso durch die Spezifik der Bildungs- und Erziehungskonzepte in deutschen Kindertageseinrichtungen.

3. Die Heterogenität innerhalb von Migrationsgruppen wird im Verlauf des Buches immer wieder hervorgehoben und verdeutlicht, dass und wie sie zustande kommt. Ebenso wird betont, dass kulturelle Erklärungsmöglichkeiten eine von mehreren möglichen Erklärungen für Situationen darstellen.
4. Eine Verfestigung von Stereotypen bei jungen Kindern wäre besonders gravierend. Aus diesem Grund wird in Bezug auf die Bildung von Kindern in einer diversen Gesellschaft ein alternatives Konzept zu bestehenden Ansätzen vorgestellt (▶ Kap. 5). Dieses zeigt, wie es (in Bezug auf die Zielgruppe junger Kinder) gelingen kann, die oben thematisierten Gefahren des Kulturbegriffs zu vermeiden, ohne den Aspekt »Kultur« in Gänze zu missachten.
5. Das Buch legt einen starken Fokus auf Kommunikation und Reflexion. Insbesondere die in Kapitel 6 (▶ Kap. 6) vorgestellten Techniken zum Umgang mit potenziellen kulturellen Unterschieden fordern zum Dialog und eingehender Selbstreflexion auf. Dadurch werden vorschnelle Schlüsse vermieden und es wird der Heterogenität von Menschen in einer diversen Gesellschaft Rechnung getragen.

2.4 Weitere Einflussfaktoren in interkulturellen Situationen

Es wurde bereits mehrfach darauf hingewiesen, dass neben kulturellen Einflüssen viele weitere Faktoren interkulturelle Situationen potenziell beeinflussen können. Georg Auernheimer (2013) nennt in diesem Zusammenhang neben kultureller Differenz (frühere) Diskriminierungserfahrungen, Machtasymmetrien und Fremdbilder (Stereotype). Diese wurden bereits in Kapitel 2.2.2. (▶ Kap. 2.2.2.) näher erläutert.

Wichtig sind darüber hinaus die soziale Herkunft, Bildung, Beruf sowie individuelle Werte und Überzeugungen. Welche vielfältigen

Gruppen sich dabei ergeben, zeigen die SINUS-Milieus® (Barth et al., 2018) bzw. die SINUS-Migrantenmilieus® (Flaig & Schleer, 2018). Aber auch prägende persönliche Erfahrungen oder die aktuelle Lebenssituation können zentrale Gründe für das Verhalten oder die Überzeugungen von Menschen darstellen. In Zusammenarbeit mit Menschen mit Migrationshintergrund sind dies unter anderem auch Fluchterfahrungen, mögliche Traumata, die Wohnsituation in einer Gemeinschaftsunterkunft, eine unsichere Aufenthaltsperspektive oder der durch die Migration verloren gegangene familiale Rückhalt. Aber auch die Persönlichkeit einzelner Menschen wirkt sich selbstverständlich auf zwischenmenschliche Interaktionen aus.

Die Tatsache, dass Kultur in diesem Buch ausführlicher diskutiert wird als andere Faktoren, beruht auf seiner Schwerpunktsetzung. Dies darf jedoch nicht insofern missverstanden werden, dass den zuvor genannten Faktoren grundsätzlich eine geringere Bedeutung zugewiesen würde.

2.5 Checkliste

☐ Ist mir bekannt, wie sich der Umgang mit kultureller Vielfalt in der Pädagogik über die letzten Jahrzehnte entwickelt hat? (▸ Kap. 2.1.1)
☐ Weiß ich, was die Begriffe Integration, Inklusion und interkulturelle Öffnung bedeuten und welche Konsequenzen sich daraus für die frühpädagogische Arbeit in einer Migrationsgesellschaft ergeben? (▸ Kap. 2.1.2)
☐ Bin ich in der Lage, wiederzugeben, über welche Kompetenzen pädagogische Fachkräfte verfügen sollten, um sensibel und konstruktiv mit Eltern, Kindern und im Team zusammenzuarbeiten? (▸ Kap. 2.2)
☐ Kenne ich die sechs behandelten Aspekte von Kultur und weiß, was ich im Zusammenhang damit für die Arbeit in der Kita beachten sollte? (▸ Kap. 2.3.1)

2.5 Checkliste

☐ Weiß ich, welche Chancen und Gefahren sich durch die Thematisierung von Kultur in einer Migrationsgesellschaft ergeben? (▶ Kap. 2.3.2)
☐ Kann ich weitere Aspekte nennen, die interkulturelle Situationen potenziell beeinflussen und auf der Suche nach Erklärungsansätzen herangezogen werden sollten? (▶ Kap. 2.4)

3

Zusammenarbeit mit Eltern mit Migrationshintergrund

Die Zusammenarbeit zwischen Pädagog:innen und Eltern wird seit einigen Jahren viel diskutiert. Insbesondere nachdem die ersten PISA-Studien aufgedeckt haben, dass die soziale Herkunft von Kindern entscheidenden Einfluss auf ihre Schulleistungen hat (Baumert & Schümer, 2001), erhofft man sich durch eine intensivere Zusammenarbeit von Elternhaus und Bildungseinrichtung mehr Chancengerechtigkeit. Dies gilt für Familien im Allgemeinen, insbesondere aber auch für bildungsferne Familien und Familien mit Migrationshintergrund.

In Kapitel 3.1 (▶ Kap. 3.1) wird das Konzept der Erziehungs- und Bildungspartnerschaft vorgestellt. Anschließend werden in Kapitel 3.2

(▶ Kap. 3.2) die besonderen Chancen und Herausforderungen diskutiert, die sich speziell in der Zusammenarbeit mit Eltern mit Migrationshintergrund ergeben. Kapitel 3.3 (▶ Kap. 3.3) betont die große Heterogenität der Migrationsbevölkerung in Deutschland und stellt dar, welche Konsequenzen sich daraus für die Arbeit mit Eltern in Kindertageseinrichtungen ergeben. In Kapitel 3.4 (▶ Kap. 3.4) wird anhand von Fallbeispielen auf typische kulturell bedingte Unterschiede zwischen Eltern mit Migrationshintergrund und in Deutschland sozialisierten Fachkräften eingegangen, und Kapitel 3.5 (▶ Kap. 3.5) enthält eine Checkliste zur eigenen Überprüfung und Reflexion der behandelten Inhalte.

3.1 Das Konzept der Bildungs- und Erziehungspartnerschaft

Der früher übliche Begriff der »Elternarbeit« wurde seit der Jahrtausendwende mehr und mehr durch das Konzept der »Bildungs- und Erziehungspartnerschaft« abgelöst. Martin Textor, der das Konzept maßgeblich geprägt hat, definiert den Begriff folgendermaßen:

»[D]er Begriff Erziehungspartnerschaft [...] bezeichnet eine Beziehung, in der beide Seiten Verantwortung für die Förderung des jeweiligen Kindes übernehmen bzw. diese miteinander teilen. Eltern und Fachkräfte tauschen sich über die Entwicklung, das Erleben und Verhalten des Kindes, über ihre Erziehungsvorstellungen und über die Situation in Familie und Tageseinrichtung aus« (Textor & Blank, 2004, S. 5 f.).

Das Konzept der Bildungs- und Erziehungspartnerschaft betont folglich eine Zusammenarbeit zwischen pädagogischen Fachkräften und Eltern, die auf einem »ebenbürtigen Verhältnis« aufbaut und »die klassischen asymmetrischen Muster in der Beziehung zwischen Eltern und Fachkräften hinter sich lässt« (Stange, 2012, S. 15). Häufig wird daher auch von einer Zusammenarbeit »auf Augenhöhe« gesprochen (z. B. X. Roth, 2010, S. 18; Stange, 2012, S. 15).

3 Zusammenarbeit mit Eltern mit Migrationshintergrund

Das übergeordnete Ziel von Bildungs- und Erziehungspartnerschaften liegt in der Förderung und dem Wohl der Kinder sowie der Verringerung sozialer Ungleichheit (Betz et al., 2017). Darüber hinaus können nach Andrea Bargsten (2012) die folgenden sechs Teilziele definiert werden:

1. Wechselseitige Öffnung
2. Stärkung von Elternkompetenzen
3. Psychische Stabilisierung der Eltern
4. Integration von sozial benachteiligten und Migrantenfamilien
5. Mitgestaltung und Mitbestimmung der Eltern in den Einrichtungen
6. Integration der Institutionen in das Gemeinwesen

Durch die starke Verbreitung der Idee der Bildungs- und Erziehungspartnerschaft im deutschsprachigen Raum sprechen pädagogische Fachkräfte heute oft ganz selbstverständlich davon, dass eine Bildungs- und Erziehungspartnerschaft zwischen ihnen und den Eltern in ihrer Einrichtung besteht. Allerdings ist den Fachkräften oft nicht bewusst, dass sich bei der Umsetzung des Konzepts in der Praxis deutliche Herausforderungen ergeben und die Idee daher eher als Idealvorstellung denn als Abbild der Realität angesehen werden muss. Wie Textor selbst in späteren Texten einräumt, ergeben sich solche Grenzen in der Umsetzung bereits durch die zeitlichen Ressourcen, die im Arbeitsalltag zur Verfügung stehen:

»Welche Chancen haben sie bei den wenigen Tür- und Angel-Gesprächen und dem einen Entwicklungsgespräch pro Jahr, mit den 50 Elternteilen in einen Dialog einzutreten? Also zu erfahren, wie die Eltern ihr Kind sehen und erleben, was sie für Bildungsziele und Erziehungsvorstellungen haben, wie sie es erziehen? Oder gar zu erkennen, wo es Defizite gibt, wie sie also die Erziehung und Bildung in der jeweiligen Familie unterstützen können?« (Textor, 2011, S. 8, vgl. Betz 2016: 9).

Auch die postulierte Gleichberechtigung und Augenhöhe muss kritisch hinterfragt werden:

»Und wie sieht es mit der Gleichberechtigung aus? Hier haben die Eltern m. E. eine höhere Position inne: So besitzen sie ein vom Grundgesetz garantiertes

3.1 Das Konzept der Bildungs- und Erziehungspartnerschaft

Erziehungsrecht (Art. 6 Abs. 2 GG). [...] Genau umgekehrt ist es mit der Gleichwertigkeit: Werden Eltern wirklich als Experten ihrer Kinder wahrgenommen? Oder sind Erzieher/innen nicht die Professionellen – mit ihrem breiten Fachwissen und ihrer langen Berufserfahrung?« (Textor, 2011, S. 7 f.).

Tanja Betz (2015, S. 7) merkt zudem kritisch an, dass das Konzept statt der Umsetzung der suggerierten Win-Win-Situation für alle Beteiligten primär auf die Interessen der Einrichtungen ausgerichtet sei und »sowohl von politischer als auch von fachlicher Seite vor allem im Sinne der Institutionen und ihrer politischen bzw. gesellschaftlichen Funktionen gedacht und argumentiert« wird. Bernhard Kalicki (2020, S. 27) warnt darüber hinaus davor, dass gewisse Aspekte der Bildungs- und Erziehungspartnerschaft von den Eltern als übergriffig empfunden werden können. Dies betrifft insbesondere die Forderung nach Einflussnahme auf die Erziehung in der Familie (»Stärkung von elterlichen Erziehungskompetenzen«) oder die Thematisierung der Paarbeziehung der Eltern durch die pädagogischen Fachkräfte, die in einigen Publikationen zum Thema gefordert wird (z. B. Textor, 2006, S. 19).

Eine grundsätzliche Problematik besteht aber vor allem darin, dass das Konzept der Bildungs- und Erziehungspartnerschaft zwar umfassend durch programmatische Beiträge beleuchtet, aber bis heute viel zu wenig durch empirische Forschung fundiert wurde (Betz et al., 2017, S. 15). Dabei wäre es wichtig, dass nicht nur die Perspektive der Fachkräfte, sondern auch die der Eltern und Kinder einbezogen wird. Auf Basis dieser Idee haben Betz und Kolleginnen (Betz et al., 2019) als erstes Forscher:innenteam die Idee der Bildungs- und Erziehungspartnerschaft aus Sicht von (Grundschul-)Kindern empirisch untersucht. Dabei kommen sie zu dem Ergebnis, dass der intensive Austausch zwischen Eltern, Lehrkräften und Kindern aus der Perspektive vieler Kinder keine Idealvorstellung darstellt. Einige von ihnen empfanden ihn zwar positiv, für andere war er jedoch angstbesetzt und bedrohlich. Eine dritte Gruppe akzeptierte die Gespräche, fühlte sich ihnen aber machtlos ausgeliefert. Dies zeigt deutlich, dass eine Weiterentwicklung des Konzepts – auf Basis empirischer Forschung und unter Einbezug der Sichtweisen aller Beteiligten – dringend nötig ist.

Zusammenfassend kann folglich festgehalten werden, dass das Konzept der Erziehungs- und Bildungspartnerschaft eine Neuausrichtung der Zusammenarbeit zwischen pädagogischen Fachkräften und Eltern darstellt. Es hat zum Ziel, die Eltern und ihre Sichtweisen als »Partner« wahrzunehmen. Dennoch bleiben bis heute viele Fragen in Bezug auf die Umsetzung und die Angemessenheit einiger Forderungen offen.

3.2 Herausforderungen und Chancen in der Zusammenarbeit mit Eltern mit Migrationshintergrund

In Deutschland haben aktuell 34 Prozent der Mütter und 33 Prozent der Väter einen Migrationshintergrund (BMFSFJ, 2020, S. 7). In der Zusammenarbeit mit diesen Eltern ergeben sich Herausforderungen, aber auch besondere Chancen im Vergleich zu Eltern ohne Migrationshintergrund.[15]

Herausforderungen ergeben sich beispielsweise durch sprachliche Hürden, wenn die Eltern nur eingeschränkte Deutschkenntnisse haben und auf keine weitere Sprache (z. B. Englisch) ausgewichen werden kann. Auch unterschiedliche Verständnisse von Ablauf und Aufgaben der Kindertagesstätte, der Verantwortungsteilung zwischen Kita und Familie oder ein wie Deniz es nennt »falsche[r] Respekt« (Deniz, 2012, S. 326) vor der Institution Kita können zu erheblichen Missverständ-

---

15 Auch andere Aspekte wie beispielsweise ein niedriges Bildungsniveau oder eine starke berufliche Eingebundenheit der Eltern bringen besondere Herausforderungen und Chancen mit sich. Fokus dieses Buches sind jedoch die Besonderheiten in der Zusammenarbeit mit Eltern mit Migrationshintergrund.

3.2 Herausforderungen und Chancen in der Zusammenarbeit

nissen führen (vgl. das Fallbeispiel ▶ Kap. 4.2.7; vgl. S. Fischer, 2017, S. 62). Hinzu kommen mögliche Missverständnisse durch unterschiedliche Kommunikationsstile (▶ Kap. 4.3.4) oder differente Vorstellungen von Eltern und Fachkräften darüber, was bei der Erziehung und Bildung von Kindern wichtig ist, was Kinder in welchem Alter lernen sollten, welche Prioritäten gelegt werden sollten, was toleriert werden kann und was nicht (▶ Kap. 3.4). Aber auch Diskriminierungserfahrungen und Machtasymmetrien können die Zusammenarbeit zwischen pädagogischen Fachkräften und Eltern mit Migrationshintergrund stören (▶ Kap. 2.2.2). Im Falle geflüchteter Menschen kommen zusätzliche Herausforderungen hinzu. Diese entstehen etwa durch Traumata, Belastungen durch schwierige Wohnverhältnisse oder eine unsichere Zukunftsperspektive.[16]

Neben diesen Herausforderungen eröffnen sich in der Zusammenarbeit mit Eltern mit Migrationshintergrund aber auch viele besondere Chancen. So kann die Kindertageseinrichtung insbesondere für Eltern, die erst seit kurzem in Deutschland leben oder aus anderen Gründen wenig Kontakt zur deutschen Gesellschaft haben, ein ganz wichtiger Kontakt und (wahrgenommener) Spiegel der Gesellschaft darstellen. Erleben sie hier Offenheit, Verständnis und Anerkennung, werden sie ermutigt, mit Zuversicht und Selbstbewusstsein auch an anderen Stellen Kontakte zu knüpfen und sich in die deutsche Gesellschaft zu integrieren.

Darüber hinaus eröffnet eine gute Elternarbeit in der Kita auch die Möglichkeit, Kontakte zwischen Eltern mit und ohne Migrationshintergrund herzustellen. Einer repräsentativen Studie des Sachverständigenrats deutscher Stiftungen für Integration und Migration (SVR, 2018, S. 11 f.) zufolge wird das Zusammenleben in der Einwanderungsgesellschaft insbesondere da positiv erlebt wird, wo Kontakte

---

16 Auf diese spezifische Situation und den zusätzlichen Herausforderungen geflüchteter Menschen kann in diesem Buch nicht genauer eingegangen werden. Weitere Informationen finden sich beispielsweise bei Hofbauer (2017) oder Merget und Richert (2017).

zwischen Menschen mit und ohne Migrationshintergrund im Alltag bestehen. Studien verdeutlichen zudem, dass geflüchtete Menschen diese persönlichen sozialen Kontakte wertschätzen (SVR, 2017, S. 3 f.) und viele von ihnen unter Einsamkeit leiden (SVR, 2016, S. 61). Eine gute Elternarbeit hat folglich einerseits die Chance, ein friedliches und respektvolles Zusammenleben in der Gesellschaft zu fördern, andererseits aber auch die individuelle psychische Situation einzelner Menschen mit Migrationshintergrund zu unterstützen.

Eine weitere große Chance besteht im gegenseitigen Lernen und der gegenseitigen Bereicherung durch den Austausch zwischen pädagogischen Fachkräften und Eltern mit Migrationshintergrund. Nicht nur können Fachkräfte mehr Einblick in Lebenswelten der Familien bekommen, bei ernsthaftem Interesse und offenem Austausch können beide Seiten ihr Leben durch neue Anregungen bereichern – sei es im Bereich der Erziehung, der Sprache, der Kulinarik oder vielem anderen.

Eine vierte wichtige Chance liegt darin, dass Kinder (mit und ohne Migrationshintergrund) durch das Vorbild der Erwachsenen ein tolerantes und offenes Miteinander erleben und erlernen können und so auf ihr Leben in einer diversen Gesellschaft vorbereitet werden.

3.3 Eltern mit Migrationshintergrund – eine diverse Personengruppe

In zahlreichen Diskursen – politisch, wissenschaftlich oder in den öffentlichen Medien – finden sich Aussagen über »Menschen mit Migrationshintergrund«. Das Verständnis dieser Kategorie basiert dabei in der Regel auf der Definition des Mikrozensus, in dessen Rahmen der Begriff 2005 erstmals Verwendung fand (Statistisches Bundesamt, 2006). Im Mikrozensus 2016 wurde die Definition angepasst und umfasst nun Personen, die »die deutsche Staatsangehörigkeit nicht durch Geburt besitzen oder zumindest selbst einen

3.3 Eltern mit Migrationshintergrund – eine diverse Personengruppe

Elternteil haben, auf den dies zutrifft« (BMFSFJ 2020: 7).[17] Da eine gemeinsame Bezeichnung immer auch eine gewisse Homogenität einer Gruppe suggeriert, ist unbedingt zu beachten, dass die Gruppe der »Menschen mit Migrationshintergrund« in der Realität äußerst divers ist:

> »[Die Gruppe der Menschen mit Migrationshintergrund] umfasst nicht nur Menschen, die erst kürzlich nach Deutschland zugewandert sind, sondern auch Personen, die bereits in zweiter oder dritter Generation in Deutschland leben und für die Deutschland längst Heimat geworden ist« (BMFSFJ, 2020, S. 7; vgl. Fachkommission der Bundesregierung zu den Rahmenbedingungen der Integrationsfähigkeit, 2020, S. 220).

Neben der unterschiedlichen Aufenthaltsdauer in Deutschland ergeben sich große Unterschiede auch durch den Bildungshintergrund, die Gründe der Migration, die Aufenthaltsperspektive, den kulturellen Hintergrund, die familiäre Einbindung in Deutschland, das Alter, die berufliche Situation, das soziale Umfeld und vieles Weitere. Steven Vertovec (2015) spricht aufgrund der großen Vielfalt innerhalb der heutigen Migrationsbevölkerung von »Super-Diversity« und betont, dass diese unterschiedlichen Variablen nicht nur nebeneinander existieren, sondern in »dynamischer Interaktion« miteinander stehen, was in einer noch stärkeren Heterogenität der Bevölkerung resultiert:

> »In order to understand and more fully address the complex nature of contemporary, migration-driven diversity, additional variables need to be better recognized by social scientists, policy-makers, practitioners and the public. These include: differential legal statuses and their concomitant conditions, divergent labour market experiences, discrete configurations of

---

17 Der Begriff des Migrationshintergrundes wird seit einigen Jahren kritisch diskutiert. Für eine ausführliche Auseinandersetzung mit den Pro- und Contra-Argumenten, aber auch der Schwierigkeit, einen neuen Begriff zu finden, vgl. Ahyoud et al., 2018; Fachkommission der Bundesregierung zu den Rahmenbedingungen der Integrationsfähigkeit, 2020, 218 ff.; Schramkowski, 2018; Will, 2016, 2019.

gender and age, patterns of spatial distribution, and mixed local area responses by service providers and residents. The dynamic interaction of these variables is what is meant by ›super-diversity‹« (Vertovec, 2007, S. 1025; vgl. Vertovec, 2015).

> **Tipp für die Praxis**
>
> Es lohnt sich, Eltern mit eigener Migrationserfahrung nach ihrem beruflichen und Bildungshintergrund zu fragen. Nicht selten sind Mütter, die in Deutschland im Room Service eines Hotels arbeiten, eigentlich promovierte Chemikerinnen oder arbeitslose Väter studierte Soziologen.

Die Diversität der Gruppe »Eltern mit Migrationshintergrund« zeigt sich jedoch nicht nur an ihren unterschiedlichen Erfahrungen und demographischen Merkmalen, sondern wirkt sich auch in der Zusammenarbeit mit den Fachkräften in der Kita aus. Morgan (2016, S. 307 ff.) zeigt in einer nicht-repräsentativen qualitativen Studie, dass Eltern mit Migrationshintergrund auf bestehende Differenzen zwischen den eigenen Bildungs- und Erziehungskonzepten und jenen der pädagogischen Fachkräfte äußerst unterschiedlich reagieren. Dabei lassen sich fünf Typen differenzieren (▶ Abb. 3.1)[18]. Sie unterscheiden sich zum einen in Bezug auf ihre Bewertung der Bildungs- und Erziehungskonzepte der pädagogischen Fachkräfte (Akzeptanz oder Ablehnung), zum anderen bezüglich ihrer Reaktion auf diese Bewertung (aktiv oder passiv).

Eltern des Typs »*Vertrauen & Verantwortungsdelegation*« bewerten die Erziehungskonzepte der Fachkräfte sehr positiv und zeichnen sich durch ein großes Vertrauen in die Fachkräfte und ihre Arbeit aus. Sie verhalten sich jedoch passiv und suchen wenig Kontakt zu den Kita-Mitarbeiter:innen. Vielmehr gehen sie davon aus, dass die Fachkräfte

---

18 Bei dem im Folgenden vorgestellten Modell handelt es sich um eine Weiterentwicklung der von Morgan (2016, S. 307 ff.) vorgestellten Typologie.

3.3 Eltern mit Migrationshintergrund – eine diverse Personengruppe

den Kindern in der Einrichtung alles Wichtige mit auf den Weg geben werden und eine Kooperation mit der Einrichtung daher nicht vonnöten ist (teils ist ihnen aufgrund ihrer Erfahrungen im Herkunftsland auch nicht bewusst, dass eine solche Zusammenarbeit von Seiten der Einrichtung erwünscht ist).

Eltern, die dem Typ »*Idealisierung & Anpassung*« zuzuordnen sind, bewerten die Vorstellungen der Fachkräfte ebenfalls positiv. Im Unterschied zum vorgenannten Typ streben sie jedoch aktiv an, deren Konzepte möglichst vollständig zu übernehmen.

Eltern des Typs »*Sorge und Resignation*« reagieren auf differente Bildungs- und Erziehungskonzepte in der Kita mit großer Beunruhigung. Die Folge sind Frustration und Resignation, da diese Eltern keine Möglichkeit sehen, etwas an der Situation zu ändern.

Auch Eltern des Typs »*Entrüstung und Betreuungsabbruch*« stehen den Bildungs- und Erziehungskonzepten der Fachkräfte sehr kritisch gegenüber. Im Unterschied zu der passiven Reaktion des vorhergenannten Typs reagieren sie – entweder aufgrund der Stärke der Ablehnung oder aufgrund vorhandener Alternativen – jedoch aktiv, etwa mit einer Kündigung des Betreuungsvertrags.

Eine differenzierte Position nehmen Eltern des Typs »*Pragmatismus & Differenzierung*« ein. Einige Unterschiede werden von ihnen dankbar toleriert, da sie die Meinung vertreten, dass die in bestimmten Punkten unterschiedliche Erziehung und Bildung durch die Fachkräfte ihren Kindern in ihrem Leben in Deutschland zugutekommen wird. An anderen Stellen widersprechen Sie jedoch klar und bemühen sich aktiv, dem Einfluss der Kita entgegenzuwirken, etwa indem sie besonderen Wert darauf legen ihren Kindern die eigenen Überzeugungen nahe zu bringen.

Es muss angemerkt werden, dass es sich bei dieser Darstellung um die Ergebnisse einer ersten explorativen und nicht-repräsentativen Forschung handelt. Eine weitere umfassendere Studie wäre nötig, um die genannten Typen genauer auszudifferenzieren. Dennoch veranschaulicht die Kategorisierung, wie stark sich Eltern mit Migrationshintergrund in der Zusammenarbeit mit der Kita voneinander unterscheiden.

3 Zusammenarbeit mit Eltern mit Migrationshintergrund

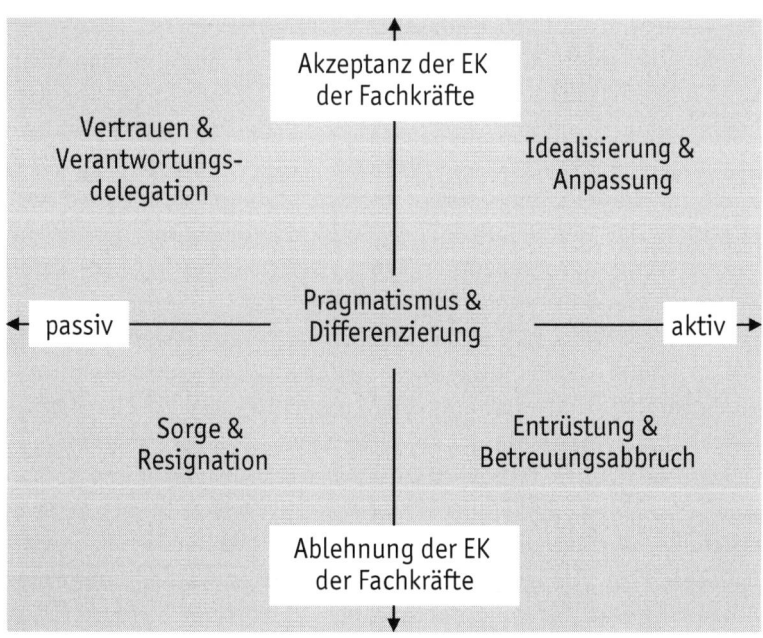

Abb. 3.1: Umgang mit differenten Bildungs- und Erziehungskonzepten – eine Typologie

Bei Aussagen über Eltern mit Migrationshintergrund, wie sie auch in diesem Buch getätigt werden, kann es sich also lediglich um eine Annäherung handeln. Welche Aspekte tatsächlich auch auf den einzelnen Fall zutreffen, kann nur in Interaktion mit den betreffenden Personen erörtert werden. Professionelles Handeln sollte »immer von dem Grundsatz geleitet sein, dass zugewanderte Familien sich höchst heterogen darstellen und entsprechend differente Bedürfnisse, Bedarfe und Potentiale mitbringen« (S. Fischer, 2017, S. 64).

3.4 Kulturell bedingte Unterschiede zwischen Bildungs- und Erziehungskonzepten von Eltern mit Migrationshintergrund und pädagogischen Fachkräften

Wie eine Forschung von Laura Bossong (2016) zeigt, stimmen die Bildungs- und Erziehungsideale von pädagogischen Fachkräften mit jenen von deutschen Müttern der Mittelschicht stark überein. Dies trifft auf Eltern mit niedrigerem Bildungsniveau oder mit Migrationshintergrund jedoch häufig nicht zu. Bildungs- und Erziehungsdifferenzen zwischen pädagogischen Fachkräften und Eltern können im Kita-Alltag zu Unmut, zwischenmenschlichen Konflikten und Schwierigkeiten für die betroffenen Kinder führen. Der konstruktive Umgang mit solchen Differenzen stellt daher eine besondere Herausforderung aber gleichzeitig auch Chance für die Zusammenarbeit mit Eltern dar.

Die folgenden Kapitel 3.4.2 bis 3.4.6 thematisieren mithilfe von realen Fallbeispielen einige typische Unterschiede zwischen Bildungs- und Erziehungskonzepten von Eltern mit Migrationshintergrund und pädagogischen Fachkräften. Kapitel 3.4.2 (▶ Kap. 3.4.2) widmet sich Unterschieden im Bereich der Selbstständigkeit. Kapitel 3.4.3 (▶ Kap. 3.4.3) befasst sich mit dem Themenkomplex Spielen und Lernen. Im Fokus des Kapitels 3.4.4 (▶ Kap. 3.4.4) steht der Umgang mit Autorität, während Kapitel 3.4.5 (▶ Kap. 3.4.5) das Thema Bindung im interkulturellen Kontext beleuchtet. Kapitel 3.4.6 (▶ Kap. 3.4.6) ist dem Verständnis der Rollen von Kita und Familie ist gewidmet. Wie in Kapitel 2.3.3 (▶ Kap. 2.3.3) erläutert, wird in der Beschreibung der Beispiele bewusst vermieden, die Herkunftsländer der Eltern anzugeben. Vorangestellt wird diesen Ausführungen eine Typisierung unterschiedlicher Bildungs- und Erziehungsdifferenzen (▶ Kap. 3.4.1). Dabei wird deutlich, dass eine Differenzierung dieser Typen hilft, eine Zusammenarbeit auf Augenhöhe im Sinne des Konzepts der Bildungs- und Erziehungspartnerschaft zu gestalten.

Die im Laufe dieses Kapitels verwendeten Interviewzitate stammen, sofern nicht anders angegeben, aus einer qualitativen Forschung der Autorin, die eine Teilnehmende Beobachtung in drei Münchner Kindertageseinrichtungen, qualitative Interviews mit pädagogischen Fachkräften und immigrierten Eltern sowie ein Gruppeninterview mit immigrierten pädagogischen Fachkräften umfasst (Morgan, 2016). Die verwendeten Fallbeispiele basieren entweder auf der benannten Forschung oder Berichten von pädagogischen Fachkräften im Rahmen von Weiterbildungen, die von der Autorin durchgeführt wurden.

3.4.1 Arten von Bildungs- und Erziehungsdifferenzen

Erziehungsdifferenzen können sich auf zwei Ebenen verorten: der kognitiven Ebene und der Verhaltensebene. Die kognitive Ebene umfasst Überzeugungen der Erziehenden darüber, wie Bildung und Erziehung von Kindern stattfinden soll, welche Ziele verfolgt werden sollen oder welche Gewichtung einzelnen Zielen zugewiesen werden soll. Auf der Verhaltensebene zeigen sich Differenzen darin, dass Eltern oder Fachkräfte mit einem Kind auf eine bestimmte Weise umgehen, es ermutigen, ein bestimmtes Verhalten zu zeigen oder zu unterlassen, sowie bestimmtes Verhalten verstärken (z. B. durch Lob oder Zuwendung) oder sanktionieren.

Wird eine Bildungs- und Erziehungsdifferenz[19] zwischen Eltern und Fachkräften deutlich, besteht der erste Eindruck häufig darin, dass es sich dabei um einen klaren Gegensatz der jeweiligen Vorstellungen handelt. Ein Fall, in dem tatsächlich zwei Bildungs- und Erziehungsziele in direktem Widerspruch zu einander stehen, kann beispielsweise angenommen werden, wenn eine Seite (Eltern oder Fachkräfte) die Ansicht vertritt, Mädchen und Jungen sollten komplett gleich

---

19 Aus Gründen der Lesbarkeit wird im Folgenden häufig nur von »Erziehungsdifferenzen« gesprochen. Es sind jedoch immer »Bildungs- und Erziehungsdifferenzen« gemeint.

3.4 Kulturell bedingte Unterschiede

behandelt werden (sie müssen gleiche Aufgaben übernehmen, sie sollten gleiche Möglichkeiten haben und werden in gleichen Themenbereichen und Kompetenzen gefördert), während die zweite Partei der Meinung ist, dass Jungen und Mädchen unterschiedlich behandelt werden sollten. Solche Differenzen kommen vor und sind nicht einfach zu lösen. Sie werden im Folgenden als *Typ A* bezeichnet (▶ Tab. 3.1).

Bei differenzierter Betrachtung lässt sich allerdings feststellen, dass sich hinter einem solchen vermeintlich unüberwindbaren Gegensatz häufig eine andere Art der Differenz verbirgt. Dabei können vier weitere Differenztypen (Typ B – Typ E[20], ▶ Tab. 3.1) unterschieden werden. Diese bergen zwar ebenfalls Herausforderungen, bieten jedoch deutlich mehr Möglichkeiten der konstruktiven Lösungsfindung als Typ A. Eine Identifikation dieser Differenztypen öffnet im Kita-Alltag daher die Tür zu einer konstruktiven und wertschätzenden Zusammenarbeit zwischen Eltern und Fachkräften auf Augenhöhe, wie sie im Konzept der Bildungs- und Erziehungspartnerschaft (▶ Kap. 3.1) angestrebt wird.

Bei *Typ B* ist die Differenz in der Priorisierung von zwei oder mehreren Zielen verortet, die grundsätzlich aber von beiden Parteien als wichtig erachtet werden. Während dieser Typ zwar ähnlich belastend sein kann wie Typ A (etwa für Eltern, die das Gefühl haben, ihre Kinder lernten in der Kita zu wenig ▶ Kap. 3.4.3), bietet er jedoch eine deutlich bessere Grundlage für gemeinsame Aushandlungen der Situation, sofern die gemeinsame Basis (Wertschätzung beider Erziehungsziele trotz unterschiedlicher Priorisierung) erkannt und benannt wird. Im eben genannten Beispiel beanstanden einige Eltern, die Kinder würden in der Kita »überhaupt nichts lernen«, sondern den ganzen Tag nur spielen. Die Ursache ihres Unmuts liegt jedoch nicht

---

20 Diese Differenzierung der verschiedenen Differenztypen wurde erstmals in einem früheren Werk (Morgan, 2016, S. 217 ff.) vorgestellt. In den hier publizierten Ausführungen wurde das ursprünglich vier Typen umfassende Modell um einen fünften Typ (Typ E) ergänzt.

Tab. 3.1: Fünf Arten von Erziehungsdifferenzen

Typ	Beschreibung	Modell
A	Zwei inkompatible Erziehungsziele stehen in Konflikt	E-Ziel A ⚡ E-Ziel B
B	Zwei Erziehungsziele werden unterschiedlich priorisiert.	E-Ziel A (E-Ziel B) (E-Ziel A) E-Ziel B
C	Ein Erziehungsziel wird nur von einem der Akteure vertreten.	E-Ziel A
D	Ein Erziehungsziel ist mit unterschiedlichen Konsequenzen auf der Verhaltensebene verknüpft.	E-Ziel → Verhalten A / Verhalten B
E	Eine Verhaltensdimension ist mit zwei unterschiedlichen Erziehungszielen verknüpft.	E-Ziel A E-Ziel B → Verhaltensdimension

in einem klaren Gegensatz in den Bildungs- und Erziehungskonzepten zwischen ihnen und den Kita-Fachkräften, wie unter Typ A beschrieben. Vielmehr handelt es sich um einen Unterschied in der Priorisierung von zwei Erziehungszielen. Beiden Seiten ist wichtig, dass die Kinder lernen (Erziehungsziel A), aber auch Zeit haben, selbstbestimmt zu spielen und sich nach ihren eigenen Vorstellungen zu amüsieren (Erziehungsziel B). Um konstruktiv mit dieser Situation umzugehen, bietet sich als erster Schritt in einem gemeinsamen Gespräch daher an, diese gemeinsame Basis herauszuarbeiten. Darauf aufbauend können sich beide Seiten darüber austauschen, warum sie die beiden Ziele auf ihre Weise gewichten und welche Sorgen oder Überzeugungen damit für sie verknüpft sind. In diesem Beispiel wird dabei möglicherweise auch deutlich werden, dass »Lernen« für die beteiligten Fachkräfte und Eltern auf unterschiedliche Weise erfolgt (vgl. Typ D).[21]

Differenztyp C besteht darin, dass ein Bildungs- und Erziehungsziel nur von einer der beiden Parteien vertreten wird. In einem Interview berichtet ein Vater etwa davon, dass für ihn die Vermittlung von Sachthemen wie Planetenkunde oder Pflanzenwachstum bislang kein wichtiges Bildungsziel für seinen fünfjährigen Sohn darstellten, er ihre Thematisierung in der Kita jedoch sehr begrüße. Eine solche Differenz lässt sich wie im vorgenannten Fall oft sehr unkompliziert lösen. Abhängig vom Thema kann sie sich jedoch auch problematischer auswirken. Wichtig ist, dass auch dieser Typ als Differenz identifiziert wird und passende Lösungen gefunden werden.

Eine vierte Art der Differenz (*Typ D*) ergibt sich, wenn ein Bildungs- oder Erziehungsziel grundsätzlich von beiden Parteien geteilt, jedoch mit einer unterschiedlichen Umsetzung auf der Handlungsebene verknüpft wird. Recht offensichtlich ist dies der Fall, wenn beide Parteien den Kindern ein gesellschaftlich anerkanntes Verhalten bei Tisch vermitteln wollen, dies in einigen Familien jedoch das Essen mit Stäbchen oder mit Händen und in der Kita das Essen mit Messer und Gabel beinhaltet. Manche Differenzen dieser Art sind jedoch weniger offensichtlich. So kann im Kita-Alltag häufig beobachtet werden, dass Kinder aufgefordert werden, die Pädagog:innen anzuschauen, wenn sie mit ihnen sprechen. Auch das Drehen des Kopfes eines Kindes

---

21 Ein weiteres Beispiel dieses Typs findet sich in Kapitel 3.4.2 zum Thema Selbstständigkeit.

durch die Pädagog:innen, um diesen Blickkontakt zu bewirken, ist nicht selten zu beobachten. Der Grund dieses Handelns liegt darin, dass Blickkontakt in Deutschland gemeinhin als Ausdruck von Respekt gewertet wird. In einigen anderen Kulturen zeigt sich der Ausdruck von Respekt jedoch gerade darin, dass Kinder Augenkontakt mit Erwachsenen meiden, während diese ernst mit ihnen sprechen oder sie tadeln. In beiden Fällen besteht das Ziel folglich in der Vermittlung respektvollen Verhaltens. Die Art und Weise, wie sich dieses Ziel in Verhalten ausdrückt, unterscheidet sich jedoch. Wenn pädagogischen Fachkräften diese Differenz und ihre Hintergründe nicht bekannt sind, kann dies negative Folgen haben. Möglicherweise kommt es zu Fehlinterpretationen der Fachkraft (Kind zeige keinen Respekt), zur Verwirrung auf Seiten des Kindes (zuhause soll es Erwachsene nicht in die Augen schauen, in der Kita schon) oder Konflikten in der Familie (Kind verhält sich gegenüber dem Großvater scheinbar respektlos, da es das Verhalten zeigt, das es in der Kita gelernt hat). Die Identifikation einer Differenz dieses Typs ist der erste Schritt, um (idealerweise im Dialog mit den Eltern) Lösungen zu finden, durch die diese negativen Konsequenzen vermieden werden.

Bei Typ E liegt die Differenz darin, dass eine bestimmte Verhaltensdimension von Eltern und Fachkräften mit unterschiedlichen Zielen verknüpft und daher unterschiedlich bewertet wird. Ein typisches Beispiel stellt die Verhaltensdimension Widersprechen bzw. nicht Widersprechen von Kindern gegenüber Erwachsenen dar. In vielen deutschen Kitas wird das Äußern von Meinungen, Einbringen von Ideen und Verbalisieren von Einwänden im Sinne der Partizipation bis zu einem gewissen Grad gefördert. Dahinter steht das Ziel der Vermittlung demokratischer Kompetenzen: Kinder sollen lernen, Dinge kritisch zu hinterfragen, sich eine eigene Meinung zu bilden und diese auch zu äußern. In einigen Familien wird es jedoch sehr kritisch gesehen, wenn Kinder Erwachsenen widersprechen. Sie verfolgen das Ziel, ihren Kindern Respekt, Achtung vor der Lebenserfahrung älterer Menschen und Dankbarkeit gegenüber Erwachsenen zu vermitteln. Dazu gehört es aber auch, dass die Kinder nicht (ständig) widersprechen (genauer ▸ Kap. 3.4.4). Wenn die Kinder nun zuhause das in der Kita erlernte Verhalten zeigen, kann es auch hier (ebenso wie unter Typ D erläutert) zu Konflikten kommen und Ärger der Eltern auf die Kita hervorrufen. Wenn diese Differenz jedoch als solche erkannt wird, kann ein Gespräch über die verschiedenen Ziele, die mit der Verhaltensdimension verknüpft werden, helfen, gegenseitiges Verständnis und Wertschätzung herzustellen. Auf dieser Basis können dann im Dialog zwischen Eltern und Fachkräften Lösungen für das Dilemma gefunden werden.

3.4.2 Selbstständigkeit

Fallbeispiel

Bei mehreren Kindern in der Einrichtung fällt auf, dass die Eltern ihnen sehr viel abnehmen. Besonders deutlich wird dies daran, dass sie ihren Kindern beim Abholen Schuhe und Jacke anziehen, selbst wenn sie schon vier, fünf oder sechs Jahre alt sind. Den Erzieherinnen erscheint das äußerst unangemessen. Mit Bezug auf ein bestimmtes Mutter-Sohn-Paar meint eine von ihnen empört: »Sie [die Mutter] ist doch nicht seine Dienerin!« Bei nächster Gelegenheit spricht die Pädagogin die Mutter an und erklärt ihr, dass ihr Sohn bereits groß genug ist, sich selbst anzuziehen.

Fragen zur Reflexion

- Was irritiert die Erzieherinnen an dem Verhalten der Eltern? Welche Erklärung für das Verhalten der Eltern könnte dieser Irritation zugrunde liegen?
- Welche anderen Erklärungen könnte es für das Verhalten der Eltern geben? Inwiefern könnte ihr Verhalten auch positiv gesehen werden?

> • Könnten Machtdifferenzen, Diskriminierungserfahrungen oder Stereotypen in dem Gespräch zwischen Pädagogin und Mutter eine Rolle spielen?
> • Was könnte ein diversitätsbewusster Lösungsansatz sein?

1 Theoretische Hintergründe

Deutsche pädagogische Fachkräfte weisen der Erziehung zur Selbstständigkeit einen sehr hohen Stellenwert zu (Dippelhofer-Stiem, 2002, S. 661 ff.; Gaitanides, 2007, S. 20 f.; H. Keller, 2011, S. 141 f.; Morgan, 2016, S. 246 ff.; Schreiber, 2004, S. 54 ff.). Verschiedene Forschungen zeigen jedoch, dass diese hohe Priorisierung von Selbstständigkeit in der Bildung und Erziehung junger Kinder interkulturell nicht selbstverständlich ist.

Im Rahmen des »World Values Survey« wurden Menschen in 79 Ländern unter anderem nach den Ihrer Ansicht nach wichtigsten Erziehungszielen befragt. In Deutschland wählten 72 Prozent der Befragten den Aspekt »Unabhängigkeit, Selbstständigkeit«[22], während beispielsweise im Irak (14 % Zustimmung), in Ägypten (14 % Zustimmung), Albanien (16 % Zustimmung), der Türkei (30 % Zustimmung) oder den USA (56 % Zustimmung) deutlich weniger Menschen dies als wichtiges Erziehungsziel ansahen. Lediglich in acht der 72 teilnehmenden Länder (China, Tschechien, Dänemark, Ungarn, Island, Litauen, Norwegen, Slowenien) ließ sich eine ähnlich hohe oder höhere Zustimmung feststellen (World Values Survey, 2020).

---

22 Die Befragten wurden aufgefordert aus der folgenden Liste bis zu fünf der ihrer Ansicht nach wichtigsten Erziehungsziele zu nennen: 1. Gutes Benehmen, 2. Unabhängigkeit, Selbstständigkeit, 3. Fleiß, 4. Verantwortungsgefühl, 5. Vorstellungskraft, Phantasie, 6. Toleranz und Respekt gegenüber Mitmenschen«, 7. Sparsamkeit im Umgang mit Geld und Dingen, 8. Entschlossenheit, Ausdauer, 9. Religiöser Glaube, 10. Selbstlosigkeit, 11. Gehorsam.

3.4 Kulturell bedingte Unterschiede

Weiteren Aufschluss über die kulturell bedingten Unterschiede im Bereich der Selbstständigkeitserziehung bietet ein Modell der Entwicklungspsychologin Heidi Keller. Sie nutzt zur Erklärung kultureller Unterschiede ein Modell, das zwei kulturelle Prototypen differenziert. Der Prototyp der »psychologischen Autonomie« ist charakteristisch für weite Teile der postindustrialisierten städtischen Welt und ebenso die deutsche Mittelschicht (Borke & Keller, 2021, S. 18): »Hier steht das Individuum mit seinen Wünschen, Bedürfnissen, Plänen, Vorstellungen und Zielen im Vordergrund« (H. Keller, 2011, S. 10). Die Erziehung ist gekennzeichnet durch eine kindzentrierte Sichtweise und die Förderung persönlicher Unabhängigkeit und Eigenständigkeit, Selbstbestimmung sowie der Realisierung eigener Wünsche und Bedürfnisse (H. Keller, 2013, S. 13).

Wichtige Erziehungsziele sind »Talente und Interessen entwickeln« und »eigene Vorstellungen klar ausdrücken« (Borke & Keller, 2021, S. 22). Dieser kulturelle Prototyp spiegelt sich laut Keller »praktisch 1:1« (H. Keller, 2013, S. 14) in den deutschen Bildungsplänen für die frühe Bildung wieder.

Das kulturelle Modell der »relationalen Hierarchie« dagegen bezeichnet Keller als besonders typisch für Menschen aus ländlichen und wenig industrialisierten Regionen, aber auch viele Familien mit Migrationshintergrund in Deutschland sowie Familien, die nicht der deutschen Mittelschicht angehören (Borke & Keller, 2021, S. 18; H. Keller, 2013, S. 15). Im Fokus stehen hier die soziale Gemeinschaft (wie z. B. die Großfamilie) und ihre hierarchischen Strukturen. Wichtige Erziehungsziele sind »mit anderen teilen«, »soziale Harmonie erhalten«, »tun, was Eltern sagen und ältere Menschen respektieren« (Borke & Keller, 2021, S. 25). Auch wenn das Modell Kellers als zu reduktionistisch für die Diversität heutiger Familien kritisiert werden kann, weist es doch darauf hin, dass die hohe Priorisierung von Selbstständigkeit und Unabhängigkeit, die in der deutschen Mittelschicht aktuell stark verbreitet ist, keine universelle Selbstverständlichkeit darstellt.

Auch viele weitere bekannte Modelle finden bei der Differenzierung von Kulturen einen Fokus auf die Aspekte der Individualität,

Unabhängigkeit und Selbstständigkeit. So differenzieren Hazel Rose Markus und Shinobu Kitayama (1991) zwei verschiedene (kulturell geprägte) Arten von Selbstkonzepten. Das interdependente Selbstkonzept basiert auf einem Verständnis des eigenen Selbst, das in einer fundamentalen Verbundenheit mit anderen Individuen steht. Der Fokus liegt auf harmonischen Beziehungen mit gegenseitigen Abhängigkeiten. Von großer Bedeutung ist es daher in den entsprechenden Kulturen, sich um andere zu kümmern und sich in eine Gruppe einfügen. Markus und Kitayama zufolge findet sich dieses Modell typischerweise in China, Japan, aber auch in afrikanischen Kulturen (Markus & Kitayama, 1991, S. 227 ff.). Bei einem independenten Selbstkonzept dagegen suchen Individuen zu einem deutlich stärkeren Grad Unabhängigkeit von anderen. Sie möchten persönliche Eigenschaften entdecken und diese ausdrücken und ausleben. Als typisches Beispiel nennen die Autoren die USA (Markus & Kitayama, 1991, S. 226 ff.), aber auch Deutschland würde in diese Kategorie fallen.

Zu beachten ist, dass Autonomie/Unabhängigkeit und Verbundenheit/Nähe wichtige Grundbedürfnisse darstellen und sich daher in allen Kulturen wiederfinden (Borke & Keller, 2021, S. 17 ff.). Wie die oben genannten Studien und Modelle zeigen, kann sich ihre Gewichtung in verschiedenen Kulturen jedoch deutlich unterscheiden. Dies hat wiederum Konsequenzen für das Erziehungshandeln. Eine Differenz in diesem Themenfeld ist daher in aller Regel dem Erziehungsdifferenz-Typ B (▶ Kap. 3.4.1) zuzuordnen. Zu beachten ist jedoch auch, dass das Anziehen oder Füttern von Kindern neben der Nähe/Verbundenheit zusätzlich weitere Vorteile mit sich bringt, die die Eltern in ihrem Handeln möglicherweise bewusst oder unbewusst bestärken (genauer vgl. der Vorteil-Nachteil-Check ▶ Kap. 6.3).

2 Mögliche Lösungsansätze

In Bezug auf das anfangs genannte Fallbeispiel sollte beachtet werden, dass beide Varianten, d. h. das Helfen beim Anziehen ebenso wie das Nicht-Helfen Vor- und Nachteile mit sich bringen (genauer ▶ Kap. 6.3). Beide Arten von Erziehungskonzepten – solche, die eine stärkere

Unabhängigkeit fördern, und solche, die den Schwerpunkt auf Verbundenheit und gegenseitige Hilfe legen – sind auf der Welt zu finden. Keine dieser Varianten ist grundsätzlich besser oder schlechter. Vielmehr gilt es, beide Perspektiven, inkl. ihrer Vor- und Nachteile zu verstehen und eine personen- und situationsangemessene Lösung zu finden. Idealerweise geschieht dies im Rahmen eines offenen Gesprächs zwischen Eltern und Fachkräften. Denkbar wäre beispielsweise die Lösung, dass die Fachkräfte die Eltern bitten, sie darin zu unterstützen, dass das Kind lernt, sich selbst anziehen zu können, weil dies für den Kita-Alltag wichtig ist. Gleichzeitig sehen sie ein, dass die Eltern selbst entscheiden können, wie sie die Situation beim Bringen und Holen gestalten wollen und kein Grund besteht, ihr Handeln negativ zu beurteilen.

3.4.3 Spielen und Lernen

Fallbeispiel

In der Einrichtung gibt es bestimmte Kinder, deren Eltern sehr leistungsorientiert zu sein scheinen. Bei Elternabenden fragen sie häufig nach mehr Lernangeboten für die Kinder. Wenn die pädagogischen Fachkräfte ihnen dann erläutern, was die Kinder bereits alles machen und lernen und dass sie ja auch Zeit zum Spielen bräuchten, scheinen sie nicht zufriedengestellt (obwohl viele andere, v. a. deutsche Akademiker:innen-Eltern an dieser Stelle zum Teil sogar eifrig und zustimmend nicken). Zwar verhalten sich die Eltern in der Regel trotzdem freundlich, aber ihre dennoch spürbare Unzufriedenheit scheint die Beziehung zu den pädagogischen Fachkräften zu belasten. Hinzu kommt, dass sich die Fachkräfte durch die mangelnde Dankbarkeit dieser Eltern für die Aufmerksamkeit, die sie den Kindern tagtäglich schenken, zunehmend gekränkt fühlen.

Fragen zur Reflexion

- Wie erklären sich die Pädagog:innen das Verhalten der Eltern? Welche Erklärungen haben sie möglicherweise für den Wunsch dieser Eltern nach mehr Lernangeboten?
- Wie könnte sich die Problematik aus Sicht der Eltern gestalten? Wie erleben sie die Situation und den Umgang mit ihr?
- Welche Rolle spielen möglicherweise Machtdifferenzen, Diskriminierungserfahrungen oder Stereotypen in den Interaktionen zwischen Pädagoginnen und Eltern sowie zwischen den verschiedenen Elterngruppen?
- Welche Optionen gibt es, konstruktiv und diversitätsbewusst mit dieser Situation umzugehen?

1 Theoretische Hintergründe

In der Forschungsliteratur wird häufig auf hohe Bildungsaspirationen von Eltern mit Migrationshintergrund hingewiesen. In vielen Fällen werden diese auf den Wunsch nach Aufwärtsmobilität und einem besseren Leben für ihre Kinder zurückgeführt (z. B. Doos-Nünning, 2011, S. 24 f.; Farrokhzad et al., 2011, S. 158; Gresch, 2012, S. 76; Kristen & Dollmann, 2010; Toprak, 2008, S. 73). Auf Basis der von Morgan (2016) publizierten qualitativen Forschungsdaten kann jedoch argumentiert werden, dass (mindestens) zwei verschiedene Elterngruppen unterschieden werden müssen. Beide gewichten Lernen als wichtiges Erziehungsziel. Es zeigen sich jedoch deutliche Unterschiede bezüglich ihrer Motivation und der Konkretheit ihrer Vorstellungen.

Eine dieser Gruppen entspricht in ihren Merkmalen der in der Forschungsliteratur häufig genannten oben erwähnten Gruppe. Dazu zählt beispielsweise eine Mutter aus Afghanistan, die mit ihrem Mann und den sechs Kindern nach Deutschland geflüchtet ist und nun relativ isoliert in einer Gemeinschaftsunterkunft für Asylsuchende lebt. Im Interview erklärt sie, dass der Wunsch, ihren

Kindern ein besseres Leben zu ermöglichen, ein zentraler Grund für ihre Flucht nach Deutschland gewesen ist. Während sie selbst nur eine sehr geringe Schulbildung und keine Berufsausbildung besitzt, wünscht sie sich, dass ihre Kinder später einmal einen anerkannten Beruf »wie Arzt oder Polizist« erlernen. Daher regt sie sie zu fleißiger Mitarbeit in Schule und Kindergarten an (vgl. Morgan, 2016, S. 225).

Die zweite Gruppe von Eltern mit Migrationshintergrund besteht überwiegend (aber vermutlich nicht ausschließlich) aus Eltern mit hohem Bildungsniveau. Im Gegensatz zur ersten Gruppe liegt die Motivation für ihre Bildungsaspirationen nicht in Aufwärtsmobilität, sondern vielmehr in konkreten Überzeugungen und Ansichten über Lernen und Entwicklung sowie den Bildungserfahrungen in ihrem Herkunftsland[23] Ein Vater nigerianischer Herkunft[24] erklärt im Interview beispielsweise:

»Ja, manchmal muss man eine Vergleich machen. Manchmal mache ich immer Vergleich mit wie es war bei mir und wie es war bei meine jüngere Geschwister und versuche ich immer den Vergleich zu machen: In seine Alter [d. h. Alter des Sohnes], was konnte ich schon erreichen? [...] zum Beispiel, ich kann mich noch erinnern. Als ich noch fünf war, konnte ich schon zwei mal zwei. Und zwei plus zwei.«

Auch Expertinneninterviews mit Pädagoginnen, die selbst im Ausland aufgewachsen sind und dort studiert haben, bestätigen, dass gerade im Bereich von mathematischen und schriftsprachlichen Kompetenzen, aber beispielsweise auch musikalischen Fähigkeiten in vielen

---

23 Alle Interviewpartner:innen in dieser Forschung waren erst im Erwachsenenalter nach Deutschland immigriert.
24 In diesem Abschnitt werden im Gegensatz zu den Erläuterungen in Kapitel 2.3.3 die Herkunftsländer der Eltern benannt. Grund ist, dass anhand dieses Themenfeldes sehr gut deutlich wird, wie Eltern aus ganz unterschiedlichen Regionen der Welt bestimmte Erziehungsdifferenzen zwischen ihnen und der Kita ähnlich formulieren.

Ländern bereits deutlich früher begonnen wird. Eine Pädagogin polnischer Herkunft erzählt im Interview beispielsweise:

»So, wie gesagt, wir lernen schon ganz früh schreiben und lesen. Also wir haben auch, wenn ich sechs war, dann haben wir immer Vorschule. [...] Jetzt haben die Kinder auch Förderung. Aber da lernen die nur ganz, ich denke nur, wegen Stift halten und bisschen malen und so. Aber nicht lesen und schreiben. Und wir haben das schon gemacht. Wir haben da nicht richtig gelernt, aber das war schon Vorbereitung. [...] Und die Kinder sind hier auch ganz fit und manche wollen das. Die brauchen das! Aber nein! Das ist, das finde ich nicht okay, dass man so bisschen bremst. Also wer möchte, finde ich, könnte doch« (Morgan, 2016, S. 231).

Zudem ist der Tagesablauf in Bildungseinrichtungen für junge Kinder in anderen Ländern häufig deutlich stärker strukturiert. Eine Mutter südkoreanischer Herkunft erzählte im Interview über ihre ersten Eindrücke des deutschen Kindergartens ihres Sohnes:

»At the first time I came here, so I was shocked for the Kindergarten, the public Kindergarten, because just play. They just played and nothing. And play by themselves. For example he [ihr Sohn] wants the drawing and drawing section is there so he went and drawing, just drawing. And after lunch, they went outside and played and teachers were just looking and talking to each other. So, this is, for me has very shocked.« (Morgan, 2016, S. 241)

Im weiteren Verlauf des Interviews erklärt sie, dass es ihr vor allem wichtig ist, dass den Kindern entsprechende Angebote gemacht werden, damit sie Spaß am Lernen entwickeln. Eine Mutter aus Vietnam betont, dass sie sich wünscht, dass die Chancen der frühen Kindheit genutzt werden, da Kinder in diesem Alter mit viel Freude und Leichtigkeit Dinge wie Fremdsprachen, zählen oder lesen lernen. Ein Elternpaar polnischer Herkunft berichtet, dass sie sich mehr Angebote wünschen, da ihr Kind sehr interessiert ist und sich daher selbst mehr Anregung wünscht.

Diese zweite Gruppe von Eltern hat folglich sehr konkrete Vorstellungen über Inhalte, Zeitpunkte und Methoden des Lernens ihrer Kinder. Sehr oft weisen Sie dabei aber auch darauf hin, dass ihre Kinder selbst sich bestimmte Lerninhalte verstärkt wünschen (z. B.

Schreiben lernen, ein Musikinstrument lernen etc.). In der Praxis sollte also Vorsicht geboten sein vor einer vorschnellen Einordnung der elterlichen Wünsche als unrealistische, nicht entwicklungsangemessene Vorstellungen. Darüber hinaus gilt es, unbedingt auch die emotionale Komponente in dieser Situation zu beachten, denn die von den Eltern vorgebrachte Unzufriedenheit basiert häufig auf einer starken Sorge um die Entwicklung ihres Kindes (Morgan, 2016, S. 311 f.).

2 Mögliche Lösungsansätze

Vor dem Hintergrund der obigen Erläuterungen bieten sich insbesondere vier Lösungsansätze an, um in dieser Situation konstruktiv und diversitätsbewusst vorzugehen. Idealerweise werden diese miteinander kombiniert. Grundlegend wichtig ist es erstens, ein vertrauensvolles und offenes Gespräch zu initiieren, um nachzufragen, was sich die Eltern vorstellen und was sie über die frühkindliche Bildung in ihrem Herkunftsland wissen. Dabei sollte unbedingt auf eine ressourcenorientierte Haltung geachtet werden und von Abwertungen der elterlichen Darstellungen Abstand genommen werden.

Sehr hilfreich ist es zweitens, den Eltern die Art und Weise des Lernens der Kinder im Rahmen des Freispiels und im Sinne des Situationsansatzes zu vermitteln. Dazu eignet sich in besonderer Weise die Hospitation der Eltern im Kita-Alltag (vgl. Wehinger, 2016, S. 43 ff.). Idealerweise sollte eine Fachkraft ihnen währenddessen (oder anschließend) erläutern, welche Ziele mit den einzelnen Aktivitäten verfolgt werden. Es kann nicht erwartet werden, dass sich alle Eltern damit vollkommen überzeugen lassen. Die Hospitation kann jedoch dazu beitragen, dass die Eltern ein Stück weit mehr Verständnis für die Pädagogik in der Kita haben und sich zudem etwas weniger Sorgen machen, wenn ihnen bewusst wird, dass die Kinder doch (zumindest etwas) mehr lernen, als sie bislang dachten. Eine große Chance besteht drittens auch darin, die Eltern zu fragen, was sie sich für die Kinder wünschen und sie zu fragen, ob sie möglicherweise selbst ein entsprechendes Angebot für interessierte Kinder anbieten möchten. Ein vierter Ansatzpunkt geht auf die emotionale Komponente ein und versucht, den Eltern die Sorge um die Entwicklung ihres Kindes und die Auswirkung auf dessen schulische Laufbahn zu nehmen. Dazu sollte erläutert werden, wie das deutsche Bildungssystem angelegt ist und was in der ersten Klasse von einem Kind erwartet wird (und was nicht). Falls möglich kann hierbei auch eine Grundschullehrkraft hinzugezogen werden.

3.4.4 Umgang mit Autorität

Fallbeispiel

Manche Eltern in der Einrichtung haben einen sehr strengen Erziehungsstil. Insbesondere fällt den Fachkräften auf, dass diese Eltern oft sehr strikt reagieren, wenn das Kind einmal nicht gehorcht oder ihnen widerspricht. In manchen Fällen befürchten sie sogar, dass die Kinder zuhause körperlich gezüchtigt werden. Auch als die Bezugsfachkraft im Rahmen des Entwicklungsgesprächs die regelmäßig stattfindenden Kinderkonferenzen erwähnt, scheinen sie äußerst irritiert.

Fragen zur Reflexion

- Was empfinden Sie, wenn Sie von dem Verhalten der Eltern hören?
- Welche positiven Seiten sehen Sie an dem Verhalten der »strengen« Eltern? Was könnten Gründe für Ihr Verhalten sein?
- Worin könnten kulturelle Unterschiede liegen?
- Welche Optionen gibt es, konstruktiv und diversitätsbewusst mit dieser Situation umzugehen?

1 Theoretische Hintergründe

Auch der Umgang mit den Themen »Autorität, Gehorsam und Respekt« gestaltet sich in Familien mit und ohne Migrationshintergrund äußerst divers (▶ Kap. 3.3). Dennoch wird bereits in dem in Kapitel 3.4.2 (▶ Kap. 3.4.2) dargestellten Prototyp-Modell von Keller deutlich, dass es in Bezug auf den Umgang mit Autorität kulturell bedingt nicht selten zu Unterschieden zwischen Angehörigen der deutschen Mittelschicht und anderen Gruppen kommt.

Ein Pädagoge mit eigener Migrationserfahrung, der in der ambulanten Erziehungshilfe mit afrikanischen Familien gearbeitet hat, erzählt im Interview:

»Also, der RESPEKT zum Beispiel. Ja? Das Kind muss Respekt zeigen, muss gehorsam sein, darf nicht widersprechen und es sind Werte, die HIER [in Deutschland] nicht so gut ankommt, ja? Ich meine, es ist unvorstellbar, dass ein Kind nicht widerspricht. Und WENN ein afrikanisches Kind widerspricht, bekommt dementsprechend auch eine Strafe« (Morgan, 2016, S. 261).

Respekt vor Älteren bzw. Erwachsenen und Gehorsam sind dabei keine identischen Konzepte, überlappen sich in den Ausführungen von Eltern jedoch oft sehr stark, wie das eben genannte Zitat zeigt. Einen Zugang, um das oben genannte Fallbeispiel näher zu beleuchten bietet die Erziehungsstilforschung. In der wissenschaftlichen Literatur finden sich verschiedene Erziehungsstil-Typologien (für einen Überblick, vgl. Morgan, 2019a). Die wohl einflussreichste Einteilung geht auf Diana Baumrind (1966, 1967, 1971) und die Weiterentwicklung durch Eleanor Maccoby und John A. Martin (1983) zurück. Demnach lassen sich mithilfe von zwei Dimensionen vier Erziehungsstile unterscheiden (▶ Abb. 3.2).

Der *vernachlässigende* Erziehungsstil ist durch die Abwesenheit von Forderung und Kontrolle ebenso wie das Fehlen von Wärme und Zuneigung geprägt. Der autoritäre Erziehungsstil kombiniert dagegen ein hohes Maß an Kontrolle und Forderung bei gleichzeitiger Abwesenheit von Wärme und Zuneigung. Ein Erziehungsstil, der durch ein geringes Maß an Forderung und Kontrolle, aber ein hohes Maß an Wärme und Zuneigung geprägt ist, wird als verwöhnender Stil bezeichnet. Der autoritative Erziehungsstil schließlich ist gekennzeichnet durch ein hohes Maß an Forderung und Kontrolle sowie einem ebenso hohen Maß an Wärme und Zuneigung (Baumrind, 1966; Maccoby & Martin, 1983).

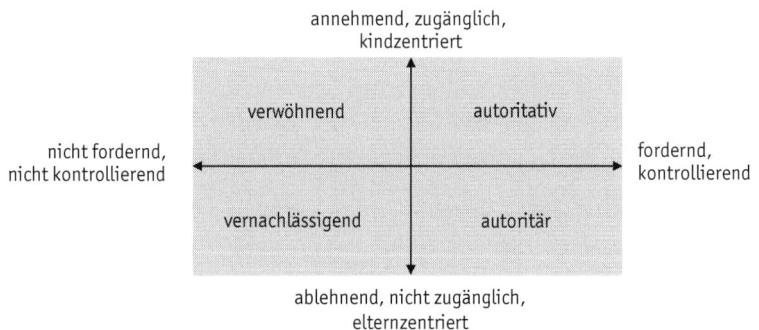

Abb. 3.2: Erziehungsstilklassifikation nach Baumrind, Maccoby und Martin (vgl. Maccoby & Martin, 1983, S. 39, eigene Darstellung)

In verschiedenen Studien hat Baumrind (1966, 1967, 1971) die Auswirkungen der verschiedenen Erziehungsstile auf die Kinder untersucht. Sie kommt zu dem Schluss, dass ein autoritativer Stil als optimaler Erziehungsstil zu gelten hat, da er ein besonders hohes Maß an Selbstvertrauen, Selbstkontrolle, Explorativität und Zufriedenheit bewirkt. Die ungünstigsten Auswirkungen hat ihr zufolge und in Bezug auf die genannten Kriterien der permissive Stil (der von Maccoby und Martin später in vernachlässigend und verwöhnend differenziert wurde). Der autoritäre Stil führt zu mittleren Ergebnissen.

Kulturvergleichende Forschungen kommen jedoch zu anderen und differenzierteren Erkenntnissen (vgl. Smetana, 2017). So lässt sich feststellen, dass der von Baumrind favorisierte autoritative Stil besonders häufig in westlichen Mittelschichtfamilien zu finden ist, während in vielen anderen Bevölkerungsgruppen der autoritäre Stil dominiert. Dies wirft die Frage auf, ob sich der Optimalitätsanspruch

3.4 Kulturell bedingte Unterschiede

des autoritativen Stils tatsächlich auch kulturübergreifend bestätigen lässt oder die Auswirkungen verschiedener Erziehungsstile nicht vielmehr kontextspezifisch untersucht werden müssten (Smetana, 2017, S. 19).

Bettina Lamm et al. (2018) und Xu Sabbagh et al. (2006) zeigen anhand von chinesischen bzw. kamerunischen Kindern, dass sich in deren Entwicklung trotz eines sehr stark kontrollierenden und restriktiven Erziehungsstils Vorteile (in Regulationsfähigkeit bzw. exekutiven Funktionen) gegenüber der deutschen bzw. US-amerikanischen Vergleichsgruppe ergeben. Auch Laurence Steinberg et al. (1994, S. 768) kommen zu dem Schluss, dass die von Baumrind postulierten Auswirkungen der vier Erziehungsstile primär für euro-amerikanische Jugendliche zutreffen, während sich die negativen Auswirkungen des autoritären Stils bei ethnischen Minderheiten und besonders bei vorliegender sozialer Benachteiligung weniger problematisch zeigen.

Ruth Chao (1994) argumentiert, dass der chinesische Erziehungsstil auf Basis von Baumrinds Modell meist als autoritär eingestuft wird, das Modell von Baumrind aber schlicht ungeeignet ist, um Erziehungsstile in anderen Kulturen abzubilden. Auch Melanie Domenech Rodriguez und Kolleginnen (2009) zeigen, dass Baumrinds Klassifizierung nicht zu den Erziehungsstilen latino-amerikanischer Eltern passt und eine Einordnung dieser Eltern in ihre Typologie zu Missverständnissen führen würde.

Auch in Bezug auf körperliche Gewalt in der Erziehung zeigen Studien, dass deren Auswirkungen kultur- und erziehungsstilabhängig variieren. Eine kulturvergleichende Studie in acht verschiedenen Ländern kommt zu dem Schluss, dass körperliche Gewalt kulturübergreifend negative Auswirkungen hat. Allerdings zeigt sich auch, dass diese weniger stark ausgeprägt sind, wenn sie in die in der jeweiligen Gesellschaft vorherrschenden Erziehungsstile eingebettet sind:

> »Despite the overall relation between corporal punishment and growth in mother-reported child anxiety and aggression and child-reported anxiety over time, there was significant variability across groups in the nature of this relation, with less adverse effects found in groups that have been found in previous research to be more authoritarian« (Lansford et al., 2014, S. 14).

Insgesamt kann folglich in Bezug auf den Umgang mit Autorität festgehalten werden,

»dass Erziehungskonzepte immer vor dem Hintergrund der jeweiligen soziokulturellen »Traditionen« betrachtet werden müssen und nicht auf andere kulturelle Kontexte übertragbar sind. Die Zusammenhänge der Erziehungsstile mit kindlichen Entwicklungsergebnissen sind kulturspezifisch, und ihre Verallgemeinerung kann zu Fehlschlüssen führen« (Cloos et al., 2020, S. 67).

Ein zweiter Ansatz, das oben genannte Fallbeispiel näher zu analysieren, setzt an der Erkenntnis an, dass eine gewisse Autorität zum Schutz der Kinder grundlegend wichtig ist. Es kann gezeigt werden, dass die hier gegenübergestellten Konzepte zwischen den scheinbar »strengen Eltern« auf der einen Seite und den »Partizipation fördernden deutschen Kita-Fachkräften« bei genauerer Analyse mehr Parallelen aufweisen, als es auf den ersten Blick scheint.

Ein stark restriktiver Erziehungsstil, der Gehorsam einfordert und Widerspruch bestraft, steht den Überzeugungen pädagogischer Fachkräfte in Deutschland auf dem ersten Blick konträr entgegen. In Interviews sprechen sie häufig von Augenhöhe, Mitbestimmung oder sogar der Ermutigung zum Widerspruch:

»Also dann mach ich es schon gerne mal so, dass ich zu den Kindern sage, dass ich mit Absicht mal was sage, was eigentlich falsch ist. Dass sie einfach sagen: ›Nein, das stimmt so nicht.‹ Also, dass die Kinder auch bei mir sagen dürfen, wenn ich was falsch mache, dass sie das RECHT haben zu sagen: Ja, [Name der Sprecherin], das ist jetzt aber verkehrt. Also dass sie das da schon lernen« (Morgan, 2016, S. 267).

Auf der anderen Seite werden aber auch in deutschen Kindertageseinrichtungen bestimmte Verhaltensweisen streng eingefordert. So ist meist festgelegt, dass andere Kinder nicht geschlagen werden dürfen, dass jedes Kind beim Aufräumen hilft, bei einem Ausflug jedes Kind in der Zweierreihe bleibt oder man sich nach dem Toilettengang die Hände waschen muss. Während Partizipation in einigen anderen Bereichen seinen Platz hat, stehen diese und weitere Themen in der Regel nicht zur Diskussion. So betrachtet wird deutlich, dass auch in einer typischen deutschen Kita bestimmtes Verhalten autoritär eingefordert wird (und zum Schutz der Kinder eingefordert werden muss). Der Unterschied liegt jedoch darin, dass die Autorität zu einem großen Teil von der Person des oder der Erziehenden auf »Regeln« ausgelagert wird. Diese nehmen einen zentralen Platz im Alltag deutscher Kindertageseinrichtungen ein.

Dem gegenüber steht das Konzept der im Beispiel angesprochenen Eltern. Hier liegt die Autorität primär in der erziehenden Person. Sie gibt Dinge vor und duldet keinen oder zumindest nur eingeschränkten Widerspruch. Feste Regeln gibt es in diesen Familien häufig deutlich seltener.

Beide Konzepte sind mit Vor- und Nachteilen verbunden (vgl. Vorteil-Nachteil-Check ▶ Kap 6.3). Ein Erziehungsstil, der die Autorität in Personen verankert, unterstützt, dass Kinder ihre Dankbarkeit für die vielen Aufgaben und Mühen, die die Erwachsenen für sie eingehen, in Form von Gehorsam zum Ausdruck bringen. Wertgeschätzt wird zudem die höhere Lebenserfahrung von Erwachsenen. Gerade älteren Menschen wird in diesen kulturellen Gruppen oft große Achtung und Anerkennung entgegengebracht. Damit verbunden ist eine geringere Belastung der Erwachsenen, die ohnehin oft stark gefordert sind. Das Konzept bietet Sicherheit und im Vergleich zu Regeln, die jederzeit für alle gelten müssen, mehr Flexibilität, um auf einzelne Kinder und Situationen einzugehen. Ein Erziehungsstil, in dem Augenhöhe und Mitsprache gefördert wird und die Autorität in Regeln ausgelagert ist, hat dagegen den Vorteil, dass Kinder demokratische Kompetenzen einüben. Sie lernen mitzudenken, bei Bedarf zu widersprechen und Lösungen auszuhandeln. Innerhalb der durch Regeln definierten Handlungsfelder gibt es klare und einheitliche Vereinbarungen, die jederzeit und für alle gelten, so dass nicht immer wieder neu abgewägt werden muss, was in einer Situation angemessen ist.

2 Mögliche Lösungsansätze

In der Praxis sollten vorschnelle Zuschreibungen eines autoritären Erziehungsstils und damit verbundene Bedenken vermieden werden. Vielmehr sollte der Gesamtkontext betrachtet werden: Wie geht es dem Kind? Was sagen die Eltern zu ihrem eigenen Erziehungsstil? Wird die Unterstützung und Zuneigung der Eltern auf andere Weise vermittelt, als man dies aus typischen deutschen Mittelschichtfamilien kennt? (vgl. dazu auch die in Kapitel 6 (▶ Kap. 6) vorgestellten Reflexions- und Gesprächstechniken).

In Bezug auf die körperliche Bestrafung von Kindern in ihrem Elternhaus muss aufgrund des Schutzauftrags der Pädagogik bei begründetem Verdacht selbstverständlich eingegriffen werden. Zu beachten ist aber, dass körperliche Bestrafung kulturell moderiert und eingebettet in größeren Kontext sein kann. Ganz wichtig ist es zudem, mit den Eltern zusammen alternative Handlungsstrategien zu erarbeiten, statt sie nur darauf hinzuweisen, dass körperliche Bestrafung problematische Folgen für das Kind haben kann und in Deutschland verboten ist. Eltern, in deren Herkunftskulturen physische Bestrafung selbstverständlicher Teil der Erziehung ist, stehen ohne erarbeitete Alternativen in der Gefahr, entweder doch auf die körperliche Züchtigung zurückzugreifen oder in einen permissiven Erziehungsstil abzudriften.

3.4.5 Bindung

Fallbeispiel

Ein 15 Monate altes Mädchen kommt zur Eingewöhnung neu in die Kita. Der Erzieher Julian wechselt einige Worte mit der Mutter, während sie das Kind auf dem Arm hält. Dann weist er auf einen Stuhl im Gruppenraum und bietet ihr an, dort Platz zu nehmen und dem nun beginnenden Morgenkreis zuzuschauen. Die Mutter drückt dem überraschten Erzieher ihr Kind in die Hand, dreht sich um und setzt sich auf den zugewiesenen Stuhl. Aus Sorge, das Kind würde gleich anfangen zu weinen, will der Erzieher das Kind seiner Mutter zurückgeben. Dann entscheidet er sich aber doch, es während des Morgenkreises auf seinem Schoß zu behalten. Erstaunt stellt er fest, dass das Mädchen, das ihn gerade zum ersten Mal gesehen hat, während des gesamten Morgenkreises keine Miene verzieht. Nach Ende des Morgenkreises übergibt er das Mädchen wieder an seine Mutter, die das Kind wortlos und ohne es anzuschauen zurück auf ihren Arm nimmt.

In den nächsten zwei Tagen fällt Julian ein ähnliches Verhalten auf. Die Mutter drückt ihm das Kind sehr schnell in die Hand, es findet eher wenig Interaktion zwischen Mutter und Kind statt. Insbesondere irritiert ihn, dass die Mutter das Kind kaum direkt anschaut. Julian vermutet, dass die Mutter-Kind-Bindung gestört ist und überlegt, wie er reagieren soll.

Fragen zur Reflexion

- Wie schätzen Sie das Verhalten der Mutter ein?
- Welche weiteren Erklärungen könnte es für das Verhalten der Mutter geben?
- Inwiefern könnten Machtdifferenzen, Diskriminierungserfahrungen oder Stereotypen die weiteren Kontakte zwischen Julian und der Mutter beeinflussen?
- Wie könnte ein diversitätsbewusster Lösungsansatz aussehen?

1 Theoretische Hintergründe

Die Bindungstheorie wurde von dem britischen Kinderarzt und Psychiater John Bowlby in den 1950er Jahren begründet (Bowlby, 1951, 1969, 1975, 1981). In ihrem Zentrum steht die Annahme, dass Säuglinge und Kleinkinder für eine gesunde Entwicklung eine zuverlässige und enge Beziehung zu einer Bezugsperson benötigen:

> »What is believed to be essential for mental health is that an infant and young child should experience a warm, intimate and continuous relationship with his mother (or mother substitute – or permanent mother substitute – one person who steadily mothers him) in which both find satisfaction and enjoyment« (Bowlby, 1953, S. 13).

3 Zusammenarbeit mit Eltern mit Migrationshintergrund

Der Begriff der Bindung kann daher definiert werden »als tiefes und andauerndes Band zwischen zwei Personen, das über Raum und Zeit Bestand hat« (Borke et al., 2019, S. 102).

Mary Ainsworth, eine US-amerikanisch-kanadische Entwicklungspsychologin und langjährige Mitarbeiterin Bowlbys, entwickelte den sogenannten »Fremde-Situation-Test« – eine standardisierte Methode um die Bindungsqualität von einjährigen Kindern zu messen (Ainsworth et al., 1978).

In der Fremden Situation befindet sich die Mutter (oder eine andere Hauptbezugsperson) mit ihrem Kind in einem Laborspielraum. Nach einer gewissen Zeit kommt eine fremde Person hinzu und nimmt Kontakt mit dem Kind auf. Anschließend kommt es zu verschiedenen Trennungs- und Wiedervereinigungssituationen zwischen Mutter und Kind, indem diese und die fremde Person abwechselnd das Zimmer verlassen und wieder betreten. Abhängig vom Verhalten des Kindes in dieser Situation werden vier Bindungstypen unterschieden: die sichere Bindung (Typ B), die unsicher-vermeidende Bindung (Typ A), die unsicher-ambivalente Bindung (Typ C) sowie die desorganisierten Bindung (Typ D), die von Mary Main (Main & Solomon, 1986) in den 1980er Jahren ergänzt wurde.

Der erstrebenswerteste Bindungstyp stellt nach Ainsworth die sichere Bindung dar. Sie gilt als Ausdruck einer gesunden Entwicklung und geht laut verschiedener Studien mit zahlreichen Entwicklungsvorteilen einher (vgl. Geserick, 2004). Der unsicher-vermeidende und der unsicher-ambivalente Bindungstypus dagegen werden mit gewissen Risikofaktoren in Verbindung gebracht. Typ D wird bereits im Übergangsbereich zur Bindungsstörung verortet.

Aus einer kulturvergleichenden Perspektive muss die universelle Gültigkeit der Bindungstheorie, von der häufig ausgegangen wird, jedoch in Frage gestellt werden (Borke et al., 2019, S. 114 ff.; H. Keller, 2019; H. Keller & Bard, 2017). Heidi Keller (2019, S. 69 ff., 81 ff.) zählt fünf implizite Annahmen der Bindungstheorie auf, die aus kulturvergleichender Perspektive korrigiert werden müssen (vgl. Tabelle 3.2).

Tab. 3.2: Annahmen der Bindungstheorie und ihre Korrektur aus kulturvergleichender Sicht (vgl. H. Keller, 2019, S. 62 ff.)

Annahme	Korrektur
Bindungspersonen sind Erwachsene.	Kulturvergleichende Forschungen zeigen, dass Bindungspersonen Kinder und Erwachsene sein können (H. Keller, 2019, S. 65, 71 ff.).
Ein Kind kann nur wenige Bindungen eingehen.	In vielen Kulturen werden Säuglinge und Kleinkinder erfolgreich von Beziehungsnetzwerken betreut (H. Keller, 2019, S. 65 f., 71 ff.).
Interaktionen sind exklusiv dyadisch und dialogisch.	Kulturübergreifend ist eine Vielzahl interaktionaler Formate festzustellen, die weit über die in der westlichen Mittelschicht fokussierte, häufig durch Blickkontakt und Dialog markierte Interaktion hinausgeht (H. Keller, 2019, S. 66, 78).
Die Perspektive des Säuglings hat Priorität.	Die Bindungstheorie ist sehr stark auf »Responsivität« ausgerichtet, d. h. der Reaktion der Bezugspersonen auf die Signale des Kindes. In manchen Kulturen wird ein solches Verhalten aber als Inkompetenz der Bezugspersonen wahrgenommen, da angenommen wird, dass die Erwachsenen am besten wissen sollten, was ein kleines Kind braucht (H. Keller, 2019, S. 67 ff., 79 ff.).
Verhalten wird durch Emotion reguliert.	Der Ausdruck von Emotionen spielt in der Bindungstheorie eine zentrale Rolle. Wie unten näher erläutert wird, ist emotionale Kontrolle in vielen Kulturen dagegen ein Ausdruck von Reife und daher wichtiges Erziehungsziel, weshalb sich schon bei wenige Monate alten Säuglingen Unterschiede in Bezug auf die Äußerung von Gefühlen finden (H. Keller, 2019, S. 69 ff., 81 ff.).

Einige dieser und weiterer Argumente werden im Folgenden näher beleuchtet. Obwohl Bindung von Bowlby und Ainsworth ursprünglich nicht nur auf Mutter und Kind bezogen wurde, geht der aktuelle Diskurs über die Bindungstheorie stark von der Mutter als Hauptbindungsperson aus. Heidi Keller und Nandita Chaudhary (2017) weisen jedoch darauf hin, dass die Betreuung und Erziehung von

Kindern in zahlreichen Kulturen von mehreren Personen geteilt wird.

»By assuming a central role for the mother, attachment theory has seriously disregarded other significant relationships in a child's early development. The importance of alloparenting [...] has received far too little attention in attachment research. Yet the involvement of others (e.g., grandmothers, older siblings, fathers, but also unrelated kin) in child care on a routine basis can be regarded as a human universal, extending back to the appearance of *Homo erectus*« (H. Keller & Chaudhary, 2017, S. 118).

Dabei stellt sich dieses so genannte »Alloparenting« in diesen Kulturen ebenso wenig als instabil wie chaotisch dar.

Auch der angenommene Zusammenhang zwischen Bindung und Emotion muss aus kulturvergleichender Perspektive kritisch betrachtet werden. Hiltrud Otto berichtet beispielsweise von einem sehr emotionslosen Umgang mit Trennungssituationen bei den im ländlichen Kamerun lebenden Nso-Kindern bereits von Geburt an. Dieses Verhalten zeigt sich selbst dann, wenn Kinder an fremde Personen übergeben werden. Messungen des Cortisol-Spiegels bestätigen, dass die Kinder in diesen Situationen keinen Stress erleben (H. Keller & Otto, 2009). Anders als in typisch deutschen Mittelschichtfamilien werden Nso-Kinder jedoch von Geburt an von vielen Bezugspersonen betreut. Hinzu kommt ein kulturell bedingt anderer Umgang mit Emotionen. Während Eltern ihre Kinder in vielen westlichen Kontexten dazu ermutigen, ihre Gefühle und Präferenzen zu äußern, erwarten Nso-Mütter von ihren Kindern ab einem sehr jungen Alter, dass sie ihre Emotionen kontrollieren (H. Keller & Otto, 2009; Otto, 2014).

Problematisch ist in kulturvergleichender Perspektive auch die Annahme zu sehen, dass bindungsfördernde Interaktionen zwischen Bezugsperson und Kind meist dyadisch angelegt sind und häufigen Blickkontakt und Dialog beinhalten. Der interkulturelle Vergleich zeigt, dass sich die Häufigkeit des Blickkontakts in Interaktionen zwischen Bezugsperson und Baby kulturell stark unterscheidet (▶ Abb. 3.3). Während Blickkontakt in deutschen Mittelschichtfami-

3.4 Kulturell bedingte Unterschiede

lien etwa 50 Prozent der gesamten Interaktionszeit kennzeichnet, liegt dieser Wert in costa-ricanischen Mittelschichtfamilien leicht darüber, in ländlichen Familien der Nso (Kamerun) und Gujarati (Indien) ist der Anteil des Blickkontakts mit etwa 15 Prozent der Interaktionszeit jedoch deutlich geringer. In diesen Familien ist im Vergleich zu deutschen Mittelschichtfamilien allerdings ein zwei bis drei Mal so häufiger Körperkontakt festzustellen. Unter griechischen Eltern aus der Mittelschicht lagen wiederum beide Werte bei 30 bis 40 Prozent (H. Keller, 2011, S. 34 ff.).

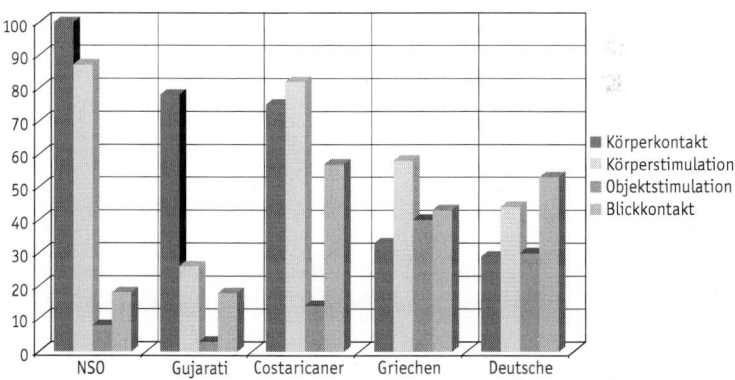

Abb. 3.3: Profile elterlichen Verhaltens (H. Keller, 2011, S. 43)

2 Mögliche Lösungsansätze

Wie die vorigen Ausführungen verdeutlichen, können sich die Wege hin zu einer sicheren Bindung zwischen Kulturen deutlich unterscheiden. Wenn die sozio-kulturellen Kontexte der Familien bei der Einschätzung von Bindungsqualitäten keine Berücksichtigung finden, kommt es daher leicht zu Fehleinschätzungen (Borke et al., 2019, S. 116). In der Praxis gilt es daher, von vorschnellen Einschätzungen von Eltern-Kind-Beziehungen auf Basis der Bindungstheorie[25] Abstand zu nehmen:

»Die Beurteilung eines Bindungsstils auf der Grundlage der Bindungstheorie ist immer eine moralische Bewertung der Mutter- bzw. Eltern-Kind-Beziehung [...]. Solche Beurteilungen werden jedoch unhinterfragt an vielen Orten vorgenommen und damit ganze kulturelle Gruppen diskriminiert« (H. Keller, 2019, S. 147).

Statt aus der eigenen Perspektive vorschnelle Schlüsse zu ziehen gilt es also auch hier, genau zu beobachten, den Dialog mit den Eltern zu suchen und den Gesamtkontext zu beachten (▶ Kap. 3.4.4).

Ein weiterer Impuls, wie in dem anfangs dargestellten Fallbeispiel diversitätsbewusst gehandelt werden kann, bezieht sich auf die diversitätsbewusste Gestaltung der Eingewöhnung neuer Kinder. In einer Fragebogenerhebung erklärten 48 Prozent der knapp 200 befragten Kita-Fachkräfte, dass sie schon einmal Ablehnung ihres Eingewöhnungsmodells[26] erlebt haben. Interessanterweise wurden diese Erfahrungen fast ausschließlich in Bezug auf Familien mit anderem kulturellen Hintergrund berichtet. Aufschlussreich sind zudem auch die Reaktionen der Fachkräfte. Lediglich sechs Prozent von ihnen akzeptierten die Eltern als Expert:innen für ihre Kinder und waren bereit, sich nach ihren Ansichten zu richten. 31 Prozent hatten weniger Verständnis für die Sichtweise der Eltern. Elf Prozent erklärten, keine andere Wahl gehabt zu haben, als sich nach den Vorstellungen der Eltern zu richten, etwa weil diese sich nicht an Abmachungen hielten. 29 Prozent bemühten sich, die Eltern zu belehren und sie von der Notwendigkeit der Eingewöhnung zu

---

25 Bindungsforscher:innen, betonen im Übrigen auch unabhängig von kulturellen Kontexten, dass für Bindungsklassifikationen eine lange Ausbildung nötig sei und selbst erfahrene Bindungsforscher:innen ein und dasselbe Verhalten häufig unterschiedlich zuordnen (H. Keller, 2019; Thon, 2017).
26 Der Großteil der Befragten erklärte, sich bei der Eingewöhnung am Berliner Modell zu orientieren.

überzeugen. Fünf Prozent versuchten, die Einwilligung zu erzwingen (H. Keller, 2019, S. 91, 105 f.).

Vor dem Hintergrund der diskutierten kulturellen Unterschiede im Bereich der Bindungsgestaltung und den damit verbundenen Konsequenzen für Eingewöhnungssituationen besteht der dringende Bedarf der Entwicklung neuer, diversitätsbewusster Eingewöhnungskonzepte. Dabei muss es sich jedoch um offene Konzepte handeln, die die unterschiedlichen Gegebenheiten, Erfahrungen und Umgangsformen der Familien berücksichtigen. Starre Modelle führen zu einer Diskriminierung derjenigen Kinder, die ohnehin bereits ein höheres Risiko haben, im Bildungsverlauf benachteiligt zu werden:

»Ein einziges Modell kann dieser Unterschiedlichkeit nicht gerecht werden. Und nicht nur das: wenn man ein Modell gleichermaßen auf unterschiedliche Menschen anwendet, vergrößert man die Unterschiede: Die Kinder, auf die das Modell passt, werden dadurch gefördert, manche Kinder, auf die das Modell nicht passt, bleiben außen vor und die Kinder, für die das Modell besonders fremd ist, werden so sehr benachteiligt, dass sie ihr Potenzial nicht entwickeln können« (H. Keller, 2019, 137 f.).

Einige erste Ansätze und Tipps für eine diversitätsbewusste Gestaltung der Eingewöhnungsphase finden sich in der folgenden Zusammenstellung.

Tipps zur diversitätsbewussten Gestaltung der Eingewöhnung

- Der erste Schritt sollte nicht die Information von Eltern, sondern das Gewinnen *von* Informationen *über* die Familien sein (H. Keller, 2019, S. 109 f.).
- Der Fokus sollte nicht nur auf der Weitergabe von Informationen liegen, sondern insbesondere auch auf der Erläuterung, *warum* Dinge in der Kita so getan werden, wie sie getan werden (H. Keller, 2019, S. 109).
- Unabdingbare Voraussetzungen für eine gelingende Eingewöhnung und erfolgreiche Zusammenarbeit sind Anerkennung der

Familie und ein echtes Interesse an ihnen (H. Keller, 2019, S. 109; Morgan, 2016, 353).
- Eltern sollten tatsächlich als Expert:innen für ihr Kind ernst genommen und befragt werden, wie sie sich die Eingewöhnung vorstellen und warum (H. Keller, 2019, S. 112).
- Es sollte anfangs geklärt werden, wer in der Familie Ansprechpartner:in (bzw. Ansprechpartner:innen) für die Kita ist (oder sind). Diese Person(en) sollte(n) in ihrer Erziehungsverantwortung ernst genommen werden, unabhängig davon, ob es sich um Mutter, Vater, Tante, Oma oder ältere Geschwister handelt (H. Keller, 2019, S. 112 f.). Dabei sollte eine Haltung der Offenheit vorherrschen und Bewertungen (z. B. wenn große Geschwister die Eingewöhnung übernehmen sollen) vermieden werden.
- Nicht nur die Erwachsenen, sondern auch die anderen Kinder sollten als Teil des Eingewöhnungsprozesses ernst genommen werden (H. Keller, 2019, S. 118 ff.).
- Neben den Eltern, dem Kind selbst, der Kindergruppe und der Institution mit ihren Fachkräften können auch der Ort und die Vernetzung im Sozialraum die Eingewöhnung unterstützen (H. Keller, 2019, S. 126 ff.).
- Grundsätzlich hilfreich in interkulturellen Kontexten ist zudem ein »Think outside the box«-Denken, in dem auch unübliche Ideen ausprobiert und Neues gewagt werden, statt an starren Vorgaben festzuhalten (Morgan, 2020b, S. 14). Ein Beispiel dafür sind etwa »Dialogspaziergänge«, die Sabrina Wöhlert und ihr Team mit den Eltern im Rahmen der Eingewöhnungszeit durchführen, da sie die Erfahrung gemacht haben, dass sich in der freien Natur leichter Gespräche entwickeln als im formalen Kontext der Kita (Wöhlert, 2015).

3.4.6 Rollen von Kita und Familie

Fallbeispiel

Ein neues Kind besucht seit einigen Wochen die Einrichtung. Die Eingewöhnung verlief sehr unkompliziert. Das Kind zeigt sich im Gruppenalltag ruhig und zurückhaltend. Den Fachkräften fällt jedoch auf, dass das Kind am Morgen immer recht lieblos in die Einrichtung geschoben wird. Vater und Kind kommen an, schnell werden ihm Jacke und Schuhe ausgezogen. Dann wird es mit wenigen Worten der Verabschiedung in den Gruppenraum geschoben. Es gibt weder eine Umarmung noch einen Kuss oder wenigstens ein Winken durch das Fenster. Auf die Fachkräfte wirkt diese Art der Verabschiedung sehr kalt und lieblos. Sie haben Mitleid mit dem Kind und möchten deshalb gern etwas unternehmen, um das Kind bzw. die Vater-Kind-Beziehung zu stärken.

Fragen zur Reflexion

- Welche (verschiedenen) Erklärungsmöglichkeiten finden Sie für das Verhalten des Vaters?
- Welche Rolle könnten kulturelle Unterschiede spielen?
- Welche Rolle könnten Machtasymmetrien, Diskriminierungserfahrungen oder Fremdbilder spielen?
- Welche Optionen gibt es, um als Pädagog:in in dieser Situation konstruktiv und diversitätsbewusst zu handeln?

1 Theoretische Hintergründe

Die Kontakte zwischen Bildungseinrichtungen und Familie wie auch die Verantwortungsteilung zwischen den beiden Institutionen gestaltet sich in unterschiedlichen Ländern zum Teil sehr divers. Folglich ist es nicht selten, dass unterschiedliche Vorstellungen von

3 Zusammenarbeit mit Eltern mit Migrationshintergrund

Eltern mit Migrationshintergrund und Kita-Fachkräfte zu Irritationen und Missverständnissen führen. Eine mögliche Erklärung für das oben geschilderte Fallbeispiel bezeichnet Cengiz Deniz (2012, S. 326) als »falschen Respekt« vor der Kita. Elke Schlösser schildert dies anhand eines ähnlichen Beispiels:

> »Da schob die ausgesiedelte, russischsprachige Mutter ihr Kind monatelang stumm in den Kindergarten und überschritt die Schwelle nicht, um so ihre Akzeptanz der Erzieher(innen) auszudrücken. Aus ihrem kulturellen Verständnis heraus wäre das Gespräch an der Tür zum Gruppenraum ein Ausdruck des Zweifels an der Fachlichkeit und Verlässlichkeit der Erzieherin gewesen. Die staatliche oder kirchliche Institution übernehme doch »ab dem Eingang« die Verantwortung für das Kind und sie müsse da doch vertrauen. Das eigene Kind so abzugeben im noch fremden Land war für sie eine Demonstration von Respekt, die ihr viel Mut abverlangte« (Schlösser, 2009, o. S.).

Eine weitere mögliche Ursache für Irritationen ist zudem in unterschiedlichen Vorstellungen über die Verantwortungsteilung von Bildungseinrichtung und Familie zu finden. Ein Pädagoge mit eigener Migrationserfahrung, der in der ambulanten Erziehungsberatung mit Eltern mit afrikanischen Migrationshintergründen arbeitet, erzählt im Interview:

> »Sie [die Eltern] sehen die Verantwortung oft nicht. Weil sie das anders kennen. In Afrika, Frauen sind unter sich, Männer auch und Kinder auch. Das heißt, wenn das Kind in der Schule ist, ist die Verantwortung der Schule, zu gucken, dass es bei dem Kind alles stimmt. Und Hausaufgabe ist auch Aufgabe der Schule, klar. [...] Ich kenne viele meiner Klienten, die immer Schwierigkeiten haben, wenn die Schule anruft und sagt: ›Ja, XY hat so gestört oder stört so im Unterricht, muss abgeholt werden.‹ Und eine spezielle Dame, die ich kenne, hat das nicht verstanden. Sie war total gestresst. Wenn das Telefon vormittags geklingelt hat, ist sie schon in Panik geraten und hat mir erzählt: ›Ich verstehe das nicht. Wenn das Kind da ist und es nicht funktioniert, WARUM kann die Schule das Problem nicht lösen? WARUM muss ich das Kind abholen? WARUM?‹ Ja? Das Kind ist doch da! Wenn das Kind da ist, dann soll sich darum KÜMMERN! Ja? Und hat angefangen, das Kind unter Druck zu setzen. Zuhause. Angeschrien, sogar paar Mal geschlagen, weil das Kind solche Probleme in der Schule gemacht hat. Und sie hat nicht verstanden, dass auch

ihre Aufgabe ist, mit der Schule zusammen zu arbeiten, um das Kind zu erziehen. [...] Aber nach der Intervention, nach der pädagogischen Intervention, als Elterntrainer, hat sie das verstanden und jetzt versucht sie wirklich, das Beste daraus zu machen und ruft sogar manchmal an, um zu wissen, wie sich das Kind in der Schule verhalten hat und schaut mal Hausaufgaben und wenn sie nicht versteht, versucht sie wirklich, an alle möglichen Türen zu klopfen, damit sie Unterstützung bekommt. Aber vor paar Jahren hat sie das nicht gewusst.«

Ein dritter möglicher Hintergrund des oben geschilderten Fallbeispiels kann darüber hinaus auch in einem kulturell bedingt unterschiedlichen Umgang mit Beziehung, Verabschiedung oder der öffentlichen Äußerung von Emotionen liegen, wie es in Kapitel 3.4.5 (▶ Kap. 3.4.5) diskutiert wurde.

2 Mögliche Lösungsansätze

Wie bereits in den zuvor diskutierten Fallbeispielen (▶ Kap. 3.4.2 bis ▶ Kap. 3.4.5) sollte auch hier Abstand von vorschnellen Bewertungen und Belehrungen genommen werden. Im Zentrum des Interesses stehen die folgenden drei Fragen: Wie geht es dem Kind mit der Situation? Wie geht es dem Vater? Was sind die Gründe für das Handeln des Vaters? Dabei ist die Perspektive des Vaters von zentraler Bedeutung. In einem offenen Dialog zwischen Fachkraft und Vater (und ggf. Einbezug des Kindes) kann die Situation beleuchtet und der weitere Umgang mit der Situation besprochen werden.

3.5 Checkliste

☐ Kenne ich das Konzept der Bildungs- und Erziehungspartnerschaft und bin ich mir seiner Möglichkeiten und Grenzen bewusst? (▶ Kap. 3.1)

3 Zusammenarbeit mit Eltern mit Migrationshintergrund

- ☐ Weiß ich, welche Herausforderungen, aber insbesondere auch welche Chancen eine Bildungs- und Erziehungspartnerschaft mit Eltern mit Migrationshintergrund birgt? (▶ Kap. 3.2)
- ☐ Ist mir bewusst, warum Eltern mit Migrationshintergrund eine diverse Personengruppe darstellen und inwiefern dies in der Praxis Beachtung finden sollte? (▶ Kap. 3.3)
- ☐ Ist mir bekannt, wie sich für mich ungewohntes Verhalten von Eltern (in den Bereichen Selbstständigkeit, Spielen und Lernen, Umgang mit Autorität, Bindung und Rollen von Kita und Familie) durch Wissen über kulturelle Unterschiede potenziell erklären lässt? (▶ Kap. 3.4)
- ☐ Kenne ich erste Ansätze, um für irritierende Situationen in den eben genannten Bereichen diversitätsbewusste und konstruktive Lösungsansätze zu finden? (▶ Kap. 3.4)

4

Zusammenarbeit in kulturell diversen Fachkräfte-Teams

Kulturell vielfältige Kita-Teams werden mehr und mehr zur Normalität. Während in Kitas lange Zeit nur vereinzelt Beschäftigte mit Migrationshintergrund zu finden waren, nimmt ihre Zahl in den letzten Jahren stetig zu. 2016 hatten bereits 13 Prozent der Kita-Kräfte einen Migrationshintergrund (Autorengruppe Fachkräftebarometer, 2019, S. 106).

Im Folgenden wird die Zusammenarbeit in kulturell diversen Fachkräfte-Teams auf drei Ebenen beleuchtet: Kapitel 4.1 (▶ Kap. 4.1) diskutiert Chancen, Herausforderungen und Erfolgsfaktoren kulturell diverser Kita-Teams. Anschießend wirft Kapitel 4.2 (▶ Kap. 4.2) einen differenzierten Blick auf die besondere Situation von Fachkräften mit

Migrationshintergrund und den besonderen Herausforderungen, mit denen sie durch ihre Situation konfrontiert sind. Kapitel 4.3 (▶ Kap. 4.3) thematisiert anhand konkreter Fallbeispiele einige Missverständnisse und Irritationen, die in kulturell diversen Kita-Teams entstehen können. Schließlich rundet Kapitel 4.4 (▶ Kap. 4.4) mit einer Checkliste zur Reflexion und Überprüfung des neu erworbenen Wissens das aktuelle Kapitel ab.

4.1 Chancen und Herausforderungen kulturell diverser Teams

Kulturelle Vielfalt innerhalb von Arbeitsteams hat zwei Seiten. Sie kann zu Konflikten und Missverständnissen führen, aber auch Kreativität und Innovation entfachen (vgl. Buengeler & Homan, 2016, S. 666; Franken, 2016). Die folgenden Ausführungen befassen sich daher sowohl mit den Chancen (▶ Kap. 4.1.1) wie auch den Herausforderungen (▶ Kap. 4.1.2) kulturell diverser Teams. Anschließend werden besondere Erfolgsfaktoren kulturell vielfältiger Kita-Teams herausgearbeitet (▶ Kap. 4.1.3).

4.1.1 Chancen

Kulturell diversen Arbeitsteams werden zahlreiche besondere Chancen und Ressourcen zugeschrieben. Claudia Buengeler und Astrid Homan (2016, S. 664) konstatieren in Bezug auf die Teamarbeit grundsätzlich,

> »dass Teamarbeit Synergien hervorbringen kann, welche unter Umständen weit über das hinausgehen, was eine gleiche Anzahl an Individuen leisten könnte. Diese qualitativen Unterschiede ergeben sich vor allem daraus, dass Teams als natürliche Wissensreservoirs durch die Weitergabe, Verarbeitung

4.1 Chancen und Herausforderungen kulturell diverser Teams

und Rekombination von Wissensbeständen, Perspektiven und Ideen bessere Entscheidungen, kreativere Lösungen mit dem Potenzial für bahnbrechende Innovationen und eine bessere Arbeitsqualität hervorbringen können.«

Besteht ein Team nun nicht lediglich aus mehreren Personen, sondern zudem aus Personen, die sehr unterschiedliche Erfahrungen, Kompetenzen sowie vielfältiges Wissen mitbringen, verstärkt sich dieser Effekt noch: »Multikulturelle Belegschaften können zur Aufgabenerfüllung aus einem größeren Pool kognitiver Ressourcen schöpfen und besitzen so ein größeres Potenzial für Synergieeffekte« (Franken, 2016, S. 444; vgl. Schneid et al., 2014, S. 186 ff.).

Die Betriebswirtin Swetlana Franken (2016, S. 444 ff.) attestiert vielfältigen Teams neben höherer Innovation und Kreativität zudem eine höhere Effizienz bei internationalen Aktivitäten, da diese angemessenere Produktanpassungen, zielgerichtetere Werbung und effektivere Verhandlungen mit Auslandsniederlassungen ermöglichen können. Hinzu kommen hilfreiche Kenntnisse der Gastkultur, Unterstützung bei der Suche nach geeigneten Arbeitskräften und Türen öffnende Sprachkenntnisse. Diese von Franken auf den Unternehmensbereich bezogenen Vorteile lassen sich auf die Arbeit in Kindertageseinrichtungen übertragen. Denn auch hier gilt es, neue Ideen einzubringen, eine vielfältige Klientel anzusprechen, Netzwerke aufzubauen und gut mit Menschen unterschiedlicher Hintergründe zusammenzuarbeiten.

Darüber hinaus belegen wissenschaftliche Studien zahlreiche weitere besondere Chancen kulturell diverser Teams. So konnte gezeigt werden, dass ein multikulturelles Umfeld die Entwicklung von Kreativität fördert (vgl. Franken, 2016, S. 446; Leung et al., 2008). Nurten Karakaş (2011, S. 230 ff.) berichtet auf Basis einer Forschung in deutschen Schulen, dass Lehrkräfte mit Migrationshintergrund Diskriminierung und Rassismus im Kollegium entgegenwirken. Speziell bezogen auf die Frühpädagogik stellt Christina Massing (2015) dar, dass Fachkräfte mit Migrationshintergrund neue Perspektiven und pädagogische Ansätze in die pädagogische Arbeit mit einbringen. Aber auch die Erweiterung der Sprachkompetenzen des Teams stellt in der heutigen Gesellschaft eine große Bereicherung dar (Aschenbrenner-Wellmann, 2017, S. 224). Gut eingespielte kulturell vielfältige Kita-Teams haben darüber hinaus auch Vorbildcharakter:

»Gelingt es, gleichberechtigt miteinander zu kooperieren und die Synergie-Potenziale der Vielfalt der Perspektiven und Problembewältigungsstrategien freizusetzen, wird nicht nur die Arbeit mit der Klientel effektiver, gut eingespielte interkulturelle Teams haben auch Vorbildcharakter – als gelungene Beispiele gleichberechtigter und produktiver interkultureller Zusammenarbeit – für die Klientel, die externen Kooperationspartner und den Sozialraum« (Gaitanides, 2013, S. 155; vgl. Ansari et al., 2016, S. 72).

Wie Akbaba, Bräu und Zimmer (2013) zeigen, werden in bildungspolitischen Texten zahlreiche weitere Hoffnungen an Fach- und Lehrkräfte mit Migrationshintergrund gerichtet. So werden sie unter anderem konzipiert als Mutmacher:innen, Integrationshelfer:innen und Vorbilder für Kinder mit Migrationshintergrund. Allerdings fehlen diesen Erwartungen oftmals empirische Begründungen und nicht immer kongruieren sie mit dem Selbstverständnis pädagogischer Fachkräfte mit Migrationshintergrund (▶ Kap. 4.2).

Pragmatisch betrachtet birgt die Einstellung von Fachkräften mit Migrationshintergrund aber auch die Möglichkeit, dem gravierenden Personalmangel in der Frühen Bildung entgegenzuwirken (Akbaş & Leiprecht, 2015b, S. 14). Nicht zuletzt ist die Einstellung von Personen mit Migrationshintergrund und Migrationserfahrung aber auch eine Frage der Chancengerechtigkeit. Gelingt es, allen Menschen (bei entsprechender Qualifikation) die Chance zu geben, ihren Wunschberuf auszuüben, wird sich der Trend der Diversifizierung von Kita-Teams in der deutschen Migrationsgesellschaft in den nächsten Jahren noch weiter verstärken.

4.1.2 Herausforderungen

Die besonderen Herausforderungen in kulturell diversen pädagogischen Teams fasst Stefan Gaitanides (2013) auf Basis einer Studie im

4.1 Chancen und Herausforderungen kulturell diverser Teams

Rahmen des Qualitätszirkels »Interkulturelle Teamentwicklung« in vier Kategorien zusammen: 1. Macht, 2. Sprache, 3. Arbeitsteilung, 4. Stereotype. Das Thema Macht wird demnach insbesondere von Mitarbeitenden mit Migrationshintergrund benannt. Sie empfinden und bemängeln eine deutsche »Dominanzkultur« im Team. Bezogen ist dies auf den Vorrang der deutschen Sprache sowie normativen Vorstellungen und Standards. Teammitglieder ohne Migrationshintergrund problematisieren dagegen häufig die Ethnisierung von Konflikten. Aus ihrer Sicht tendieren die Kolleg:innen mit Migrationshintergrund zur Anmeldung eines Deutungsmonopols. Sätze wie »Das könnt ihr als Deutsche nicht verstehen« Oder »Das ist eine typisch deutsche Sichtweise« empfinden sie als kontraproduktiv für eine sachliche Auseinandersetzung. Beide Themen verweisen nach Gaitanides (2013, S. 156) auf einen »unterschwelligen Kampf um Einfluss und Anerkennung, der ohne entsprechende Metakommunikation unter fairen Rahmenbedingungen destruktive Folgen für die Teamarbeit haben muss«.

Der zweite große Problemkomplex betrifft das Thema Sprache. Mitarbeitende mit und ohne Migrationshintergrund waren sich einig, dass die Position in der Hierarchie im Zusammenhang mit den Kenntnissen der deutschen Sprache steht. Leitungspositionen werden lediglich Personen zugewiesen, die die deutsche Sprache schriftlich wie mündlich perfekt beherrschen. Dies gilt auch dann, wenn das Klientel selbst überwiegend aus Menschen mit Migrationshintergrund besteht. Zudem lassen sich Unterschiede in der Anerkennung von Sprachkenntnissen feststellen. Während Fremdsprachenkenntnisse der Mitarbeitenden ohne Migrationshintergrund große Wertschätzung erfahren, werden Sprachkenntnisse von Teammitgliedern mit Migrationshintergrund als selbstverständlich angesehen (Gaitanides, 2013, S. 156 f.).

Wie sich in den bereits erläuterten Themenkomplexen andeutet, ist eine dritte Ursache für Konflikte im Bereich der Arbeitsteilung zu finden. Während die Teammitglieder mit Migrationshintergrund meist in der direkten Beziehungsarbeit eingesetzt sind, haben die Kolleg:innen ohne Migrationshintergrund die größeren institutionellen Einflusschancen, sind aber auch deutlich stärker in die unbeliebte bürokratische Arbeit eingebunden (Gaitanides, 2013, S. 157).

Der vierte Konfliktbereich betrifft Vorurteile und Stereotype. Die Mitarbeitenden ohne Migrationshintergrund werfen ihren Kolleg:innen mit Migrationshintergrund die Ethnisierung von Konflikten vor, die ihrer Meinung nach individuelle oder sachliche Hintergründe hätten. Die Teammitglieder mit Migrationshintergrund dagegen werfen Ihren Kolleg:innen vor, von anderen Stereotypen, wie etwa einer angeblich mangelhaften professionellen Distanz der Fachkräfte mit Migrationshintergrund, beeinflusst zu sein (Gaitanides, 2013, S. 157).

4.1.3 Erfolgsfaktoren

Neben Chancen und Herausforderungen kulturell diverser Teams lassen sich auch spezielle Erfolgsfaktoren solcher Teams definieren. Besonders zu beachten ist dabei, dass »interkulturelle Teamentwicklung sich nicht naturwüchsig ergibt, durch ›lerning by doing together‹, sondern einen intensiven und systematischen Lernprozess erfordert« (Gaitanides, 2013, S. 155). Der Erfolg oder Misserfolg kulturell diverser Teams hängt folglich direkt vom Management dieser Vielfalt ab (Buengeler & Homan, 2016; Franken, 2016, S. 442). Entsprechend konstatiert Christoph Barmeyer (2012, S. 155): »Interkulturelle Synergie entsteht selten emergent und spontan, sondern bedarf der Unterstützung und Entwicklung, etwa durch interkulturelles Lernen.«

Damit Teams die Chancen kultureller Vielfalt nutzen und gleichzeitig die Herausforderungen meistern können, sind Claudia Buengeler und Astrid Homann (2016) zufolge des Weiteren drei mit einander verschränkte Faktoren vonnöten: 1. Diversity-bezogene Einstellungen, Denkweisen und Wahrnehmungen, 2. Diversity Training und 3. Führung.

Diversity-bezogene Einstellungen, Denkweisen und Wahrnehmungen: Einstellungen und Grundannahmen beeinflussen Wahrnehmung und Verhalten und bilden daher die essentielle Grundlage für eine erfolg-

4.1 Chancen und Herausforderungen kulturell diverser Teams

reiche Zusammenarbeit in diversen Teams (Buengeler & Homan, 2016, S. 668 f.). Eine positive Einstellung und Denkweise der Teammitglieder gegenüber Diversität sind daher essenziell. Von großer Bedeutung ist zudem die Inklusionswahrnehmung der einzelnen Teammitglieder. Diese entsteht, »wenn Individuen sich sowohl ihrem Team bzw. ihrer Organisation zugehörig als auch in ihrer Einzigartigkeit akzeptiert und geschätzt fühlen« (Buengeler & Homan, 2016, S. 668). Es sollte darauf geachtet werden, dass eine Balance zwischen Individualität und Einheit im Team geschaffen wird. Müller (2017) schlägt daher vor, dass durch Diskussionen im Team eine gemeinsame Auffassung von Diversität entwickelt werden sollte. Denn: »vom Grundsatz her bedeutet Diversity-Management [...] Verschiedenheit, Gleichheit und Einheit dynamisch zu balancieren. Erst wenn ausreichend Konformität vorhanden ist, kann mehr Verschiedenheit zugelassen werden« (Aschenbrenner-Wellmann, 2009, S. 78).

Diversity Training: Für den Teamerfolg unerlässlich ist Buengeler und Homan (2016, S. 669) zufolge zudem Diversity Training:

> »Gerade Diversity Training, welches neben Informationsvermittlung und einer Erhöhung der Motivation auch auf Verhaltensänderung abzielt, weist das Potenzial auf, eine erfolgreiche Zusammenarbeit in diversen Teams zu fördern, da ein solches Training die notwendigen Verhaltensweisen zur Nutzung des verbreiterten Wissenspools und zum konstruktiven Umgang mit aufkeimenden Konflikten und Kommunikationsschwierigkeiten erlernen hilft.«

Jens Müller (2017, S. 218) empfiehlt »flankierende Angebote wie Fachberatung oder Supervision« für diverse Kita-Teams. Grundsätzlich sollten bei der Weiterbildung und Reflexion über kulturelle Vielfalt zwei Ebenen beachtet werden: Auf individueller Ebene liegt der Fokus auf der Stärkung der interkulturellen Kompetenzen der einzelnen Teammitglieder. Auf der Gruppenebene ist es wichtig, kontinuierlich »diversitätsrelevante Aspekte und deren Auswirkungen auf die Zusammenarbeit, die Gruppenprozesse und die Gruppenergebnisse [zu reflektieren] die gemeinsame Ausrichtung auf das Gruppenziel zu stärken« (Gröschke, 2016, S. 659).

Führung: Der dritte zentrale Erfolgsfaktor kulturell vielfältiger Teams liegt nach Buengeler und Homan (2016, S. 670) in einer kompetenten Führung:

>»Führung ist einer der bedeutsamsten Einflussfaktoren auf den Erfolg von Teams [...]. Gerade in diversen Teams steht einem vergrößerten Leistungspotenzial eine größere Wahrscheinlichkeit ungünstiger Effekte entgegen. Die Bedeutung geeigneter Führung ist demnach in diversen Teamkontexten erhöht. Speziell sollten Führungsformen, welche das Potenzial diverser Teams zu nutzen und mögliche negative Auswirkungen zu unterbinden vermögen, bei diversen Teams erfolgreich sein.«

Eine Studie von Lisa H. Nishii und David M. Mayer (2009) zeigt, dass sich die Qualität der Arbeitsbeziehung zwischen Führungskraft und Teammitgliedern auf die Stabilität des Teams auswirkt. Je besser die Arbeitsbeziehungen, desto geringer war die Fluktuation innerhalb diverser Teams. Besonders ungünstig wirkte sich aus, wenn die Führungskraft mit den meisten, aber nicht mit allen Teammitgliedern eine gute Beziehung unterhielt. Ingrid M. Nembhard und Amy C. Edmondson (2006) kommen anhand ihrer Studie zu diversen Teams im Gesundheitswesen zu dem Schluss, dass insbesondere ein Führungsverhalten, welches alle Teammitglieder zu Beiträgen ermutigt und diese Beiträge wertschätzt, zu besseren Teamerfolgen führt.

Wie gezeigt, stellen diversity-bezogene Einstellungen, Diversitytraining und ein entsprechender Führungsstil Erfolgsfaktoren dar, die das Potenzial kulturell diverser Teams nutzbar machen. Grundlage dieser Erfolgsfaktoren ist jedoch eines – die bewusste Entscheidung für Diversität:

>»Wichtig ist die Entscheidung für Inklusion, die Lern- und Entwicklungsprozesse voranbringt. Wenn pädagogische Fachkräfte sich auf den Weg machen, gibt es die Chance, neue und notwendige Kompetenzen zu erwerben: ihr Wissen zu erweitern, Altes zu reflektieren und Neues auszuprobieren (Ansari et al., 2016, S. 73).

4.2 Pädagogische Fachkräfte mit Migrationshintergrund

Während der Fokus des vorangegangenen Kapitels auf dem Team als Ganzes lag, richtet das folgende Kapitel den Blick nun speziell auf pädagogische Fachkräfte mit Migrationshintergrund. In Kapitel 4.2.1 (▶ Kap. 4.2.1) werden dazu einige grundlegende Zahlen und Fakten genannt. Kapitel 4.2.2 (▶ Kap. 4.2.2) widmet sich anschließend den besonderen Herausforderungen, mit denen pädagogische Fachkräfte mit Migrationshintergrund in deutschen Kindertageseinrichtungen konfrontiert sind.

4.2.1 Zahlen und Fakten

In den letzten Jahren ist ein rasanter Anstieg der Beschäftigungsverhältnisse in der frühen Bildung festzustellen. Jeder zwanzigste neue Arbeitsplatz entfiel zwischen 2013 und 2017 auf den Bereich der frühen Bildung (Autorengruppe Fachkräftebarometer, 2019, S. 105). Auch der Anteil der Fachkräfte mit Migrationshintergrund in der frühen Bildung ist in den letzten Jahren gestiegen. Waren es 2012 noch 11,4 Prozent, so hatten 2016 bereits 13,1 Prozent der Fachkräfte einen Migrationshintergrund, was in etwa jeder achten Kita-Fachkraft entspricht (Autorengruppe Fachkräftebarometer, 2019, S. 106). Dennoch sind Menschen mit Migrationshintergrund im Vergleich mit der Gesamtzahl der Erwerbstätigen mit Migrationshintergrund (20 Prozent) in der Frühen Bildung noch deutlich unterrepräsentiert (Autorengruppe Fachkräftebarometer, 2019, S. 107).

Zu beachten ist jedoch, dass es sich bei der Gruppe der pädagogischen Fachkräfte mit Migrationshintergrund um eine äußerst heterogene Personengruppe handelt. Die vorliegenden Daten (insbesondere des Mikrozensus) erlauben leider keine Aussagen über Gründe der Migration, Sprachkenntnisse, Anerkennung von Abschlüssen oder die Aufenthaltsperspektive. Bekannt sind dagegen die häufigsten Herkunftsländer der Fachkräfte mit Migrationshintergrund. Diese sind: Polen (16 %), Türkei (12 %), Russische Föderation (10 %), Rumänien (5 %), Italien (4 %), Ukraine (2 %), weitere europäische Länder (24 %) sowie Naher und Mittlerer Osten (12 %) (Autorengruppe Fachkräftebarometer, 2019, S. 107).

Etwa zwei Drittel (64 %) der Kita-Kräfte mit Migrationshintergrund besitzt (auch) die deutsche Staatsbürgerschaft, meist deshalb, weil es sich um Spätaussiedler:innen oder deutsche Eingewanderte handelt. Unter ihnen verfügen 74 Prozent über eigene Migrationserfahrung (d. h. sie sind selbst – nicht nur ihre Eltern – nach Deutschland eingewandert). Etwa ein Drittel (36 %) der Kita-Kräfte mit Migrationshintergrund besitzt keine deutsche Staatsangehörigkeit. Von ihnen haben 78 Prozent eigene Migrationserfahrung (Autorengruppe Fachkräftebarometer, 2019, S. 107). Zusammengefasst lässt sich also festhalten, dass etwa drei Viertel der pädagogischen Fachkräfte mit Migrationshintergrund in Deutschland über eigene Migrationserfahrung verfügen. Wie viele von ihnen allerdings erst als Erwachsene oder nach Abschluss ihrer pädagogischen Ausbildung nach Deutschland immigriert sind und welcher Anteil bereits die eigene Kindheit in Deutschland verbracht hat, ist nicht bekannt.

Interessant ist darüber hinaus ein Blick auf den Verbleib von pädagogischen Fachkräften mit Migrationshintergrund im Arbeitsbereich. Grundsätzlich ist im Bereich der frühen Bildung (trotz der guten Arbeitsmarktbedingungen) eine vergleichsweise geringe Fluktuation festzustellen, was als Hinweis auf eine hohe Zufriedenheit im Berufsfeld interpretiert werden kann (Autorengruppe Fachkräftebarometer, 2019, S. 118 f.). Interessanterweise ist jedoch die Tendenz, das Berufsfeld der frühen Bildung zu verlassen, unter Erzieher:innen und Kinderpfleger:innen mit Migrationshintergrund (54 Prozent) im Vergleich zu ihren Kolleg:innen ohne Migrationshintergrund (39 Prozent) deutlich erhöht (Fuchs-Rechlin & Strunz, 2014, S. 40). Die Ursachen für diesen Unterschied sind aufgrund des eingeschränkten Forschungsstands zu pädagogischen Fachkräften mit Migrationshintergrund in Deutschland (▶ Kap. 4.2.2) nicht eindeutig belegt. Es kann

4.2 Pädagogische Fachkräfte mit Migrationshintergrund

jedoch vermutet werden, dass besondere Herausforderungen, eine zentrale Ursache darstellen:

»Wir haben jedenfalls den Eindruck, dass die obigen Erklärungsmuster mit ›Sprache‹ und ›Kultur‹ auch Einfallstore für kulturalisierende Zuschreibungen und sich implizit oder explizit äußernde Negativ-Bewertungen sein können – und wir haben den Eindruck, dass dies in einem relevanten Umfang geschieht. Werden solche Bilder und Vorstellungen gegenüber Fachkräften mit Migrationshintergrund zum Ausdruck gebracht, dann können sie dazu beitragen, dass ein Verbleib in der Kindertagesstätte als Belastung erfahren wird und wenig anstrebenswert erscheint« (Akbaş & Leiprecht, 2015a, S. 220).

Das folgende Kapitel wird sich diesen besonderen Herausforderungen, mit denen Fachkräfte mit Migrationshintergrund in deutschen Kindertageseinrichtungen konfrontiert sind, genauer widmen.

4.2.2 Besondere Herausforderungen

Bedauerlicherweise ist der Forschungsstand zu pädagogischen Fachkräften mit Migrationshintergrund in Deutschland noch äußerst eingeschränkt (Morgan, 2019c). Die folgenden Ausführungen greifen daher neben Erkenntnissen zu dieser spezifischen Personengruppe ergänzend auf Forschungsergebnisse zu Lehrkräften mit Migrationshintergrund an deutschen Schulen sowie dem internationalen Forschungsstand zu Mitarbeitenden im frühkindlichen Bildungsbereich zurück.

Sinnvollerweise sollten die Herausforderungen von Kita-Kräften mit Migrationshintergrund, die bereits in Deutschland aufgewachsen sind und hier ihre pädagogische Ausbildung absolviert haben, und jenen, die erst nach Abschluss ihres Studiums oder ihrer Ausbildung nach Deutschland immigriert sind, gesondert betrachtet werden. Denn während einige der im Folgenden genannten Herausforderungen beide Gruppen betreffen, so stellen sich viele Aspekte für die zuletzt genannte Gruppe deutlich schwieriger dar (Morgan, 2019c). Gleichzeitig birgt diese Personengruppe jedoch auch besondere Chancen und Ressourcen (▶ Kap. 4.1.1). Aufgrund des eingeschränkten

Forschungsstandes ist eine solche differenzierte Thematisierung an dieser Stelle jedoch nur eingeschränkt möglich.

Eine grundlegende Hürde für Fachkräfte, die nach Abschluss ihrer Ausbildung nach Deutschland immigriert sind, stellt die Anerkennung ihrer pädagogischen Abschlüsse dar. Laut Fachkräftebarometer 2019 wurden 2017 im Berufsfeld »Erziehung, soziale und hauswirtschaftliche Berufe, Theologie« 26 Prozent der Anerkennungsverfahren des Jahres negativ beschieden (Autorengruppe Fachkräftebarometer, 2019, S. 108). Dies stellt jedoch nicht nur betroffene Fachkräfte vor große Herausforderungen, Forscher:innen werten dies auch als »nicht ausgeschöpfte[s] Fachkräftepotenzial« (Gereke et al., o. J., S. 52).

Auch ein Blick auf das Selbstverständnis von pädagogischen Fachkräften mit Migrationshintergrund ist sehr aufschlussreich. Da in Bezug auf Kita-Kräfte in Deutschland diesbezüglich kaum Forschungsergebnisse vorliegen, finden sich Hinweise vor allem in Forschungen zu Lehrkräften mit Migrationshintergrund. Bildungspolitische Texte schreiben Pädagog:innen mit Migrationshintergrund zahlreiche Aufgaben und Kompetenzen zu:

> »Sie werden [...] konzipiert als Vorbilder, Mutmacherinnen und Mutmacher sowie Integrationshelferinnen und Integrationshelfer für Kinder mit Migrationshintergrund. Auch ihre Mehrsprachigkeit wird als Potenzial für Bildungseinrichtungen gesehen: Man versteht sie als Übersetzerinnen und Übersetzer in Elterngesprächen, geht davon aus, dass sie besonders geeignet sind, die sprachlichen Entwicklungsstände von Kindern nichtdeutscher Muttersprache zu erheben sowie die Sprachförderung zu unterstützen. Es wird von ihnen erwartet, dass sie als besondere Vertrauenspersonen für Kinder und Eltern mit Migrationshintergrund fungieren und mit der ihnen unterstellten besonderen interkulturellen Kompetenz zu einem sensibleren Umgang mit Heterogenität in der Einrichtung beitragen« (Morgan, 2019c, S. 253).

Im Vergleich dieser Erwartungen mit den Einschätzungen der Lehrkräfte selbst zeigen sich zum Teil jedoch deutliche Diskrepanzen. Während einige die an sie herangetragenen Erwartungen ganz überwiegend ablehnen, stellen andere ihren Migrationshintergrund ins Zentrum ihres beruflichen Selbstkonzepts (Rotter, 2014, S. 259 ff.).

4.2 Pädagogische Fachkräfte mit Migrationshintergrund

Eine Sonderrolle als Spezialist:in für Migrationsthemen lehnt ein zentraler Teil von ihnen jedoch klar ab (Edelmann, 2007, S. 200, 211 ff.; Karakaşoğlu, 2011, S. 126). Werden die einzelnen Erwartungen genauer in den Blick genommen, zeigt sich ein differenzierteres Bild:

»Einige [Erwartungen] spiegeln sich im Selbstverständnis vieler LeMi [Lehrkränfte mit Migrationshintergrund] weitgehend wider. Darunter fällt beispielsweise eine besondere Empathiefähigkeit gegenüber Kindern mit Migrationshintergrund. Diese wird von LeMi jedoch häufig auf Kinder der eigenen ethnischen Gruppe beschränkt [...] Auch als Vorbilder für Kinder mit Migrationshintergrund und damit verbunden als Motivatorinnen bzw. Motivator [sic!] für Bildungsanstrengungen sehen sich einige LeMi [...]. Andere Erwartungen werden von LeMi dagegen deutlich in Frage gestellt. Darunter fällt etwa der grundsätzlich bessere Zugang zu Schülerinnen und Schülern sowie Eltern mit Migrationshintergrund [...]« (Morgan, 2019c, S. 253 f.).

Eine weitere Herausforderung stellen Diskriminierungserfahrungen im Berufsfeld dar. Deutsche wie internationale Forschungen zu Fach- und Lehrkräften mit Migrationshintergrund berichten von ihnen. Diskriminierung kann sich dabei auf kulturell-ethnische, phänotypische, sprachliche oder auch religiöse Aspekten beziehen (Ackermann & Georgi, 2011, S. 169 ff.; Akbaş & Leiprecht, 2015b, S. 89 ff.; Cho, 2010; Edelmann, 2007, S. 194 ff.; Fee, 2011; Karakaş, 2011, S. 214 ff.; Kitonga, 2010, S. 140 ff.; Kul, 2013; McNamara et al., 2009, S. 60 ff.). Internationale Forschungen berichten zudem von sozialer Ausgrenzung von Fach- und Lehrkräften mit Migrationshintergrund im Kollegium (Al-Khatib, 2013, S. 111; Fee, 2011, S. 396 ff.; Gao, 2010, S. 2+141).

Internationalen Studien zufolge kann es für pädagogische Fachkräfte, die im Ausland sozialisiert wurden und dort ihre Ausbildung absolviert haben, zudem eine große Herausforderung darstellen, ihre eigenen Erziehungs- und Bildungskonzepte mit den Stilen und Konzepten im Aufnahmeland zu vereinbaren (Adair et al., 2012; Fee, 2011; Kalinec-Craig, 2014; Massing, 2015; Moles, 2014). Damit verbunden ist nicht selten ein starker Anpassungsdruck (Adair et al., 2012; Moles, 2014; Ortlipp & Nuttall, 2011, S. 90). Diesen richten die Fachkräfte einerseits an sich selbst (Cho, 2010; Florence, 2011), zum anderen wird ein solcher Assimilationsdruck aber auch von ihren deutschen Kolleg:innen und Vorgesetzten begünstigt (Al-Khatib, 2013; Cho, 2010; Karakaş, 2011, S. 231). Diese Ergebnisse bestätigen bislang nicht publizierte Forschungsergebnisse einer qualitativen Studie der Autorin (Morgan, 2016). In informellen Gesprächen während einer Teilnehmenden Beobachtung berichten immigrierte Kita-Fachkräfte, wie deutlich sie diesen Anpassungsdruck wahrnehmen. Aber auch in den Aussagen der interviewten deutschen Kolleg:innen lassen sich klare Anpassungserwartungen an ihre neuen Kolleg:innen erkennen. Dies bringt pädagogische Fachkräfte mit Migrationshintergrund in eine widersprüchliche Situation: Einerseits sollen sie neue Ideen einbringen, Brücken bauen, die interkulturelle Öffnung der Einrichtungen vorantreiben. Andererseits erwartet man von ihnen, dass sie sich möglichst vollständig an ihre deutschen Kolleg:innen anpassen.

4.3 Kulturelle Unterschiede in diversen Fachkräfteteams

Eine spezielle Aufgabe für das gesamte (kulturell diverse) Fachkräfteteam besteht in einem konstruktiven Umgang mit kulturellen Unterschieden. Wie bereits in Kapitel 3.4 (▶ Kap. 3.4) in Bezug auf Eltern mit Migrationshintergrund angesprochen wurde, liegen in solchen Unterschieden große Chancen für Fachkräfte mit und ohne Migrationshintergrund, die pädagogische Arbeit und damit letztlich auch die betreuten Kinder und ihre Familien (▶ Kap. 4.1.1). Voraussetzung ist jedoch, dass mit kulturellen Unterschieden konstruktiv und diversitätsbewusst umgegangen wird. Das folgende Kapitel beleuchtet beispielhaft einige Situationen, in denen es in kulturell diversen Fachkräfteteams häufig zu Unterschieden und damit verbundenen Missverständnissen kommt.

Diesen Erläuterungen vorangestellt werden in Abschnitt 4.3.1 (▶ Kap. 4.3.1) in einem kurzen Exkurs Problematiken und Möglichkeiten so genannter Dimensionsmodelle von Kultur diskutiert. Kapitel 4.3.2 (▶ Kap. 4.3.2) thematisiert anschließend den Themenbereich Küssen, Kuscheln, Körperkontakt. Kapitel 4.3.3 (▶ Kap. 4.3.3) legt den Fokus auf Missverständnisse und Irritationen im Umgang mit Zeit. Kapitel 4.3.4 (▶ Kap. 4.3.4) befasst sich mit Unterschieden und Missverständnissen im Bereich der Kommunikation und Kapitel 4.3.5 (▶ Kap. 4.3.5) fokussiert die Gestaltung pädagogischer Angebote. Wie in Kapitel 3.4 (▶ Kap. 3.4) beginnt auch hier jedes Unterkapitel mit der Schilderung eines kurzen Fallbeispiels sowie einigen Reflexionsfragen. Anschließend folgt eine Erläuterung der theoretischen Hintergründe bevor einige Gedankenanstöße zu möglichen Lösungsansätzen der geschilderten Situationen den Abschnitt abrunden.

Die im Laufe dieses Kapitels verwendeten Interviewzitate stammen, sofern nicht anders angegeben, aus einer qualitativen Forschung der Autorin (Morgan, 2016). Die verwendeten Fallbeispiele basieren entweder auf der benannten Forschung oder Berichten von pädagogischen Fachkräften im Rahmen von Weiterbildungen, die von der Autorin durchgeführt wurden.

4.3.1 Exkurs: Dimensionsmodelle von Kultur

Seit den 1950er Jahren wurden zahlreiche Modelle vorgestellt, die versuchen, kulturelle Besonderheiten mithilfe von Kulturdimensionen darzustellen. Diese sind ebenso populär wie umstritten. Im Folgenden werden einige dieser Modelle vorgestellt und darauf aufbauend die Möglichkeiten und Grenzen ihrer Verwendung diskutiert.

Edward T. Hall, der als Begründer der interkulturellen Kommunikation als wissenschaftliche Disziplin gilt, identifizierte in den 1950er bis 1990er Jahren mehrere Bereiche, in denen sich Menschen aus verschiedenen Kulturen häufig unterscheiden. Die drei wichtigsten sind Raumorientierung (E. T. Hall, 1969), Kommunikation (E. T. Hall, 1990) und Zeitverständnis (E. T. Hall, 1976, 1989).

Als »weltweit bekannteste[s] Werk der international vergleichenden Managementforschung« (Barmeyer, 2010) gilt jedoch eine erstmals 1980 publizierte Studie von Geert Hofstede (2000). Im Gegensatz zu Hall, dessen Erkenntnisse auf einem ethnographisch-qualitativen Vorgehen beruhen, untersuchte Hofstede mittels einer groß angelegten Fragebogenstudie die Werteorientierungen von knapp 120.000 IBM-Mitarbeitenden in 72 Ländern. Auf Basis dieser Daten unterschied er vier Kulturdimensionen: Machtdistanz, Individualismus/Kollektivismus, Maskulinität/Femininität und Unsicherheitsvermeidung. Später ergänzte er die Dimensionen Lang-/Kurzzeitorientierung sowie Genuss/Beschränkung (Hofstede et al., 2010).

Inspiriert durch die Arbeit Hofstedes erforscht das Globe-Projekt in mehreren umfangreichen quantitativen Erhebungswellen Kultur und Führung in zahlreichen Ländern und definierte unter anderem neun Kulturdimensionen: »Performance Orientation«, »Assertiveness«, »Future Orientation«, »Humane Orientation«, »Institutional Collectivism«, »In-Group Collectivism«, »Gender Egalitarianism«, »Power Distance« und »Uncertainty Avoidance« (Chhokar, 2009; House, 2011; House et al., 2014). An der aktuellen Phase des Projekts (»Globe 2020«) beteiligen sich mehr als 160 Länder sowie über 500 Forscher:innen (GLOBE, o.J.).

Ebenfalls eine neuere Studie, jedoch wiederum basierend auf einem qualitativen Vorgehen, stammt von Erin Meyer (2018). Sie unterscheidet acht Kulturdimensionen: Kommunizieren (kontextarm – kontextreich), Beurteilen (direktes/indirektes negatives Feedback), Überzeugen (von Prinzipien/der Anwendung ausgehend), Führen (egalitär/hierarchisch), Entscheiden (im Konsens/Top-Down), Vertrauen (auf der Arbeit/auf Beziehungen beruhend), Widersprechen (konfrontativ/konfrontationsvermeidend), Termine vereinbaren (zeitlich linear/flexibel).

Dimensionsmodelle von Kultur sind in der Wissenschaft heute sehr umstritten. Sie werden als zu stark vereinfachend und die Komplexität menschlichen Zusammenlebens ignorierend kritisiert. Ihnen wird vorgeworfen, von einem homogenen Kulturverständnis auszugehen und die Entstehung von Stereotypen zu fördern. Auch an der Methodik der Studien wird Kritik geübt: Hall und Meyers qualitativem Vorgehen wird fehlende Systematik bei ihrer Datenerhebung vorgeworfen. An Hofstedes Studie dagegen wird bemängelt, dass sich seine Forschung auf die Mitarbeitenden des IBM-Konzerns beschränkte und eine Übertragbarkeit auf ganze Gesellschaften daher nicht stattfinden dürfte. Als besonders problematisch wird jedoch angesehen, dass die von ihm definierten Dimensionen auf Daten der 1970er Jahre basieren. Aufgrund der Veränderbarkeit von Kultur sei ihre Verwendung ein halbes Jahrhundert später sehr fragwürdig. In vielen Fällen fokussiert sich die Kritik an Dimensionsmodellen jedoch nicht grundsätzlich auf die Aussage, dass sich Kulturen in bestimmten Aspekten unterscheiden, sondern vielmehr auf die starre Fixierung von Nationalkulturen an festen Punkten entlang der Dimensionen. Hofstede etwa weist für die einzelnen Nationalkulturen sogar feste Kennzahlen aus, um ihre Verortung entlang der Kulturdimensionen möglichst exakt aufzuzeigen.

Auf der anderen Seite handelt es sich bei den genannten Studien um umfassende Forschungen, die eine Vielzahl an geographischen Regionen einbeziehen. Als solche können Sie einerseits für die eigene kulturelle Prägung und Persönlichkeit, andererseits für das Auftreten (möglicher) kultureller Unterschiede sensibilisieren. Als solche steht in einigen Situationen schlicht keine bessere Alternative zur Verfügung. Äußerst wichtig ist jedoch, dass sie vorsichtig und reflektiert eingesetzt werden: Aussagen dieser Modelle müssen bewusst als Generalisierungen verstanden werden, die nicht unhinterfragt auf einzelne Individuen übertragen werden können. Sie können lediglich der Sensibilisierung, keinesfalls der eindeutigen Erklärung bestimmter Situationen oder gar der Zuschreibung von Eigenschaften ohne Einbezug der beteiligten Personen dienen. Zudem muss bewusst sein, dass Kulturdimensionsmodelle auf Normalverteilungen basieren, die sich in der Realität selbstverständlich auch überlappen können (Meyer, 2018, S. 28, ▶ Abb. 4.1 und ▶ Abb. 4.2).

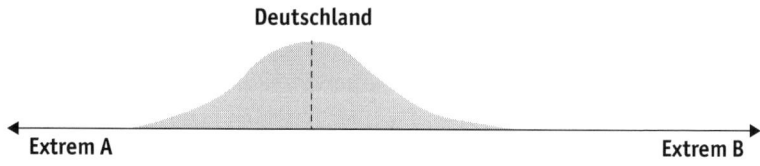

Abb. 4.1: Kulturdimensionen bilden Normalverteilungen ab (Meyer, 2018, S. 28)

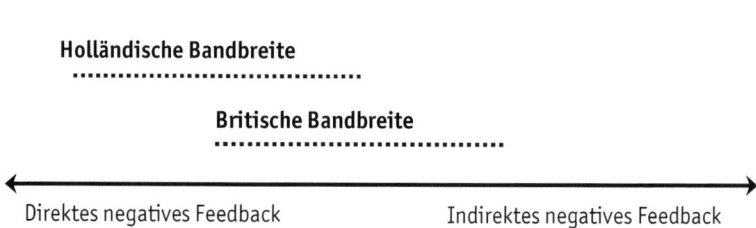

Abb. 4.2: Überlappung von Normalverteilungen am Beispiel der Kulturdimension direktes/indirektes negatives Feedback (Meyer, 2018, S. 30)

4.3.2 Küssen, Kuscheln, Körperkontakt

Fallbeispiel

Die Kita »Kleeblatt« hat seit einiger Zeit zwei neue Mitarbeiterinnen. Die anderen Fachkräfte sind erleichtert, dass die freien Stellen nun endlich wieder besetzt sind. Besonders begeistert sind allerdings die Kinder. Manche von ihnen kleben ständig an den neuen Kolleginnen. Mit der Zeit bekommen die anderen Fachkräfte das Gefühl, die beiden würden bewusst versuchen, sich bei den Kindern beliebt zu machen. Ständig werden die Kinder von ihnen gekuschelt, geschmust und sogar geküsst. Den anderen Mitarbeiter:innen scheint dies mit der Zeit doch etwas unangemessen zu sein. Außerdem bleiben andere Aufgaben liegen, während die beiden neuen Kolleginnen mit den Kindern auf dem Sofa sitzen, kuscheln und lesen. Irgendwann wird es einer der früheren Mitarbeiterinnen zu viel und sie ruft zwei Kinder zu sich, die gerade bei der neuen Mitarbeiterin auf dem Schoß sitzen und erklären ihnen, dass man mit fünf Jahren nun wirklich nicht mehr ständig bei der Erzieherin auf dem Schoß sitzen müsse. Die neue Kollegin scheint davon sehr irritiert und die Situation belastet die Beziehungen im Fachkräfte-Team zunehmend mehr.

Fragen zur Reflexion

- Was (alles) löst die emotionale Reaktion im Fachkräfteteam aus?
- Wie könnten die beiden neuen Mitarbeiterinnen die Situation wahrnehmen?
- Welche Rolle spielen möglicherweise Fremdbilder, Diskriminierungserfahrungen und Machtasymmetrien?
- Wie könnte konstruktiv und diversitätsbewusst interveniert werden, damit sich der schwelende Konflikt nicht weiter verschärft?

1 Theoretische Hintergründe

Edward T. Hall (1969) identifiziert die Orientierung im und Nutzung von Raum als einen wichtigen Bereich, in dem sich kulturelle Unterschiede zeigen. Dazu zählt auch der als angemessen empfundene körperliche Abstand zwischen zwei Personen. Dieser ist abhängig von der Situation und der Beziehung zwischen den beiden Personen, aber auch von der Kultur.

In einer anderen Studie[27] analysieren Martin S. Remland, Tricia S. Jones und Heidi Brinkman (1995) 381 Videoaufnahmen natürlicher Begegnungen in England, Frankreich, Niederlande, Italien, Griechenland, Schottland und Irland. Der Vergleich des prozentualen Anteils der Gesprächspaare in der jeweiligen kulturellen Gruppe, welche

---

27 Leider sind Forschungen dieser Art in den letzten Jahrzehnten sehr selten, so dass nicht auf neuere Daten zurückgegriffen werden kann.

4 Zusammenarbeit in kulturell diversen Fachkräfte-Teams

Berührungen nutzten, offenbart deutliche Unterschiede: Griechische Dyaden berührten sich in 32 Prozent der Fälle, italienische in 24 Prozent, schottische in 18 Prozent, irische in 17 Prozent, englische in 11 Prozent, französische in 8 Prozent und niederländische Gesprächspaare lediglich in 4 Prozent der Fälle (Remland et al., 1995, S. 290 ff.).[28] Auch wenn die genannten Zahlen nicht unreflektiert in Erwartungen an Menschen bestimmter Nationalitäten übertragen werden sollten (▶ Kap. 4.3.1), zeigt diese Studie doch, dass sich in Bezug auf den als normal und angemessen empfundenen Umfang von Körperkontakt deutliche kulturelle Unterschiede bestehen können. Auch wenn dies bislang nicht systematisch untersucht worden ist, ist anzunehmen, dass sich diese Unterschiede in Bezug auf bestimmte Situationen und Konstellationen weiter differenzieren ließen: Wie viel Körperkontakt gilt in verschiedenen Kulturen angemessen unter Paaren, wieviel unter Freund:innen oder Kolleg:innen? Welche Art von Körperkontakt gilt jeweils als adäquat? Welche Art und welche Häufigkeit von Körperkontakt ist angemessen im Umgang mit Kindern unterschiedlichen Alters? Wie unterscheiden sich die Art und der Umfang von Körperkontakt im Umgang mit Kindern in verschiedenen Kulturen abhängig davon, ob es sich um Eltern, Verwandte, pädagogische Fachkräfte oder Fremde handelt?

Die Aktualität und Relevanz von Unterschieden in Bezug auf den Umgang mit Raum und Körperkontakt in der Arbeit von Kinderta-

---

28 Auch Gender beeinflusste leicht die physische Nähe zwischen den Gesprächspartner:innen. Bei griechischen, italienischen, englischen und irischen Gesprächspaaren zeigten die gemischten Paare den meisten Körperkontakt. Unter den schottischen und französischen Paaren waren es wiederum die rein männlichen Paare. Im Vergleich der rein weiblichen und rein männlichen Gesprächspaare war in Griechenland und Irland unter rein weiblichen Paaren mehr Körperkontakt zu beobachten. In Schottland und Italien war es dagegen umgekehrt. In den Niederlanden kam es in beiden Fällen zu keinerlei Körperkontakt (Remland et al., 1995, 291).

geseinrichtungen bestätigen bislang unveröffentlichte Ergebnisse einer qualitativen Forschung der Autorin (Morgan, 2016). In einer Gruppendiskussion mit pädagogischen Fachkräften aus verschiedenen Herkunftsländern wurde die Frage gestellt, welche Unterschiede zwischen Kindertagesbetreuung in Deutschland und im Herkunftsland beobachtet werden. Zwei Pädagoginnen aus Peru und Kolumbien, die in Krippe und Hort arbeiten, antworteten daraufhin ohne Zögern:

»PW1-11: Meine Meinung ist, dass in der deutschen Erziehung, die Erzieherinnen gehen mit viel Distanz zu den Kindern. Viel Distanz. Und bei uns in Kolumbien, wir gehen zu den Kindern mit Liebe. Mit viel Zuneigung und ja, dürften sozusagen die Kinder umarmen, wenn wir die Not sehen, dass das Kind braucht, um getröstet zu werden. Und das ist der Unterschied. Ja, das sind kulturellen Unterschiede finde ich. [...] Ja, ja, deshalb hier habe die Erfahrung gemacht, dass die deutschen Erzieherinnen nicht gern die Kinder umarmen wollen.
PW1-12: Und man darf nicht küssen!
PW1-11: Nee, man darf hier nicht küssen!
PW1-12: Das war die erste Überraschung für mich! (lacht) Ja. In Lateinamerika ist
PW1-11: total anders!«

Das Zitat zeigt, dass neben Unterschieden im Normalitätsempfinden in Bezug auf körperliche Nähe auch unbewusste Tabus in verschiedenen Kulturen bestehen. Im deutschen Kulturraum betrifft ein solches unbewusstes Tabu etwa das Küssen von Kindern, mit denen kein Verwandtschaftsverhältnis besteht. In anderen Kulturen können dagegen andere Normalitätsvorstellungen und Tabus vorliegen, welche meist erst durch kulturelle Überschneidungssituationen bewusstwerden.

2 Mögliche Lösungsansätze

In der oben geschilderten Situation ist es wichtig, sich über kulturelle Unterschiede bewusst zu sein. Dies ist der erste Schritt, um Fehlinterpretationen (»Sie wollen sich beliebt machen«) und daraus entstehenden zwischenmenschlichen Konflikten vorzubeugen. Nur ein offenes Gespräch kann zeigen, ob kulturelle Unterschiede vorliegen und worin diese genau bestehen. Die Chance eines solchen Austauschs besteht neben der Vermeidung von Konflikten auch in einer Weiterentwicklung und damit Professionalisierung des gesamten pädagogischen Teams. Denn von einem kultursensiblen Verständnis im Umgang mit Körperkontakt kann auch die Arbeit mit Kindern und Eltern mit unterschiedlichen kulturellen Hintergründen profitieren.

4.3.3 Umgang mit Zeit

Fallbeispiel

Unter den Fachkräften der Bärengruppe kommt es in letzter Zeit immer wieder zu Spannungen. Ein Thema, das regelmäßig Unmut auslöst, ist das Thema Pünktlichkeit. Früher gab es damit noch nie Probleme. Vor drei Monaten ist jedoch Malik als neue Fachkraft ins Team gestoßen. Morgens kommt er häufig zu spät. Was insbesondere die Gruppenleitung Anne aber wirklich zur Weißglut bringt, ist, dass Malik, wenn er für den Morgenkreis verantwortlich ist, noch nicht ein einziges Mal pünktlich fertig war! Dabei werden sogar die Eltern in der Kita seit Jahren regelmäßig und konsequent daran erinnert, dass sie ihre Kinder unbedingt bis spätestens 8.45 Uhr in die Kita bringen müssen, damit die Gruppen pünktlich um 9 Uhr mit dem Morgenkreis beginnen können. Was ist das denn für ein Vorbild, wenn nun die Mitarbeiter:innen selbst ständig zu spät dran sind? Schon mehrfach hat Anne Malik daran erinnert, dass der Morgenkreis um 9 Uhr beginnen soll. Dann gab es einige Tage lang nur eine minimale Verspätung, die sich dann aber wieder verlängerte. Anne hat den Eindruck, Malik respektiere sie als Gruppenleitung nicht und hätte kein Interesse an einer guten Zusammenarbeit im Team.

4.3 Kulturelle Unterschiede in diversen Fachkräfteteams

> **Fragen zur Reflexion**
>
> - Was (alles) löst die emotionale Reaktion im Fachkräfteteam aus?
> - Wie nimmt Malik die Situation möglicherweise wahr?
> - Was sollte in Bezug auf Diskriminierungserfahrungen, Fremdbilder oder Machasymmetrien beachtet werden?
> - Wie könnte konstruktiv und diversitätsbewusst interveniert werden, damit sich der schwelende Konflikt nicht weiter verschärft?

1 Theoretische Hintergründe

Zahlreiche groß angelegte Studien verweisen auf kulturelle Unterschiede im Umgang mit Zeit. Geert Hofstede unterscheidet zwei grundsätzliche Arten des Umgangs mit Zeit, die er als Lang- bzw. Kurzzeitorientierung bezeichnet (Hofstede & Hofstede, 2011, S. 270 ff.). Hall (1990) spricht von monochronem und polychronem Zeitverständnis. Die GLOBE-Studie differenziert langfristige versus kurzfristige Zeitorientierung (House et al., 2014), und auch Erin Meyer (2015) argumentiert, dass im Umgang mit Zeit zwei grundlegende Stile unterschieden werden können, die sie als lineare bzw. flexible Zeitorientierung bezeichnet.

Eine lineare Zeitorientierung zeichnet sich Meyer zufolge dadurch aus, dass Projektschritte nacheinander abgearbeitet werden. Eine Aufgabe wird abgeschlossen, bevor die nächste begonnen wird. Idealerweise geschieht dies ohne Unterbrechungen. Dem Einhalten von Fristen und Zeitplänen wird großer Wert zugewiesen. Der Fokus liegt auf Schnelligkeit, Pünktlichkeit und guter Organisation, welche wichtiger sind als Flexibilität. Bei einer flexiblen Zeitorientierung dagegen ist der Übergang zwischen Projektschritten dagegen fließend. Je nach Gegebenheiten können sich Aufgaben und Abläufe flexibel ändern. Viele Aufgaben werden gleichzeitig bearbeitet, Unterbrechungen werden als unproblematisch angesehen. Der Fokus liegt auf Flexibilität und Anpassungsfähigkeit, welche als wichtiger erachtet werden als Planung und Organisation (Meyer, 2018, S. 242).

Meyer zufolge ist Deutschland gemeinsam mit der Schweiz auf der Seite des linearen Zeitverständnisses zu finden, während die weiteren von ihr thematisierten Länder mehr oder weniger weit auf der Dimension in Richtung flexibler Zeit verortet werden (Meyer, 2015, S. 227).

2 Mögliche Lösungsansätze

Auch wenn Menschen aufgrund ihres Ethnozentrismus (▶ Kap. 2.3.1) meist eine Tendenz für die bessere Variante halten, ist objektiv weder eine lineare noch eine flexible Zeitorientierung als besser oder schlechter anzusehen. Beide haben Vor- und Nachteile. Notwendig ist es allerdings, einen Weg zu finden, durch den das diverse Kita-Team zufriedenstellend und konfliktfrei zusammenarbeiten kann. Um die Situation konstruktiv zu lösen, könnte eine der übrigen Fachkräfte das Gespräch mit Malik suchen. Sie schildert die Situation neutral und vorwurfsfrei aus ihrer eigenen Sicht (idealerweise mithilfe von Ich-Botschaften). Anschließend kann Malik sein Erleben der Situation darlegen. Empfehlenswert ist es dabei, Malik zuerst die Gelegenheit zu geben, Lösungsideen für die Situation einzubringen und erst danach gemeinsam den Lösungsvorschlag weiter auszuarbeiten oder alternative Ideen einzubringen. Zu beachten ist dabei, dass Kultur, wie in Kapitel 2.3.1 (▶ Kap. 2.3.1) dargelegt, keineswegs statisch ist. Allerdings ist ein seit Jahrzehnten als normal empfundenes Vorgehen in aller Regel auch nicht von einem Tag auf den anderen (oder eine Woche auf die andere) veränderbar. Notwendig ist also unabhängig von der Art der gefundenen Lösung Verständnis für diese Tatsache und eine gewisse Geduld.

4.3.4 Kommunikation

Fallbeispie

Shima ist seit einer guten Woche neue Praktikantin in der Einrichtung. Sie spricht noch nicht so gut Deutsch, ist sehr höflich und nett, wirkt aber etwas schüchtern. Leider gab es schon einige Male Probleme, da die Fachkräfte ihr etwas gesagt oder sie mit etwas beauftragt haben, das sie dann nicht, oder zumindest nicht so wie gedacht, erledigt hat. Petra, ihre Anleiterin, ist sich nicht sicher, ob Unzuverlässigkeit, fehlende Motivation oder Missverständnisse die Ursache sind. Vorsichtshalber fragt Anne nach einer solchen Bitte jetzt immer noch einmal ganz deutlich, ob Shima wirklich verstanden hat, was ihr Auftrag ist. Shima antwortet immer lächelnd und nickend »Ja, ja, ich habe verstanden.« Doch dann geht es wieder schief. [29]

Fragen zur Reflexion

- Was (alles) könnten Gründe für die entstandenen Probleme sein?
- Wie erlebt Shima die Situation möglicherweise?
- Was sollte in Bezug auf Diskriminierungserfahrungen, Fremdbilder oder Machasymmetrien beachtet werden?
- Was könnte ein diversitätsbewusster und konstruktiver Lösungsansatz sein?

---

29 Unterschiede in der Kommunikation, wie sie hier beschrieben werden, kommen häufig auch in der Zusammenarbeit mit Eltern vor.

1 Theoretische Hintergründe

Auch zu kulturellen Unterschieden in der Kommunikation finden sich zahlreiche Ausführungen. Sehr bekannt ist Halls Unterscheidung zwischen »low context« und »high context« Kommunikation (E. T. Hall, 1976). Erin Meyer greift diese Unterscheidung auf und charakterisiert kontextarme Kommunikation folgendermaßen: »Gute Kommunikation ist präzise, einfach und klar. Botschaften werden wortwörtlich ausgedrückt und verstanden. Wiederholungen werden geschätzt, wenn sie dazu beitragen, die Kommunikation klarer zu machen« (Meyer, 2018, S. 50). In kulturellen Gruppen, in denen eine kontextreiche Kommunikation üblich ist, unterscheidet sich die Kommunikation dagegen deutlich: »Gute Kommunikation ist feingeistig, nuanciert und vielschichtig. Botschaften werden zwischen den Zeilen ausgesprochen und gelesen. Botschaften sind oft impliziert, aber nicht offen ausgedrückt« (Meyer, 2018, 50).

Auch hier ist zu beachten, dass es sich um stark verallgemeinerte Beschreibungen von Extremausprägungen handelt. In der Realität sind Mischformen, insbesondere aber auch interindividuelle Unterschiede innerhalb von kulturellen Gruppen vorherrschend (▶ Kap. 1.3.1). Zudem hängt der Kommunikationsstil einer Person auch von der Persönlichkeit oder z. B. der Zugehörigkeit zu bestimmten Berufskulturen ab (Meyer, 2018, S. 29). Dennoch zeigt diese Unterscheidung auf, dass sich die Art und Weise zu kommunizieren interkulturell unterscheiden kann. Ein wichtiger Unterschied liegt dabei in der Frage, wie direkt und klar Informationen in Worte gefasst werden (Kontext unwichtig) oder wie sehr der Kontext, d. h. nonverbale Kommunikation, Stimmlage, Gesichtsausdruck, Sprachmuster, Sprechpausen, Wissen über die andere Person oder die Thematik etc. einbezogen werden müssen, um die Botschaft zu verstehen.

Ebenso wie Hall und andere verortet Meyer die typisch deutsche Kommunikation am kontextarmen Ende der Dimension. Im Vergleich mit anderen kulturellen Gruppen kommunizieren Deutsche folglich häufig sehr direkt. Im Gegensatz zu Hall weist Meyer darauf hin, dass der Grad der Direktheit, der innerhalb einer kulturellen Gruppe als

4.3 Kulturelle Unterschiede in diversen Fachkräfteteams

angemessen empfunden wird, auch vom Inhalt des Gesprächs abhängt. Die Vermittlung negativen Feedbacks behandelt Meyer daher in einer eigenen Dimension (Meyer, 2018, S. 71 ff.). Während Deutsche hier im Durchschnitt weiterhin sehr direkt kommunizieren, übermitteln beispielsweise US-Amerikaner ihr negatives Feedback typischerweise deutlich indirekter, als dies ihr Kommunikationsstil in anderen Bereichen erwarten ließe. Es kann vermutet werden, dass abhängig vom Themeninhalt weitere Unterschiede feststellbar wären, was in einem solchen, auf zahlreiche Kulturen bezogenen, Modell jedoch nicht abgebildet werden kann.

Auch die Auswirkungen möglicher früherer Diskriminierungserfahrenen sollten in Betracht gezogen werden. Die Stereotype-Threat-Theorie (Steele & Aronson, 1995) nimmt an, dass

»Personen ein Gefühl der Bedrohung erleben, wenn sie sich in einer Situation befinden, in der sie befürchten, (a) auf Basis von negativen Stereotypen beurteilt zu werden bzw. (b) durch ihr eigenes Verhalten negative Stereotype bezüglich ihrer Gruppe unbeabsichtigterweise zu bestätigen« (J. Keller, 2020, S. 90).

Der Einfluss eines solchen »Stereotype Threat« wurde in empirischen Studien untersucht. Zwei vergleichbare Gruppen von Menschen absolvierten dabei einen Test. Eine Gruppe wurde vorab mit einem entsprechenden Stereotyp gegenüber ihrer sozialen Gruppe konfrontiert, die andere nicht. Diejenigen Menschen, die vorab mit einem Stereotyp konfrontiert wurden, zeigten in ihren Testergebnissen deutlich schlechtere Leistungen (J. Keller, 2020, S. 91 ff.).

2 Mögliche Lösungsansätze

Das Wissen über die oben geschilderten kulturellen Unterschiede in Kommunikationsstilen kann helfen, kulturelle Unterschiede als einen möglichen Einflussfaktor wahrzunehmen und entsprechend zu reagieren. So ist es gut möglich, dass die vergleichsweise direkte Kommunikation von Petra für Shima äußerst ungewohnt ist. Shima ist möglicherweise einen deutlich indirekteren Kommunikationsstil gewohnt. Dazu gehört auch, dass sie nicht explizit sagt, wenn sie etwas nicht verstanden hat.

Darüber hinaus sind auch die bestehenden Machtasymmetrien zu beachten (▶ Kap. 2.2.2). Diese kommen dadurch zustanden, dass Shima erstens neu in der Einrichtung ist, zweitens »nur« Praktikantin ist und drittens die deutsche Sprache bislang nur eingeschränkt beherrscht. Diese Asymmetrien werden die Situation möglicherweise beeinflussen und Shimas Zurückhaltung und Unsicherheit noch verstärken.

Auch das oben geschilderte Konzept des Stereotype Threat kann auf das Fallbeispiel übertragen werden. So wäre es möglich, dass frühere Diskriminierungserfahrungen dazu führen, dass Shima bewusst oder unbewusst befürchtet, dass man ihr als »Ausländerin« nicht viel zutraut und sie sich daher erst recht keine Fehler erlauben darf, um diesen Eindruck nicht zu verstärken.

Um in der geschilderten Situation konstruktiv und diversitätsbewusst zu handeln, sollte bewusst Vertrauen aufgebaut werden. Shima sollte Wertschätzung entgegengebracht und ihr vermittelt werden, dass es selbstverständlich ist, dass sie vieles noch nicht weiß oder kann und es auch kein Problem ist, wenn sie nicht alles auf Anhieb versteht, da das Erlernen einer fremden Sprache nicht leicht ist. Gleichzeitig sollten die Kolleg·innen die Situation als Chance nutzen zu lernen, »zwischen den Zeilen« zu lesen, um Shima und ihrem Kommunikationsstil entgegenzukommen. Im Übrigen gilt auch in diesem Fall, dass kulturelle Prägungen veränderbar sind, jedoch in der Regel nicht innerhalb weniger Tage.

4.3.5 Gestaltung von Angeboten

Fallbeispiel

Die Kita »Regenbogen« hat eine neue Mitarbeiterin. Da Irina in ihrem Herkunftsland viele Jahre mit Vorschulkindern gearbeitet hat und auch ihr dortiges Studium direkt auf diese Altersgruppe ausgerichtet war, wird ihr auch in der Kita »Regenbogen« die

Verantwortung für das Vorschulangebot übergeben. Nach einiger Zeit beklagen sich andere Mitarbeiter:innen jedoch bei der Einrichtungsleitung, dass die Vorschulzeit, seit sie von Irina gestaltet wird, äußerst »verschult« sei. Die Kinder verbrächten viel Zeit damit, Buchstaben zu erlernen, es würden vorgegebene Themen behandelt und Gedichte auswendig gelernt. Dies entspricht so gar nicht ihren Vorstellungen von zeitgemäßer Pädagogik. Die Einrichtungsleiterin spricht daraufhin mit Irina und bietet an, ihr ein paar Vorschläge zu machen, wie man die Vorschule noch gestalten könnte. Daraufhin antwortet Irina knapp und sichtbar gekränkt: »Die Kinder kommen gern.« Seit diesem Gespräch wirkt Irina distanziert und zurückgezogen. Die Einrichtungsleiterin ist unsicher, wie sie weiter vorgehen soll.

Fragen zur Reflexion

- Was stört die anderen Kolleg:innen an der Gestaltung der Vorschule durch Irina? Weshalb?
- Wie könnte Irina die Situation erleben?
- Welche Rolle spielen möglicherweise kulturelle Unterschiede, Diskriminierungserfahrungen, Machtasymmetrien oder Fremdbilder?
- Welche Chancen liegen in dieser Situation für die Einrichtung und ihre Mitarbeitenden, die neue Kollegin und die Kinder?
- Wie sollte die Einrichtungsleitung vorgehen?

1 Theoretische Hintergründe

Selbstbestimmtes, spielorientiertes und möglichst freies Lernen in der frühen Kindheit hat in Deutschland großes Gewicht und eine lange Tradition. So fordert bereits Johann Heinrich Pestalozzi (1746–1827) einen starken Alltagsbezug und erfahrungsbasiertes Lernen (Pestalozzi, 1826). Auch Friedrich Fröbel (1782–1852), der als Begründer des Kindergartens gilt und entsprechend großen Einfluss auf die frühkindliche Bildung in Deutschland hatte, legt einen besonderen Fokus auf das freie, selbstbestimmte Spiel. Dieses stellt ihm zufolge der Schlüssel zum kindlichen Lernen und zur kindlichen Entwicklung dar (Fröbel, 1826). Rita Braches-Chyrek (2021, S. 40) fasst seine diesbezüglichen Aussagen sehr treffend zusammen:

> »Festgehalten werden kann [...], dass die Vor- und Grundbedingung aller Bildung und Erziehung die kindliche Aktivität, Eigenmächtigkeit und Selbstbestimmung – die freie Selbsttätigkeit ist. Somit wird das kindliche Spiel innerhalb vorgegebener Strukturen zum wesentlichen Kern aller bildungstheoretischen Überlegungen in der frühen Kindheit.«

Während sich das Kind nach Fröbel Lernprozesse folglich überwiegend selbsttätig und selbstbestimmt aneignet, ist es die Aufgabe der Erwachsenen »lediglich«, das Kind zu begleiten und spielerische Lernangebote zu machen.

Neben Pestalozzi und Fröbel hatte auch die Italienerin Maria Montessori (1870–1952) weiteren Einfluss darauf, dass der Selbsttätigkeit und dem Spiel in deutschen Kindertageseinrichtungen bis heute große Bedeutung zugemessen wird. Unter ihrem Motto: »Hilf mir es selbst zu tun« betont sie, Ziel solle es sein, dass Kinder frei und selbstständig denken sowie unabhängig und selbstbestimmt lernen. Die Aufgabe der Erwachsenen besteht ihrer Ansicht nach darin, die kindlichen Entwicklungs- und Bildungsprozesse zu begleiten und eine »vorbereitete Umgebung« anzubieten. Mit eigenen Vorstellungen sollten sich die Erwachsenen jedoch zurückhalten. Wie auch in Auffassungen anderer Reformpädagog:innen dominieren in Montessoris Schriften folglich indirekte Formen der Bildung und Erziehung. Direkte Formen geraten in den Hintergrund (Montessori, 1965, 1969, 2021).

Auch wenn die Gedanken von Pestalozzi, Fröbel und Montessori auch in anderen Ländern Einfluss hatten, so ist der Fokus auf Selbstbestimmung, Freiheit und Spiel in verschiedenen Ländern und ihren frühpädagogischen Einrichtungen bis heute unterschiedlich stark ausgeprägt. Jaipaul L. Roopnarine verdeutlicht dies an der Rolle des Spiels:

4.3 Kulturelle Unterschiede in diversen Fachkräfteteams

»As is evident [...], while universally accepted as an activity of childhood, the processes and mechanisms whereby children's play and playful activities are expressed in different cultural communities and the degree to which governmental bodies, parents, early childhood educators, and other caregivers embrace play as a viable means for influencing childhood development are far from uniform« (Roopnarine, 2015, S. 2).

Diese geschilderte Schwerpunktsetzung und historische Entwicklung der Frühpädagogik spiegeln sich auch in der institutionellen Verankerung der deutschen Frühpädagogik. Während sie in vielen Ländern im Bereich der Schulpädagogik verankert ist, werden Ausbildungsgänge, die auf die Arbeit in einer Kindertageseinrichtungen vorbereiten, in Deutschland in aller Regel der Sozialpädagogik zugeordnet.

Auch Interviews mit immigrierten pädagogischen Fachkräften (vgl. Morgan, 2016, S. 184) bekräftigen, dass in Bezug auf die Gestaltung des Alltags und spezieller Angebote im internationalen Vergleich deutliche Unterschiede bestehen. Viele der interviewten Fachkräfte berichten, dass Kinder in ihren Herkunftsländern in jüngerem Alter bestimmte Dinge lernen, die eine stärkere Anleitung von Erwachsenen erfordern. Insbesondere werden sie im Kindergartenalter bereits stärker an Lesen, Schreiben und Rechnen herangeführt (▶ Kap. 3.4.3). Einige berichten, dass auch Gedichte oder Texte für Krippenspiele auswendig gelernt werden. Dabei sind sie sich einig, dass die Kinder selbst Interesse an den genannten Aktivitäten haben: »Und die Kinder sind hier auch ganz fit und manche wollen das. Die brauchen das!«, erklärt eine von ihnen im Hinblick auf das Heranführen an Lesen und Schreiben.

Neben kulturellen Unterschieden sollten in Bezug auf das oben geschilderte Beispiel auch Diskriminierungserfahrungen beachtet werden. Menschen mit Migrationshintergrund erleben häufig diskriminierende Situationen, auch wenn diese, einzeln betrachtet, nicht immer eindeutig als solche eingeordnet werden können. Ungeachtet dessen, ob es sich um subtile oder offensichtliche Diskriminierung handelt, haben diskriminierende Handlungen vielfältige negative Folgen für die Betroffenen. Eine Konsequenz besteht darin, dass Betroffene häufig Angst vor Zurückweisung und erneuter Diskriminierung entwickeln, was wiederum ihre Reaktionen in neuen Situationen beeinflusst:

»Mitglieder stigmatisierter Gruppen erleben soziale Diskriminierung im täglichen Leben. Wenn diese negativen Erfahrungen immer wieder passieren, kann dies einen Einfluss auf die Erwartungen haben: Mitglieder stigmatisierter Gruppen entwickeln zum Teil die Erwartung, in bestimmten Situationen diskriminiert zu werden. Damit verbunden ist die Angst, aufgrund ihrer Gruppenzugehörigkeit zurückgewiesen zu werden« (Hansen & Sassenberg, 2020, S. 292).

2 Mögliche Lösungsansätze

Auf den ersten Blick mag das oben geschilderte Fallbeispiel aus Sicht vieler Fachkräfte auf verschiedenen Ebenen als problematisch wahrgenommen werden. Auf den zweiten Blick birgt die Situation jedoch große Chancen. Der erste notwendige Schritt stellt jedoch die Rückgewinnung von Irinas Vertrauen dar. Dazu ist es wichtig, ihre Kompetenzen ehrlich wertzuschätzen und ihrer Sorge vor Diskriminierung und der Abwertung ihrer Ideen vorzubeugen. Es bietet sich an, Irina die Gelegenheit zu geben, ausführlich zu erzählen, wie sie die Vorschule aktuell gestaltet und welche Vorteile sie darin sieht.

Anschließend kann in einem offenen Austausch eine Vielzahl möglicher Gestaltungsideen der Vorschule durchdacht werden. Aufgrund der bestehenden Diskrepanzen entwickelt sich in solchen Gesprächen nicht selten eine große Kreativität, so dass auch ganz neue Ideen entstehen. Auch die Vorschulkinder selbst können gezielt einbezogen werden. Vielleicht freuen sich viele über die strukturierteren Angebote oder sind ganz motiviert, lesen und schreiben zu lernen? Möglicherweise sind sie stolz, ihr erstes kleines Gedicht auswendig gelernt zu haben? Eventuell fühlen sich manche aber auch überfordert oder wünschen sich mehr Freiraum?

Andere Erfahrungen, Meinungen und Konzepte stellen Katalysatoren für Weiterentwicklung dar. Auch wenn solche Unterschiede auf den ersten Blick wie Störungen im ohnehin stressigen Alltag wirken, sollten sie als große Chance wahrgenommen werden. Durch einfache

Anpassungserwartungen (▶ Kap. 4.2.2) würde nicht nur die Qualität der Zusammenarbeit im Fachkräfteteam, sondern auch die Chance, auf Weiterentwicklung des gesamten Teams und die zielgruppengerechtere Ausgestaltung der Angebote vertan.

4.4 Checkliste

☐ Bin ich mir der Chancen, Herausforderungen und Erfolgsfaktoren kulturell diverser Teams bewusst? (▶ Kap. 4.1)
☐ Weiß ich, mit welchen besonderen Herausforderungen pädagogische Fachkräfte mit Migrationshintergrund konfrontiert sind? (▶ Kap. 4.2.2)
☐ Ist mir bekannt, welche Hintergründe Konflikte aufgrund von unterschiedlichen Konzepten und Methoden der Teammitglieder (in den Bereichen Körperkontakt, Umgang mit Zeit, Kommunikation oder Gestaltung von Angeboten) haben können? (▶ Kap. 4.3.2 bis ▶ Kap. 4.3.5)
☐ Kann ich einige Ansätze nennen, um für Konflikte in Bezug auf die genannten Themenbereiche diversitätsbewusste und konstruktive Lösungsansätze zu finden? (▶ Kap. 4.3.2 bis ▶ Kap. 4.3.5)

5

Arbeit mit Kindern in einer kulturell diversen Gesellschaft

Die Berücksichtigung interkultureller Aspekte in Bildung und Erziehung findet in den letzten Jahrzehnten zunehmend Beachtung. Artikel 9, Abs. 2 des achten Sozialgesetzbuches fordert:

»Bei der Ausgestaltung der Leistungen und der Erfüllung der Aufgaben sind [...] die jeweiligen besonderen sozialen und kulturellen Bedürfnisse und Eigenarten junger Menschen und ihrer Familien zu berücksichtigen [...]« (§ 9 Abs. 2 SGV VIII, vgl. Kultusministerkonferenz & Jugendministerkonferenz, 2004, S. 7).

Auch in sämtlichen Bildungsplänen der deutschen Bundesländer findet das Thema Interkulturalität – wenn auch in unterschiedlicher Tiefe – Beachtung (Borke, 2017). Der Bayerische Bildungs- und

5 Arbeit mit Kindern in einer kulturell diversen Gesellschaft

Erziehungsplan für Kinder in Tageseinrichtungen bis zur Einschulung erläutert beispielsweise:

»Zwei- und Mehrsprachigkeit sowie interkulturelle Kompetenz helfen Kindern, sich zu weltoffenen Persönlichkeiten zu entwickeln. Gemeinsame Lernaktivitäten, bei denen sich Kinder mit verschiedenem kulturellen Hintergrund begegnen, sind geeignet, interkulturelle Kompetenz einzuüben. Die Kinder werden neugierig auf andere Kulturen und lernen Andersartigkeit zu achten, auch wenn sie sie nicht vollständig verstehen« (Bayerisches Staatsministerium für Familie, Arbeit und Soziales & Staatsinstitut für Frühpädagogik München, 2019, S. 21).

Carlotta Wemke und Christof Bemsch (2019, S. 128) bezeichnen interkulturelle Bildung vor dem Hintergrund der Diversität der deutschen Gesellschaft sogar als »zwingend notwendig«. Interkulturelles Lernen fokussiert sich dabei nicht lediglich auf Kinder mit Migrationshintergrund, sondern richtet sich an alle Kinder (Aschenbrenner-Wellmann, 2017, S. 231; Wemke & Bemsch, 2019, S. 135).

Das folgende Kapitel bietet einen Überblick über Hintergründe, Konzepte und Methoden des interkulturellen Lernens, wobei der Fokus speziell auf das Alter der frühen Kindheit gelegt wird. Kapitel 5.1 (▶ Kap. 5.1) gibt einen Einblick in den Forschungsstand zur Rolle von Vorurteilen im frühen Kindesalter, welcher eine wichtige Basis für das später eingeführte Konzept des Vielfaltslernens darstellt. Kapitel 5.2 (▶ Kap. 5.2) thematisiert aktuelle Ansätze interkulturellen Lernens in Theorie und Praxis. Darauf aufbauend führt Kapitel 5.3 (▶ Kap. 5.3) ein Konzept ein, das interkulturelles Lernen im frühen Kindesalter als Vermittlung von Vielfaltskompetenz konzipiert. Auf dieser Basis werden in Kapitel 5.4 (▶ Kap. 5.4) zahlreiche konkrete Tipps und Methoden vorgestellt, wie Vielfaltskompetenz im Kita-Alltag vermittelt werden kann. Kapitel 5.5 (▶ Kap. 5.5) ist der Frage gewidmet, wie Vielfaltslernen in Kitas gelingt, die von keinen oder kaum Kindern mit Migrationshintergrund besucht werden, und Kapitel 5.6 (▶ Kap. 5.6) schließt das Kapitel wie üblich mit einer Checkliste zur Überprüfung des eigenen Kenntnisstandes ab.

5.1 Vorurteile in der frühen Kindheit

Obwohl viele Menschen sich als vorurteilsfrei bezeichnen, sind Vorurteile selbstverständlicher Bestandteil menschlichen Denkens. Studien zeigen, dass Kinder bereits im jungen Alter beginnen, Vorurteile auszubilden. Diese Erkenntnis hat große Relevanz für die Konzeption und Umsetzung interkulturellen Lernens in der frühen Kindheit.

Das folgende Kapitel 5.1.1 (▶ Kap. 5.1.1) beleuchtet die Begriffe Stereotyp, Vorurteil und Diskriminierung. Anschließend wird der Forschungsstand zur Entwicklung von Vorurteilen im Kindesalter skizziert (▶ Kap. 5.1.2) und dann die Frage erörtert, welche Konsequenzen sich aus diesen Erkenntnissen für die Arbeit in Kindertagesstätten ergeben (▶ Kap. 5.1.3).

5.1.1 Stereotype – Vorurteile – Diskriminierung

Grundsätzlich werden drei, miteinander verwandte Begriffe unterschieden: Stereotype, Vorurteile und Diskriminierung. Der Begriff Stereotyp bezeichnet »die Merkmale, die den Mitgliedern sozialer Gruppen lediglich aufgrund ihrer Gruppenzugehörigkeit zugeschrieben werden« (Jonas & Schmid Mast, 2007, S. 69). Entsprechend gibt es Stereotype über Männer, Frauen, Menschen mit Migrationshintergrund, bestimmte Migrationsgruppen, Punks, Angehörige von Blasorchestern und viele mehr. Der Begriff des Vorurteils ist im Unterschied zum neutralen Begriff des Stereotyps mit einer Wertung verbunden:

> »In der Sozialpsychologie wird mit dem Begriff Vorurteil allerdings ein weiterer Aspekt von Kategorien benannt, nämlich die Tatsache, dass Kategorien und deren Repräsentanten in der Regel eine positive oder negative Bewertung tragen. Ein Vorurteil liegt dann vor, wenn diese Bewertung auf ein Mitglied einer Kategorie übertragen wird, ohne weiteres Ansehen der Person« (Klauer, 2020, S. 24).

5.1 Vorurteile in der frühen Kindheit

Diskriminierung wiederum bezeichnet ein Verhalten, das auf Stereotypen oder Vorurteilen basiert und die Individualität der einzelnen Person unberücksichtigt lässt (Jonas & Schmid Mast, 2007, S. 69; vgl. Klauer, 2020, S. 23 f.). Zusammenfassend lassen sich die drei Begriffe folgendermaßen definieren:

»Insofern beziehen sich Stereotype auf die *Kognitionen* gegenüber einer Gruppe, während Vorurteile den *affektiven Aspekt* beschreiben. Mit Diskriminierung bezeichnet man die Verhaltenskonsequenzen, die auf Stereotypen und Vorurteilen beruhen« (Jonas & Schmid Mast, 2007, S. 69, Hervorhebung im Original).

Stereotype und Vorurteile erfüllen verschiedene Funktionen. Sie helfen Menschen, Ordnung und Übersichtlichkeit in komplexe soziale Umwelten zu bringen und erlauben es, Aussagen und Verhalten von Menschen zu beurteilen, auch wenn nur wenige Informationen über sie bekannt sind (Jonas & Schmid Mast, 2007, S. 69 f.; Klauer, 2020, S. 23 f.). Gemäß der Theorie der sozialen Identität nach Henri Tajfel und John C. Turner (1979) dienen Vorurteile und Stereotype (durch Abwertung anderer Gruppen) zudem der Stärkung der eigenen sozialen Identität (Jonas & Schmid Mast, 2007, S. 69 f., 72 f.; für eine ausführlichere Darstellung vgl. Klauer, 2020).

Trotz der Natürlichkeit ihrer Existenz und den Funktionen, die sie für Menschen erfüllen, haben Stereotype, Vorurteile und insbesondere die aus ihnen entstehende Diskriminierung jedoch höchst problematische Konsequenzen für diejenigen Personen, auf die sie sich richten. Ziel interkulturellen Lernens muss es folglich (auch) sein, Vorurteilen entgegenzuwirken und sicherzustellen, dass bestehende Stereotype nicht in diskriminierenden Handlungen resultieren. Um sich der Frage weiter anzunähern, wie dies mit Bezug auf junge Kinder gelingen kann, wird der Blick im Folgenden auf die Entstehung und Entwicklung von Vorurteilen im frühen Kindesalter gerichtet.

5.1.2 Vorurteilsentwicklung im frühen Kindesalter

Tobias Raabe und Andreas Beelmann (2011) untersuchen im Rahmen einer Meta-Analyse 113 Studien zur Entwicklung von ethnischen, rassischen oder nationalen Vorurteilen von Kindern und Jugendlichen. In den Fokus nehmen sie dabei den Vergleich der frühen (2–4 Jahre), der mittleren (5–7 Jahre) und späten Kindheit (8–10 Jahre). Die Analyse zeigt, dass Vorurteile zwischen der frühen und der mittleren Kindheit stark ansteigen. Erklärt wird dieser Anstieg mit der kognitiven Entwicklung der Kinder und der damit verbundenen Ausbildung der Fähigkeit, entsprechende Differenzierungen überhaupt vorzunehmen (Beelmann & Neudecker, 2020, S. 114 f.). Unter der Voraussetzung, dass Kinder Kontakt zu anderen sozialen Gruppen haben, kommt es zwischen der mittleren und späten Kindheit anschließend zu einem leichten Rückgang der Vorurteile. Allerdings gilt dieser Verlauf nur für Kinder, die sozialen Gruppen mit höherem gesellschaftlichen Status angehören in Bezug auf Vorurteile gegenüber Angehörigen von Gruppen mit geringerem Status (Raabe & Beelmann, 2011, S. 1724 f.).

Bei Kindern aus Gruppen mit geringem gesellschaftlichem Status zeigt sich kein Anstieg der Vorurteile zwischen der frühen und der mittleren Kindheit. Ein signifikanter Anstieg ist allerdings im Vergleich der mittleren und späten Kindheit feststellbar (Raabe & Beelmann, 2011, S. 1726 f.). Vorurteilsforscher:innen gehen davon aus, dass diese Kinder anfangs eine sehr positive Einstellung gegenüber der anderen (gesellschaftlich angeseheneren) Gruppe haben und daher keine Vorurteile ausbilden. Der Anstieg der Vorurteile ab der mittleren Kindheit wird auf Diskriminierungserfahrungen bei Schuleintritt (vgl. Raabe & Beelmann, 2011, S. 1730; Verkuyten, 2002) oder auf Konsequenzen von Metastereotypen in Kombination mit höheren soziokognitiven Fähigkeiten der Kinder zurückgeführt (Beelmann & Neudecker, 2020, S. 117; McKown & Weinstein, 2003; vgl. Raabe & Beelmann, 2011, S. 1730).

Wie diese unterschiedlichen Verläufe bereits andeuten, wird die Ausbildung von Vorurteilen neben entwicklungsbedingten Faktoren auch durch die soziale Umwelt beeinflusst. Kinder übernehmen Vorurteile von Eltern, Kita-Fachkräften, Lehrer:innen, Freund:innen oder aus den Medien (Degner & Dalege, 2013; Jugert et al., 2016). Die Stärke der Übernahme hängt dabei von der Intensität der Identifikation mit den jeweiligen Personen und dem Ausmaß positiver Rückmeldungen ab, die sie bezüglich ihrer Vorurteile erfahren (Allport, 1954; vgl. Beelmann & Neudecker, 2020, S. 113 f.).

Sehr deutlich kristallisiert sich in der Metaanalyse von Raabe und Beelmann (2011) zudem ein weiterer Einflussfaktor heraus: der Kontakt zu anderen sozialen Gruppen. Der Anstieg der Vorurteile zwischen früher und mittlerer Kindheit ist signifikant höher, wenn Kinder keine Kontakte zu der betroffenen Gruppe haben. Auch die Abnahme der Vorurteile ab der mittleren Kindheit zeigt sich bei fehlenden Kontaktmöglichkeiten nicht (Raabe & Beelmann, 2011, S. 1727 f.).

Diese Ergebnisse entsprechen den Annahmen der so genannten »Kontakthypothese« von Gordon Allport (1954; vgl. Stürmer & Kauff, 2020). Er erklärt:

> »Vorurteile können (wenn sie nicht tief in der Persönlichkeit des Einzelnen verwurzelt sind) durch gleichberechtigten Kontakt zwischen Majorität und Minorität beim Verfolgen gemeinsamer Ziele verringert werden. Die Wirksamkeit ist sehr viel größer, wenn der Kontakt durch institutionelle Unterstützung sanktioniert wird (z. B. durch Gesetz, Sitten und die örtliche Atmosphäre) und so beschaffen ist, dass er zur Entdeckung gemeinsamer Interessen und der gemeinsamen Menschlichkeit beider Gruppen führt« (Allport, 1954, S. 281; Übersetzung nach Stürmer & Kauff, 2020, S. 327).

5.1.3 Konsequenzen für die Frühe Bildung

Dieser kurze Einblick in die Vorurteilsforschung zeigt, dass die Arbeit mit jungen Kindern große Chancen bietet, die Ausbildung von und den Umgang mit Vorurteilen positiv zu beeinflussen. Über besondere Potenziale verfügen dabei Einrichtungen mit heterogenen Kindergruppen: »Aus entwicklungspsychologischer Sicht liegt in dem

Aufwachsen in einer heterogenen Gruppe eine große Chance, was die Vorurteilsentwicklung und Bewertung von Personengruppen angelangt [...]« (Ali-Tani, 2017, S. 4). Aber auch die Arbeit mit homogeneren Gruppen birgt viele Möglichkeiten (▶ Kap. 5.5).
Der Abbau von Vorurteilen (bzw. die Verminderung ihrer Entstehung) durch den Kontakt von bestimmten Personengruppen wird gemäß der Kontakthypothese Allports (1954) und einer Erweiterung durch Thomas Pettigrew (1998) durch fünf Faktoren gestützt:

1. Die Personen verfolgen gemeinsame Ziele.
2. Die Personen kooperieren miteinander, um diese Ziele zu erreichen.
3. Es bestehen keine Statusunterschiede zwischen den Personen.
4. Autoritäten und Institutionen etablieren Normen und Regeln, die einen egalitären Umgang fördern.
5. Es besteht das Potenzial, dass Freundschaftsbeziehungen untereinander aufgebaut werden (Stürmer & Kauff, 2020, S. 328 ff.).

Überträgt man diese fünf Faktoren auf die Situation einer heterogen zusammengesetzten Kita, lassen sich viele Potenziale erkennen: Die ersten beiden Faktoren (gemeinsame Ziele und Kooperation) werden in der Kita ganz selbstverständlich durch das gemeinsame Spiel der Kinder realisiert. In Bezug auf den dritten und vierten Aspekt (gleicher Status und durch Autoritäten etablierte Normen) bedarf es des Einsatzes und des Vorbilds der pädagogischen Fachkräfte. Auch der fünfte Faktor (Freundschaftspotenzial) ist in der Kita optimal gegeben und kann durch die pädagogischen Fachkräfte noch unterstützt werden.

Glenda Mac Naughton, eine bekannte australische Forscherin auf dem Gebiet der Vorurteilsentwicklung im Kindesalter, betont, dass diese optimalen Ausgangsbedingungen jedoch nur genutzt werden können, wenn sie mit einer entsprechenden Pädagogik verbunden werden:

»[M]ere exposure to diversity may be insufficient to modify the racial biases of children 3 to 5 and, in some instances, may even increase them. [...] However, a

5.1 Vorurteile in der frühen Kindheit

combination of exposure to diversity and appropriate curriculum and teaching aids did accomplish a positive shift in attitudes« (Mac Naughton 2006: S. 5).

Liegt eine solche (interkulturelle) Pädagogik nicht vor, bleibt sie oberflächlich oder handelt es sich nur um einzelne kurze pädagogische Angebote, kann es Mac Naughton zufolge sogar zu einer Verstärkung von Vorurteilen statt zu ihrer Verminderung kommen (vgl. Ali-Tani, 2017, S. 4; Mac Naughton, 2006, S. 49).

Andreas Beelmann und Clara Neudecker nennen die folgenden acht Anregungen, durch die Pädagog:innen die Vorurteilsentwicklung von Kindern positiv beeinflussen können:

1. »Explizite negative Zuschreibungen vermeiden«
2. »Überflüssige soziale Kategorisierungen vermeiden«
3. »Positive Einstellungen kommunizieren«
4. »Unerwünschtheit von Vorurteilen kommunizieren«
5. »Gleichheitswerte vermitteln«
6. »Verzerrtes Bedrohungsempfinden abbauen – etwa indem Kinder angemessen über gesellschaftliche Konflikte informiert werden«
7. »Selbstwert von Kindern und Jugendlichen stärken«
8. »Kontaktmöglichkeiten schaffen« (Beelmann & Neudecker, 2020, S. 119 f.).

Zusammenfassend lässt sich folglich festhalten, dass die Kita große Chancen birgt, um der Ausbildung von Vorurteilen bereits in jungen Jahren entgegenzuwirken. Voraussetzung ist jedoch ein gut durchdachtes pädagogisches Konzept und eine entsprechende Kompetenz der pädagogischen Fachkräfte.

5.2 Aktuelle Ansätze interkulturellen Lernens in Praxis und Theorie

Die Bedeutung interkulturellen Lernens wird in der heutigen Gesellschaft kaum noch in Zweifel gezogen (vgl. Einleitung ▸ Kap. 5). In Bezug auf die konkrete Konzeption und insbesondere die methodische Umsetzung interkulturellen Lernens offenbart ein Blick in die Praxis sowie die vorliegende Literatur jedoch zahlreiche offene Fragen. Kapitel 5.2.1 (▸ Kap. 5.2.1) skizziert daher in einem ersten Schritt die aktuell gängige Praxis interkulturellen Lernens in deutschen Kindertageseinrichtungen. Kapitel 5.2.2 (▸ Kap. 5.2.2) analysiert diese weiter und differenziert dabei zwischen landeskundlichem und interkulturellem Lernen. Kapitel 5.2.3 (▸ Kap. 5.2.3) wendet den Blick von der Praxis in die Theorie und stellt einige gängige Konzepte interkulturellen Lernens vor.

5.2.1 Interkulturelle Arbeit in der aktuellen Kita-Praxis

Auf Basis von Interviews mit Kita-Fachkräften aus drei großstädtischen Einrichtungen mit einem Mindestanteil von 50 Prozent Kindern mit Migrationshintergrund im Rahmen einer qualitativen Forschung (Morgan, 2016) sowie umfassenden Erfahrungen der Autorin in der Weiterbildung von Kita-Personal, lassen sich im Abgleich mit der vorliegenden Literatur bestimmte Schwerpunkte identifizieren, wie interkulturelles Lernen in der Kita-Praxis aktuell umgesetzt wird.

Besonderer Beliebtheit erfreuen sich dabei interkulturelle Projekte, teilweise eingebettet in ein entsprechendes Jahresthema:

»Während dieser Projekte wurden verschiedene Länder oder auch konkret die Herkunftsländer der Familien in der Einrichtung behandelt. Die Kinder durften von Eltern mitgebrachte landestypische Gerichte probieren oder auch selbst zubereiten. Sie lernten traditionelle Kleidung, Musik, Feste oder Rituale der verschiedenen Länder und Regionen kennen. Häufig forderten die

5.2 Aktuelle Ansätze interkulturellen Lernens in Praxis und Theorie

Erzieherinnen sie auch auf, die jeweilige Landesfahne auszumalen, oder halfen ihnen, das Land auf einer Weltkarte zu lokalisieren« (Morgan, 2016, S. 289).

Ein ebensolches Projektbeispiel findet sich unter der Überschrift »Anregungen für die Praxis« auch im Kapitel »Kinder mit verschiedenem kulturellem Hintergrund – Interkulturelle Erziehung« des bayerischen Bildungs- und Erziehungsplans. Empfohlen werden auch hier die Lokalisation von Ländern auf dem Globus, das Kosten landestypischer Gerichte, die Betrachtung nationaler Symbole und Gegenstände, das Kennenlernen von Sitten und Gebräuchen, das Feiern von traditionellen Festen, die Berührung mit anderen Schreibweisen und Sprachen kennen lernen oder der Besuch einer Moschee (Bayerisches Staatsministerium für Familie, Arbeit und Soziales & Staatsinstitut für Frühpädagogik München, 2019, S. 136 ff.). Auch das Lied »Gott hat alle Kinder lieb«, auf das in Kapitel 5.4.3 (▶ Kap. 5.4.3) näher eingegangen wird, findet dort Erwähnung.

Weit verbreitet sind in deutschen Kindertageseinrichtungen darüber hinaus so genannte »interkulturelle Buffets« auf Weihnachtsfeiern und Sommerfesten, zu denen die Eltern gebeten werden, ein Gericht aus ihrem Herkunftsland beizusteuern. In einigen Einrichtungen zieren Plakate mit Willkommensgrüßen auf mehreren Sprachen den Eingangsbereich oder die nationalen Herkünfte[30] der Kinder (und zum Teil Mitarbeiter:innen) werden auf einer aufgehängten Weltkarte gekennzeichnet. Auch auf die Verwendung von Schweinefleisch wird in den großstädtischen Einrichtungen mit einem hohen Anteil an Kindern mit Migrationshintergrund aus Rücksicht auf muslimische Familien meist verzichtet.

---

30 Bzgl. der Problematik, die mit der weit verbreiteten Gewohnheit verbunden ist, Kinder, deren Eltern beispielsweise aus Brasilien stammen, als »brasilianische Kinder« oder »aus Brasilien kommend« zu bezeichnen vgl. Kapitel 5.4.4.

5.2.2 Landeskundliches vs. interkulturelles Lernen

Werden die oben genannten Praktiken der interkulturellen Arbeit in deutschen Kindertageseinrichtungen näher betrachtet, kristallisieren sich drei Tendenzen heraus. Erstens lässt sich ein starker Fokus auf sinnlich wahrnehmbare Aspekte von Kultur (z. B. Essen, Sprache, Kleidung, Symbole) feststellen. Nicht sinnlich wahrnehmbare Aspekte (z. B. Kommunikationsstile, Werte, Variabilität der Bedeutung von Handlungen) finden kaum Beachtung.[31] Zweitens werden häufig Aspekte von Kultur thematisiert, die wenig Bezug zum Alltag der Kinder haben (z. B. Flaggen, traditionelle Kleidung, spezielle Feste). Drittens wird interkulturelle Arbeit nicht immer, aber häufig, als getrennt von oder als Spezialfall der alltäglichen pädagogischen Arbeit umgesetzt (interkulturelle Projektwochen oder einzelne Angebote im Rahmen eines entsprechenden Jahresthemas) (vgl. Morgan, 2016, S. 289 f.).

Einige dieser Praktiken werden im wissenschaftlichen Diskurs seit Längerem stark kritisiert. So wird kritisiert, dass interkulturelles Lernen nicht auf Sprachförderung (Diehm, 2008, S. 209 f.; Edelmann, 2010, S. 204) oder »darauf reduziert werden [... könne], dass Eltern Gerichte aus ihrer Heimat mitbrächten« (X. Roth, 2010, S. 112 ff.). Als sehr problematisch wird zudem die Vermittlung stereotyper oder folkloristischer Bilder anderer Kulturen angesehen: »Umso wichtiger ist es für pädagogische Fachkräfte, eine vorurteilsbewusste Pädagogik zu entwickeln, dabei an den Alltagserfahrungen der Kinder anzusetzen und touristische oder folkloristische Formen der ›Kultur-Vermittlung‹ zu vermeiden« (BEP 2006, 147 f.). Kritik erfährt aber auch die Tatsache, dass kulturelle Vielfalt in der Kita-Praxis oft im Rahmen separater Angebote und Aktionen behandelt wird: »Das heißt, dass Kultur als etwas Eigenes, unabhängig von allem anderen gesehen wird, das Vielfalt und Buntheit in den Alltag bringt. Wie wir aber

---

31 Zur genaueren Differenzierung verschiedener Ebenen von Kultur vgl. Schein und Schein, 2017, S. 17 ff.

5.2 Aktuelle Ansätze interkulturellen Lernens in Praxis und Theorie

bisher gesehen haben, ist Kultur Alltag und Alltag ist gelebte Kultur« (Keller 2011, 140). Durch die explizite Thematisierung kultureller Unterschiede besteht darüber hinaus die Gefahr, dass Grenzen zwischen Herkunftsgruppen gezogen werden, die zuvor gar nicht relevant waren und so erst Gefühle der Ausgrenzung oder Nichtzugehörigkeit hervorrufen.

In den Worten von Herrmann et al. lässt sich folglich zusammenfassend festhalten,

> »dass Vielfalt ein Faktum ist, dem weder mit ›touristisch‹ inszenierten Einzelaktionen noch mit ›farbenblinden‹ »Ich behandle alle Kinder in der Gruppe gleich und mache keine Unterschiede« [...] zu begegnen ist. Nicht zuletzt weil Heterogenitätsdimensionen zugleich als (Un-)Gleichheitskategorien wirken können, da sie oftmals Hürden für den Zugang zu Bildungsteilhabe darstellen [...], braucht es einen professionellen Umgang mit Vielfalt« (Herrmann et al., 2017, S. 28 f.).

Die in Kapitel 5.2.1 (▶ Kap. 5.2.1) dargestellten Ansätze und Methoden sind jedoch nicht grundsätzlich falsch. Ein Einblick in die unterschiedlichen Lebensweisen von Menschen in den verschiedenen Ländern der Welt stellt – auch wenn er sich auf Nahrung, Wohnung und Kleidung beschränkt – eine wichtige Horizonterweiterung für junge Kinder dar. Wichtig ist aber, dass die damit verbundenen Gefahren (insbesondere der Stereotypisierung und Grenzziehung) vermieden werden und dass im Blick behalten wird, welche Ziele mit solchen Angeboten erreicht werden können – und welche nicht. Um dies genauer zu verdeutlichen, werden im Folgenden zwei verschiedene Arten der Thematisierung von kultureller Vielfalt in der Kita unterschieden. Die in Kapitel 5.2.1 (▶ Kap. 5.2.1) beschriebenen Vorgehensweisen lassen sich zu großen Teilen dem »landeskundliches Lernen« zuordnen. Ihm gegenübergestellt wird das »interkulturelle Lernen im eigentlichen Sinn« (vgl. Morgan, 2019b, S. 5 f.). Beide Ansätze unterscheiden sich in ihren Foki, ihren Inhalten der Art der Umsetzung sowie den erreichbaren Zielen und sind folglich weder deckungsgleich, noch kann der eine Ansatz den anderen ersetzen.

5 Arbeit mit Kindern in einer kulturell diversen Gesellschaft

Tab. 5.1: Landeskundliches vs. interkulturelles Lernen

	Landeskundliches Lernen	Interkulturelles Lernen im eigentlichen Sinn
Fokus	Kulturelle Vielfalt auf der Welt	Kulturelle Vielfalt im Alltag der Kinder
Verortung im Kita-Alltag	Gesonderte Projekte	alltagsintegriert
Beachtete Ebenen von Kultur	Primär sichtbare Aspekte von Kultur	Sichtbare und unsichtbare Aspekte von Kultur
Art der Vermittlung	Explizite Thematisierung	Überwiegend implizite Thematisierung
Ziel	Einblick in die Unterschiedlichkeit der Menschen auf der Welt vermitteln, Bewusstsein für und Wertschätzung von Vielfalt auf der Welt	Vermittlung eines offenen und angemessenen Umgangs miteinander im Alltag einer vielfältigen Gesellschaft (und Kita)

Fokus: Der Fokus liegt beim landeskundlichen Lernen primär auf der Thematisierung der kulturellen Vielfalt auf der Welt, während im interkulturellen Lernen die kulturelle Vielfalt im Fokus steht, die den Kindern im Alltag begegnet.

Verortung im Kita-Alltag: Während der landeskundliche Ansatz die Aktivitäten in Form spezieller Projekte oder Angebote umsetzt, findet interkulturelles Lernen alltagintegriert in sonstige Abläufe, Aktivitäten und Begegnungen im Kita-Alltag statt.

Beachtete Ebenen von Kultur: Der landeskundliche Ansatz nimmt primär auf sichtbare Aspekte von Kultur wie Kleidung, Begrüßungsrituale, Essen etc. Bezug. Der Anspruch des interkulturellen Lernens dagegen ist es, sichtbare und unsichtbare Ebenen von Kultur zu beachten.

Art der Vermittlung: Während der landeskundliche Ansatz kulturelle Themen primär explizit vermittelt, indem direkt und offen angekündigt mit den Kindern über kulturelle Unterschiede gesprochen wird, legt der interkulturelle Ansatz den Schwerpunkt auf implizite Vermittlung, ohne jedoch explizite Thematisierungen grundsätzlich auszuschließen.

Ziel: Der landeskundliche Ansatz vermittelt einen Einblick in die Unterschiedlichkeit der Menschen auf der Welt, wie es auch im späteren Geographieunterricht geschieht. Er kann den Kindern ein Bewusstsein für und die Wertschätzung von Vielfalt auf der Welt vermitteln. Er sollte jedoch nicht genutzt werden, um die Vielfalt der Kinder in der Einrichtung zu thematisieren. Auch wenn die Erfahrungen der Kinder und ihrer Familien (z. B. Besuch der Großeltern in anderen Ländern oder Urlaubsreisen) gerne einbezogen werden können, darf der kulturelle Hintergrund der in Deutschland aufwachsenden Kinder mit Migrationshintergrund nicht mit der Kultur in anderen Ländern gleichgesetzt werden. Denn wie in Kapitel 2.3.1 (▸ Kap. 2.3.1) dargelegt, ist Kultur ständig im Wandel und speziell im Falle einer Migration kann eine große Veränderungsdynamik innerhalb der migrierten Familien ausgelöst werden. Hinzu kommt, dass in Bezug auf die Kindergruppe statt der Unterschiede vielmehr die Gemeinsamkeit (in der Vielfalt) im Vordergrund stehen sollte, um unnötige Grenzziehungen zwischen den Kindern mit und ohne Migrationshintergrund zu vermeiden. Das interkulturelle Lernen im eigentlichen Sinn hat dagegen zum Ziel, einen offenen und angemessenen Umgang miteinander in einer vielfältigen Gesellschaft zu vermitteln.

Nach einem kurzen Einblick in andere theoretische Ansätze zum interkulturellen Lernen von Kindern werden Kapitel 5.3 (▸ Kap. 5.3) und 5.4 (▸ Kap. 5.4) die hier aufgestellten Gedanken zum interkulturellen Lernen im eigentlichen Sinn weiterführen und konkrete Vorschläge zu Konzeption und Umsetzung interkulturellen Lernens in der Kita machen.

5.2.3 Theoretische Ansätze interkulturellen Lernens

In den vergangenen Jahrzehnten wurden verschiedene, mehr und weniger umfangreiche Ansätze interkulturellen Lernens vorgestellt.

Drei dieser Ansätze, die besonders einflussreich waren und Relevanz für die Frühpädagogik haben, werden im Folgenden vorgestellt. Dies sind die Pädagogik der Vielfalt nach Annedore Prengel, die Anti-Bias Education von Louise Derman-Sparks sowie die kultursensitive Frühpädagogik nach Heidi Keller und Jörn Borke. Einige Ideen dieser drei Ansätze haben auch die ab Kapitel 5.3 (▶ Kap. 5.3) folgenden Ausführungen inspiriert und werden an entsprechender Stelle wieder aufgegriffen.

1 Pädagogik der Vielfalt

Die Pädagogik der Vielfalt geht zurück auf die deutsche Erziehungswissenschaftlerin Annedore Prengel und ihre 1993 erstmals erschienene Publikation »Pädagogik der Vielfalt. Verschiedenheit und Gleichberechtigung in Interkultureller, Feministischer und Integrativer Pädagogik« (2006). In ihrem Buch analysiert sie die pädagogischen Ansätze im Rahmen der feministischen Pädagogik, der Pädagogik mit Kindern mit Migrationshintergrund sowie Kindern mit Behinderung. Aus der Erkenntnis, dass sich dabei zahlreiche Überschneidungen zwischen den Ansätzen finden, entwickelt sie die benannte »Pädagogik der Vielfalt«.

Das Ziel des Ansatzes besteht in der Herstellung eines »gleichberechtigten Zugang[s] zu den materiellen und personellen Ressourcen der Schule« und damit in der Entfaltung der »je besonderen, vielfältigen Lern- und Lebensmöglichkeiten« aller Kinder (Prengel, 2006, S. 185).

Im Zentrum der Pädagogik der Vielfalt steht die Forderung nach einer »egalitären Differenz« (Prengel, 2006, S. 184), sprich einer Gleichzeitigkeit von Gleichheit und Differenz.

> »Differenz ohne Gleichheit bedeutet gesellschaftlich Hierarchie, kulturell Entwertung, ökonomisch Ausbeutung. Gleichheit ohne Differenz bedeutet Assimilation, Anpassung, Gleichschaltung, Ausgrenzung von ›Anderen‹« (Prengel, 2006, S. 184).

Der Begriff der Differenz beschränkt sich dabei nicht auf kulturelle Unterschiede, sondern bezieht sich auf Unterschiede zwischen

5.2 Aktuelle Ansätze interkulturellen Lernens in Praxis und Theorie

benachteiligten und dominanten gesellschaftlichen Gruppen (u. a. aber nicht ausschließlich auf Basis von Kultur, Gender oder Behinderung/ Nicht-Behinderung) ebenso wie zwischen deren Untergruppen oder auch die Verschiedenheit von Einzelpersonen (Prengel, 2006, S. 182).

Prengel formuliert darüber hinaus 17 Thesen, in denen sie konkretisiert, wie pädagogischer Alltag gestaltet werden muss, um das Ziel der Gleichberechtigung zu erreichen. Darunter fällt unter anderem die Forderung nach »Selbstachtung und Anerkennung der Anderen«, die Vermeidung von Definitionen (z. B. Türkin, Verhaltensgestörter, Junge, Mädchen...) oder die »Aufmerksamkeit für die individuelle und kollektive Geschichte« (Prengel, 2006, S. 185 ff.).

2 Anti-Bias-Education

Begründerin der Anti-Bias-Education ist die amerikanische Frühpädagogin Louise Derman-Sparks (Derman-Sparks, 1989, 2017; Derman-Sparks & Edwards, 2010). Im deutschsprachigen Raum ist der Ansatz durch die Arbeiten der Pädagogin Petra Wagner jedoch auch unter der Bezeichnung »vorurteilsbewusste Bildung und Erziehung« bekannt geworden.

Wie die Pädagogik der Vielfalt fokussiert sich auch dieser Ansatz nicht nur auf eine Diversitäts-Dimension. Derman-Sparks fordert vielmehr, dass pädagogische Arbeit »alle Aspekte sozialer Vielfalt berücksichtigen [müsse], mit denen sich Kinder auf dem Weg zur Entwicklung ihrer sozialen Identitäten und Haltungen gegenüber anderen beschäftigen« (Derman-Sparks, 2017, S. 281). Neben kultureller Vielfalt schließt die Anti-Bias-Education folglich auch Diversität auf Basis von Sprache, sozio-ökonomischen Verhältnissen, Gender, »racial identity«, Familienstrukturen, Fähigkeiten und Traditionen mit ein.

Einen besonderen Fokus legt der Ansatz auf das Erkennen und Bekämpfen von diskriminierenden Handlungen. In diesem Sinne werden mit der Anti-Bias-Education vier zentrale Ziele verfolgt:

1. Jedes Kind zeigt Selbstbewusstsein sowie Stolz auf seine Familie und verfügt über positive soziale Identitäten.
2. Jedes Kind drückt Wohlbehagen und Freude im Umgang mit menschlicher Diversität aus, kann menschliche Differenz sprachlich korrekt benennen und unterhält fürsorgliche und tiefe Beziehungen zu anderen.
3. Jedes Kind ist zunehmend in der Lage, Ungerechtigkeit zu erkennen, sie sprachlich zu benennen und zu verstehen, dass Ungerechtigkeit verletzt.
4. Jedes Kind demonstriert Empowerment und die Fähigkeit, sich alleine oder zusammen mit anderen gegen Vorurteile und diskriminierende Handlungen zu wehren (Derman-Sparks & Edwards, 2010, S. 4 f.).

3 Kultursensitive Frühpädagogik

Ein ebenfalls sehr prominenter Ansatz, der sich speziell auf die frühe Bildung fokussiert, ist die kultursensitive Frühpädagogik. Sie geht auf die Entwicklungspsycholog:innen Heidi Keller und Jörn Borke (2021) zurück. Im Unterschied zu den oben genannten Ansätzen fokussiert sich die kultursensitive Frühpädagogik ausschließlich auf kulturelle Unterschiede. Dabei befasst sie sich zwar nicht direkt mit dem interkulturellen Lernen von Kindern, fordert aber, dass die pädagogischen Fachkräfte den Alltag in der Kita »kultursensitiv« gestalten. Im Zentrum des Ansatzes steht die geforderte Trias aus Kenntnis, Haltung und Können der pädagogischen Fachkräfte. »Kenntnis« bezieht sich dabei auf das Wissen über unterschiedliche kulturelle Hintergründe und damit verbundene Entwicklungsverläufe. »Haltung« verweist auf eine Haltung der Pädagog:innen, die u. a. von Empathie, Selbstreflexivität und Wertschätzung für Diversität geprägt ist. »Können« meint die Notwendigkeit,

> »dass pädagogische Fachkräfte unterschiedliche Strategien des Umgangs mit Kindern und deren Familien zur Verfügung haben und dieses Repertoire nutzen können, um sensibel und situationsangemessen auf die jeweiligen kulturellen Hintergründe eingehen zu können« (Borke & Keller, 2021, S. 110).

5.3 Interkulturelles Lernen als Vermittlung von Vielfaltskompetenz

Die Einordnung kultureller Unterschiede in der kultursensitiven Frühpädagogik basiert auf der Unterscheidung zweier kultureller Prototypen: dem Prototyp der psychologischen Autonomie und dem Typ der hierarchischen Verbundenheit (Borke & Keller, 2021, S. 20 ff.; ▶ Kap. 3.4.2). Dabei werden auch konkrete Situationen der frühpädagogischen Praxis thematisiert und Hinweise gegeben, wie diese von den pädagogischen Fachkräften kultursensitiv gestaltet werden können.

Durch den Fokus auf Erwachsene hat der Ansatz nur bedingte Relevanz für die folgenden Ausführungen zur Förderung von interkulturellem Lernen junger Kinder. Besonders wichtig ist jedoch die Aussage des Ansatzes, dem zufolge das Wissen, die Haltung und das Können der pädagogischen Fachkräfte die unabdingbare Grundlage für die Gestaltung eines kultursensitiven Alltags in der Kita darstellt. Zudem macht der Ansatz deutlich, dass kulturelle Einflüsse in der Kita allgegenwärtig sind und eine dringende Notwendigkeit besteht, sie ernst zu nehmen und auf sie einzugehen.

5.3 Interkulturelles Lernen als Vermittlung von Vielfaltskompetenz

Aufbauend auf die Ausführungen zur interkulturellen Kompetenz pädagogischer Fachkräfte (▶ Kap. 2.2), den Erkenntnissen zur Entwicklung von Vorurteilen in der frühen Kindheit (▶ Kap. 5.1), aktuellen Ansätzen interkultureller Arbeit in Praxis und Theorie sowie den dabei aufgeworfenen Desideraten und Kritikpunkten (▶ Kap. 5.2) wird im Folgenden ein Konzept interkulturellen Lernens vorgestellt, das speziell auf die Zielgruppe junger Kinder in der deutschen Gesellschaft zugeschnitten ist. Interkulturelles Lernen wird dabei konzipiert als Vermittlung von Vielfaltskompetenz.

5 Arbeit mit Kindern in einer kulturell diversen Gesellschaft

Wie in Kapitel 2.2 (▶ Kap. 2.2) bereits erwähnt, sollte interkulturelle Kompetenz nicht nur handlungsfeld-, sondern auch zielgruppen- und kontextspezifisch (internationale Bezüge oder multikulturelle Gesellschaft) definiert werden. Nur so kann auf die sehr unterschiedlichen Bedarfe verschiedener Zielgruppen eingegangen und gleichzeitig der Kritik an Ansätzen interkulturellen Lernens begegnet werden (Morgan, 2020a, S. 344). Die folgenden Ausführungen beziehen sich ausdrücklich auf das Lernen von jungen Kindern im Alter von null bis etwa sechs Jahren.

Das Konzept der Vielfaltskompetenz beruht auf vier grundlegenden Aussagen:

1. Interkulturelles Lernen in der frühen Kindheit sollte als Vielfaltskompetenz konzipiert werden. (Fokus)
2. Ziel interkulturellen Lernens in der frühen Kindheit ist die Wahrnehmung von Vielfalt als Normalität. (Ziel)
3. Vermittlung von Vielfaltskompetenz ist alltagsintegriert, sie findet kontinuierlich statt und setzt an der Lebensrealität der Kinder an. (Methodik)
4. Unumgängliche Voraussetzung interkulturellen Lernens in der frühen Kindheit ist die interkulturelle Kompetenz der pädagogischen Fachkräfte. (Voraussetzung)

Diese vier Aussagen werden im Folgenden näher erläutert.

1 Interkulturelles Lernen in der frühen Kindheit sollte als Vielfaltskompetenz konzipiert werden. (Fokus)

Wie bereits von Prengel und Derman-Sparks angeregt, wird auch hier die Ansicht vertreten, dass bei der Vermittlung von Vielfaltskompetenz an junge Kinder verschiedene Diversitätsdimensionen gemeinsam in den Blick genommen werden sollten. Neben Kultur/Migration sind dies insbesondere auch Gender, Ability, Religion, Armut/Reichtum, Sprache, Aussehen, Religion und Alter (Morgan, 2020a, S. 342). In Bezug auf Kultur beschränkt sie sich nicht auf

5.3 Interkulturelles Lernen als Vermittlung von Vielfaltskompetenz

oberflächliche, sinnlich wahrnehmbare Aspekte von Kultur, sondern bezieht auch die nicht sinnlich wahrnehmbaren Aspekte mit ein (▶ Kap. 5.2.2).

Dieser Fokus auf Vielfalt bietet drei Vorteile: Zum einen wird damit die Gefahr der Kulturalisierung, also der Überbetonung kultureller Aspekte vermieden, die häufig an Konzepten der interkulturellen Kompetenz kritisiert wird (Morgan, 2020a, S. 344). Zweitens ermöglicht die Betrachtung von Vielfalt als umfassendes Konzept, Kategorisierungen Zuschreibungen und Grenzziehungen zu vermeiden (Beelmann & Neudecker, 2020, S. 119; vgl. Prengel, 2006, S. 191). Denn während bei einem reinen Fokus auf Kultur bzw. Migration Kinder mit und ohne Migrationshintergrund gegenübergestellt werden, vermittelt der Fokus auf Vielfalt, dass alle Kinder Unterschiede aufweisen und eine solche Vielfalt ebenso selbstverständlich wie wertvoll ist. Drittens spricht für einen Fokus auf Vielfalt, dass viele Kompetenzen, die in Bezug auf den Umgang mit kultureller Vielfalt wichtig sind, auch anhand anderer Vielfaltsmerkmale gelernt werden können. Ein wichtiger Aspekt von Vielfaltskompetenz besteht beispielsweise in einer veränderten Kommunikations- und insbesondere Fragekompetenz, die nicht von scheinbaren Selbstverständlichkeiten ausgeht, sondern offen fragt, wie Alltag von anderen Kindern und deren Familien gelebt wird. Ob die dabei deutlich werdende Vielfalt auf Religion, Wohlstand (z. B. Art des Urlaubs), Gender (z. B. elterliche Aufgabenverteilung) oder individuellen Entscheidungen basiert, ist dabei zweitrangig.

2   Ziel interkulturellen Lernens in der frühen Kindheit ist die Wahrnehmung von Vielfalt als Normalität. (Ziel)

Die Arbeit mit jungen Kindern bietet die große Chance, dass diese schon in ihren ersten Lebensjahren eine Haltung entwickeln, in der Vielfalt als Normalität empfunden wird, und sie lernen, dementsprechend zu handeln (Morgan, 2020a; vgl. Prengel, 2006; Sulzer, 2017, S. 14 f.). Das hier formulierte Verständnis von Vielfaltslernen grenzt sich daher bewusst von Ansätzen ab, die den »Umgang mit der Befremdung«³² (Nieke, 2008, S. 77 ff.) in den Vordergrund rücken. An seine Stelle rückt vielmehr die Wahrnehmung von Unterschieden als etwas Selbstverständliches und Anerkennenswertes (vgl. Auernheimer, 2016, S. 19; Prengel, 2006, S. 184). Wichtiger Teil der Förderung von Vielfaltskompetenz ist es daher auch, dass neben der wertschätzenden Anerkennung von Unterschieden immer auch die Gemeinsamkeiten der Kinder betont werden (vgl. Nieke, 2008, S. 82 ff.).

Das Ziel der Wahrnehmung von Vielfalt als Normalität durchzieht verschiedene Bereiche: Auf der kognitiven Ebene umfasst sie das Wissen darüber, dass Vielfalt in der deutschen Gesellschaft etwas Selbstverständliches darstellt. Auf der Ebene der Haltung zeigt sich Vielfaltskompetenz insbesondere in Offenheit, Anerkennung und Wertschätzung für Vielfalt. Auf der Verhaltensebene äußert sich Vielfaltskompetenz beispielsweise in einer angepassten Kommunikationskompetenz. Vielfaltskompetente Kinder gehen nicht von vermeintlichen Normalitäten aus, sondern fragen andere offen, wie sie etwas tun, erleben oder präferieren: »Wie sollen wir denn heute spielen? Soll sich der Papa um das Baby kümmern oder lieber die Oma?« oder »Wie feierst du Geburtstag? Wir essen immer zusammen Kuchen und spielen dann Spiele. Machst du das auch so oder feiert ihr anders?«. Auf der Verhaltensebene umfasst Vielfaltslernen aber auch die Fähigkeit der Kinder zu erkennen, wenn Vielfalt nicht als Normalität respektiert wird. Sie lernen, sich zu wehren, wenn sie

---

32 Nieke formuliert in seinem Ansatz zehn Ziele interkultureller Erziehung und Bildung. Der Umgang mit der Befremdung steht dabei an zweiter Stelle. Niekes Ausführungen beziehen sich jedoch auf ältere Kinder. Wenn Kinder Gefühle von Befremdung erleben, sollten diese selbstverständlich auch im Verständnis des hier vorgeschlagenen Vielfaltslernens Beachtung finden. Der Umgang mit Befremdung steht jedoch nicht im Fokus, da Vielfalt idealerweise in so jungem Alter als Selbstverständlichkeit erlebt wird, dass entsprechende Gefühle gar nicht erst entstehen.

selbst oder andere Menschen dadurch Diskriminierung erfahren (vgl. Derman-Sparks, 2017).

3 Vermittlung von Vielfaltskompetenz ist alltagsintegriert, sie findet kontinuierlich statt und setzt an der Lebensrealität der Kinder an. (Methodik)

Vielfaltslernen zieht sich als Schlüsselkompetenz und Querschnittsaufgabe durch sämtliche Alltags- und Bildungsbereiche (Krüger-Potratz, 2005, S. 15). Wie bereits erwähnt, sollte unbedingt vermieden werden, dass interkulturelles Lernen oberflächlich bleibt oder nur punktuell im Rahmen einzelner Projekte »abgehandelt« wird (Mac Naughton, 2006, S. 49). Die Vermittlung von Vielfaltskompetenz sollte vielmehr alltagsintegriert und kontinuierlich stattfinden (vgl. Derman-Sparks, 2017, S. 309 f.; Morgan, 2020a, S. 343; Wemke & Bemsch, 2019, S. 134). Primärer Ansatzpunkt sind nicht ferne und exotische Länder, sondern die Lebenswirklichkeiten der Kinder und die Vielfalt in der eigenen Gesellschaft. Die Alltagsintegration ermöglicht es darüber hinaus, Vielfaltskompetenz wo immer möglich implizit, d. h. ohne spezielle Ankündigung oder Benennung zu fördern. Dies bietet die große Chance der Vermeidung von Grenzziehungen zwischen Kindern mit und ohne Migrationshintergrund (▶ Kap. 5.2.2).

4 Unumgängliche Voraussetzung interkulturellen Lernens in der frühen Kindheit ist die interkulturelle Kompetenz der pädagogischen Fachkräfte. (Voraussetzung)

Wie bereits mehrfach angeklungen, ist die interkulturelle Kompetenzerweiterung der pädagogischen Fachkräfte (▶ Kap. 2.2) unumgängliche Voraussetzung für erfolgreiche Förderung von interkulturellem bzw. Vielfaltslernen. Von besonderer Bedeutung ist es, dass die Fachkräfte auf Basis ihrer interkulturellen Kompetenz:

- kulturelle und andere Vielfalt in den Alltag integrieren und wertschätzen, ohne der Gefahr der Stereotypisierung zu verfallen;

- Schlüsselsituationen im Alltag erkennen und nutzen (Wemke & Bemsch, 2019, S. 135);
- Vorurteile und Diskriminierung erkennen und bei Diskriminierung eingreifen;
- der Entstehung und Verfestigung von Stereotypen durch Verwendung stereotyper Sprache oder Materialien vorbeugen sowie
- den Kindern in Wissen, Haltung und Handeln ein vielfaltskompetentes Vorbild sind.

5.4 Methoden der Vermittlung von Vielfaltskompetenz in der Kita

Aufbauend auf der vorangegangenen Erläuterung von Fokus, Ziel, Methodik und Voraussetzung von Vielfaltslernen in der frühen Kindheit widmet sich das folgende Kapitel seinen konkreten methodischen Umsetzungsmöglichkeiten. Die verschiedenen Tipps und Methoden können in sieben Bereiche eingeteilt werden:

Methoden der Förderung von Vielfaltskompetenz im Kita-Alltag

- Vielfältige Alltagspraxen aufgreifen (▶ Kap. 5.4.1)
- Materialien nutzen, die das vielfältige Aussehen von Menschen widerspiegeln (▶ Kap. 5.4.2)
- Geschichten, Lieder und Beispiele bewusst auswählen (▶ Kap. 5.4.3)
- Die eigene Sprache reflektiert und bewusst einsetzen (▶ Kap. 5.4.4)
- Mehrsprachigkeit wertschätzen (▶ Kap. 5.4.5)
- Sich einsetzen gegen Diskriminierung und Stereotypisierung (▶ Kap. 5.4.6)
- Vorbild sein (▶ Kap. 5.4.7)

5.4 Methoden der Vermittlung von Vielfaltskompetenz in der Kita

5.4.1 Vielfältige Alltagspraxen aufgreifen

Eine Möglichkeit, Vielfaltslernen zu unterstützen, besteht darin, gemeinsam »mit den Kindern vielfältige Alltagspraxen [zu] entdecken« (Kölsch-Bunzen et al., 2015, S. 32 ff.). Gemeinsam mit den Kindern kann besprochen werden, dass in der Kita mit Messer, Gabel und Löffel gegessen wird. Viele Familien in Deutschland essen aber auch mit Stäbchen und wieder andere mit der Hand. In der Kita wird an Tischen gegessen, in manchen Familien dagegen auf dem Boden. So kann beispielsweise ein Tag ausgewählt werden, an dem die Kinder versuchen, mit Stäbchen zu essen oder ein anderer, an dem das Essen auf dem Boden oder mit den Fingern ausprobiert wird. Idealerweise gibt es Kinder, Eltern oder Mitarbeitende in der Einrichtung, die die Kinder hierbei anleiten. Denn auch beim Essen mit den Fingern oder Stäbchen gibt es entsprechende Techniken oder Tabus, die beachtet werden sollten.

Ziel des gemeinsamen Entdeckens von Alltagspraxen ist, dass Kinder lernen, dass es in vielen Lebensbereichen nicht eine allgemeingültige Regel, sondern viele Regeln gibt (vgl. Kölsch-Bunzen et al., 2015, S. 32 ff.). Eine Regel oder Vorgehensweise mag in der Kita oder der eigenen Familie üblich sein. Das bedeutet jedoch nicht, dass nicht viele weitere – gleichwertige – Regeln oder Vorgehensweisen existieren. Anhand von Alltagspraxen kann den Kindern dieses Ziel sehr anschaulich vermittelt werden. Wie das Beispiel der Essgewohnheiten zeigt, bieten Alltagspraxen oft die Möglichkeit, dass Kinder spielerisch Neues erproben, Spaß haben und ganz nebenbei lernen, kulturelle Vielfalt als etwas Gleichwertiges und Selbstverständliches kennen. Spannend ist es auch, zusammen zu reflektieren, dass es trotz der Unterschiede auch viele Gemeinsamkeiten zwischen Menschen mit verschiedenen Essgewohnheiten gibt. Denn auch Menschen, die meist am Tisch sitzend mit Messer und Gabel essen, tun dies nicht immer. Bei einem Picknick, dem Essen von Döner und Eis oder bei einem Fingerfood-Buffet essen auch sie mit den Fingern oder sitzen am Boden.

Nach demselben Prinzip können auch andere Alltagspraxen thematisiert werden, etwa das Feiern von Festen (Geburtstag, Neujahr,

Weihnachten...), Ferien verbringen, Essen zubereiten, Säuglingspflege, Begrüßungsrituale und vieles mehr. Wichtig ist es dabei, Alltagspraxen, die von dem üblichen Vorgehen in der Kita abweichen, nicht als exotisch darzustellen, sondern als etwas, dass zahlreiche Familien in Deutschland (wie auch im Ausland) so handhaben.

Vielfältige Alltagspraxen können auch beiläufig Erwähnung finden, etwa wenn die Erzieherin den Kindern in der Puppenecke berichtet: »Naftalis Mama hat mir erzählt, dass es für sie ganz wichtig ist, seine kleine Schwester jeden Tag zu baden. Manche anderen Eltern baden ihre Babys dagegen nur einmal pro Woche. Dafür kuscheln und spielen sie mit ihnen dann auf andere Weise.« Auch der Rahmen eines offenen Austauschs im Morgenkreis anlässlich eines Geburtstags oder des Ferienbeginns kann genutzt werden, um vielfältige Alltagspraxen zur Sprache zu bringen.

5.4.2 Materialien nutzen, die das vielfältige Aussehen von Menschen widerspiegeln

Eine besonders wichtige und beiläufige Methode, Vielfaltskompetenz im Alltag zu fördern, besteht darin, die Materialien in der Kita bewusst auszuwählen: Welches Aussehen haben die Puppen in der Kita? Wie sehen die Lego- und Playmobilfiguren, die Menschen auf Puzzles und in Bilderbüchern aus? Finden sich auch Menschen mit körperlicher oder geistiger Behinderung? Sieht man auch Frauen mit Kopftuch oder Männer mit Turban? Wichtig ist aber auch hier, dass keine Klischees bedient werden, sondern die Gesellschaft in ihrer Vielfalt dargestellt wird.

Auch die Nahrungsmittel im Kaufladen können auf ihre Vielfalt hin geprüft werden, gerade in diversen Kindergruppen. Eine breite Auswahl, die auch nicht typisch deutsche Lebensmittel umfasst, würde hier nicht nur der gesamten Kindergruppe die Normalität der Vielfalt vor Augen führen, sondern denjenigen Kindern ein Gefühl von Zugehörigkeit vermitteln, die zuhause andere Nahrungsmittel zu sich nehmen. Dasselbe gilt für Ausmalbilder oder Zeichnungen, die die

5.4 Methoden der Vermittlung von Vielfaltskompetenz in der Kita

Fachkräfte zu verschiedenen Anlässen selbst anfertigen. Auch sie sollten das vielfältige Aussehen von Menschen widerspiegeln, denn: »Ein kultursensibler Blick fragt aber auch danach, was nicht gesagt und nicht gezeigt wird. Denn das, was nicht gezeigt wird, wird dadurch von den Kindern als weniger wertvoll und weniger bedeutsam erlebt« (Kölsch-Bunzen et al., 2015, S. 99 f.).

Idee aus der Praxis

Eine Pädagogin erzählt, dass sie sich einmal bewusst zu den Kindern in die Mal-Ecke gesetzt und eine Prinzessin mit brauner Hautfarbe gemalt hatte. Die Kinder waren kurz verdutzt, doch dann ergab sich ein sehr produktives Gespräch über Vielfalt. Am Schluss wollten die Kinder gar nicht mehr aufhören, Prinzessinnen mit unterschiedlichen Haut- und Haarfarben zu malen.

Tipps für die Praxis

Tebalou ist ein Onlineshop mit Spielsachen, Büchern und Bastelmaterialien, die Vielfalt insbesondere (aber nicht ausschließlich) in Bezug auf das äußere Erscheinungsbild widerspiegeln (https://tebalou.shop/)

- Verschiedene Hersteller (u. a. Städtler, Crayola, Giotto, Lyra) bieten Buntstifte-Sets mit Hautfarben an – in 12 verschiedenen Farbtönen
- Das Buch »WeltkinderSpiele« bietet eine Sammlung interkultureller Materialien für den Alltag mit Kindern. Erhältlich für 8.50 € (plus Versandkosten) beim Verband binationaler Familien und Partnerschaften iaf e.V., Thomas-Mann-Str. 30, 53111 Bonn.
- Akros verkauft ein Maxi-Memory »Equality«, bei dem die passenden Kärtchen jeweils einen Mann und eine Frau mit demselben Beruf darstellen. Auch das Aussehen der Personen

spiegelt die Vielfalt einer Migrationsgesellschaft wider. Das Spiel stellt damit eine Alternative zu den immer noch weit verbreiteten stereotypen Berufsabbildungen mit männlichen Polizisten und Wissenschaftlern und weiblichen Floristinnen und Krankenpflegerinnen dar.
- Das Wimmelbuch »Sooo viele Kinder« von Ursula Enders, Ulfert Boehme und Dorothee Wolters bildet unsere Gesellschaft in ihrer Vielfalt ab (vgl. Hambrecht, 2019).

5.4.3 Geschichten, Lieder und Beispiele bewusst auswählen

Im vorigen Abschnitt wurde bereits auf die Repräsentation eines vielfältigen Aussehens von Menschen in den Materialien der Kita hingewiesen. Durch die reflektierte Auswahl von Büchern, Liedern, Geschichten und Beispielen kann darüber hinaus auf inhaltlicher Ebene Vielfalt widergespiegelt werden. Noch wichtiger ist es jedoch, Bücher, Lieder und Beispiele auf ausgrenzende und diskriminierende Aussagen hin zu überprüfen:

> »Betrachtet man Liedtexte, Singspiele, Geschichten, Bücher und Spielsachen unter einem diskriminierungskritischen Blick, so wird manches, was so selbstverständlich bekannt und unhinterfragt überliefert ist auf den Prüfstand kommen« (Kölsch-Bunzen et al., 2015, S. 99 f.).

Bücher und Geschichten können den Kindern Erfahrungen nahebringen von Kindern, die ihr zuhause verlassen mussten, um nach Deutschland zu ziehen. Sie können Wertschätzung vermitteln für Mehrsprachigkeit und Vorbild sein für einen Umgang mit Vielfalt, der diese als Normalität betrachtet und wertschätzt. Allerdings können Bücher auch das Gegenteil bewirken, etwa wenn in beinahe jedem Buch die Hauptrolle von einem hellhäutigen deutschstämmigen Kind aus einer klassischen Zweieltern-Mittelschicht-Familie eingenommen wird, wenn Genderstereotypen verfestigt werden oder gar diskriminierende Äußerungen enthalten sind.

5.4 Methoden der Vermittlung von Vielfaltskompetenz in der Kita

Tipps für die Praxis

Das »Kinderbuchprojekt« (ein studentisches Projekt an der LMU München unter Leitung der Autorin) analysiert verschiedene Kinderbücher im Hinblick auf Vielfaltsthemen: https://www.ikk.uni-muenchen.de/download/kinderbuchprojekt2019.pdf

- »Mit Vergnügen – 11 Kinderbücher voller Diversität und Vielfalt« stellt 11 Kinderbücher vor, die Diversität widerspiegeln: https://mitvergnuegen.com/2020/diverse-kinderbuecher-vielfalt-toleranz/
- Eine weitere Liste mit diversitätsbewussten Kinderbüchern von »This is Jane Wayne« findet sich unter: https://www.thisisjanewayne.com/news/2020/06/04/30-kinderbuecher-fuer-mehr-diversitaet-und-vielfalt/
- Kimi – Das Siegel für Vielfalt zeichnet regelmäßig Bücher aus, die die Vielfalt unserer Gesellschaft reflektieren: https://kimi-siegel.de/
- Ein wunderbares Kinderbuch zum Thema Gendergerechtigkeit ist das Buch »Sigurd und die starken Frauen – eine Wikingergeschichte« von Jutta Nymphius
- Ein Buch, in dem die Hauptrolle bewusst einem Kind mit Migrationshintergrund und dunkler Hautfarbe übertragen wurde, ist »Nelly und die Berlinchen« von Karin Beese & Mathilde Rousseau

Ähnlich wie die bewusste Auswahl von Büchern kann auch das bewusste Auswählen von Liedern die Ausbildung von Vielfaltskompetenz fördern. Neben der Auswahl positiver Texte gilt es aber auch hier, einen genauen Blick auf die Texte zu werfen, um diskriminierende oder stereotypenfördernde Texte zu vermeiden.

Das Lied »Ja, Gott hat alle Kinder lieb« (Songtext von Margret Birkenfeld) beispielsweise hat eine wunderschöne Melodie, einen schönen Refrain und ist zweifelsohne mit sehr guten Intentionen entstanden. Allerdings sind die Verse aus einer diversitätsbewussten Perspektive als sehr problematisch zu beurteilen: Der Begriff »Eskimo« wird von der Volksgruppe der Inuit als abwertend verstanden und wird sollte daher nicht mehr verwendet werden. Es werden zahlreiche äußerst stereotype Bilder von Kindern dieser Welt gezeichnet, und die Haut des chinesischen Kindes wird als »gelb« bezeichnet. Das möglicherweise größte Problem entsteht aber, wenn der letzte Vers von vielfältigen Kindergruppen gesungen wird. Er lautet: »Europa heißt der Teil der Welt, wo ich zu Hause bin. Und *mein Gesicht, das ist ganz weiß*, die Nase mittendrin!« Hier wird eine Normalität (weißes Gesicht) postuliert, die die große Gefahr birgt, dass sich Kinder mit anderem Aussehen nicht mehr zugehörig fühlen.

In ähnlicher Weise könnten zahlreiche Lieder aufgeführt werden, die Genderstereotype festigen. Dazu zählt beispielsweise das Lied »Liebe Mama« von Frank Schöbel:

»[...] Danke dass du mich früh weckst
Sonntags mit uns Kuchen bäckst
Auch für Stullen schmiern
Und Puppen reparieren
Weißt du wer mich morgens kämmt
Und hilft wenn die Hose klemmt
Wer hält die Zimmer rein
Das kann nur Mammi sein [...]«

In diesem Lied werden zahlreiche Aufgaben aufgezählt, die in einer Familie mit klassischer Rollenverteilung von Müttern übernommen werden (backen, nähen, sich um die Kinder kümmern, putzen). Vätern, die diese Aufgaben heutzutage in vielen Familien ebenso übernehmen, wird ebenso wenig Anerkennung entgegengebracht wie Müttern, die viele Stunden am Tag in der Arbeit verbringen, um die Familie zu ernähren. Neben der Frage, inwiefern sich Familien mit den hier dargestellten Rollen identifizieren können, ist von den pädagogischen Fachkräften aber vor allem die Frage zu reflektieren, ob man den Jungen und Mädchen in der Kita diese klassische Aufgaben- und Rollenverteilung, tatsächlich vermitteln möchte.

> **Aus der Praxis**
>
> Eine Mutter, die sich mit ihrem Mann die Aufgaben in Bezug auf Arbeit, Familie und Haushalt partnerschaftlich teilt, erzählt, dass ihr Sohn eines Tages ganz irritiert aus dem Kindergarten nach Hause kam. Sie hatten das Lied »Meine Mama ist mein bester Freund« von Daniel Kallauch gesungen. Traurig schaute der Junge sie an und sagte: »Aber Mama, Papa ist doch eigentlich auch mein bester Freund! Warum singen wir das Lied nicht auch für ihn?«

Auch mithilfe der bewussten Auswahl von Beispielen kann Vielfaltskompetenz implizit und alltagsintegriert gefördert werden. Beim Thema Berufe kann beispielsweise bewusst auch auf Beispiele zurückgegriffen werden, die in anderen Kontexten oft nicht erwähnt werden: die Professorin, der Erzieher, der Krankenpfleger oder die Pilotin beispielsweise, das Kind mit dem alleinerziehenden Vater oder der alleinerziehenden Mutter, kinderreiche Familien, Menschen mit Behinderung, etc. Auch scheinbar kleine Anpassungen, etwa wenn bei selbst erfundenen Geschichten oder Beispielen auch einmal von Fatma oder Abdul statt von Leon oder Mia erzählt wird, können langfristig einen großen Unterschied bewirken.

5.4.4 Die eigene Sprache reflektiert und bewusst einsetzen

Eine weitere Möglichkeit, Vielfaltslernen zu fördern und dies ganz implizit und alltagsintegriert zu vermitteln, geschieht durch den reflektierten Einsatz der eigenen Sprache. Ein unreflektierter Einsatz von Sprache kann dagegen oft das Gegenteil bewirken. Wenn die Pädagogin etwa von »Papas Werkzeugkasten« spricht oder erklärt »So einen Schneebesen hat Mama bestimmt auch in der Küche« werden Genderrollen vermittelt und verfestigt, die Kinder in ihrer Entwicklung einschränken. Sprachliche Handlungen und die damit unbewusst vermittelten Wertungen sollten dabei keinesfalls unterschätzt werden:

»Man könnte meinen, das sei doch nicht so schlimm, denn die Kinder verstünden, wie es gemeint ist. Aber gerade Kinder achten sehr sensibel auf die Wertungen der Erwachsenen und erschließen sich daraus ein Bild von der Welt« (Kölsch-Bunzen et al., 2015, S. 30 f.).

Beispiele für die Auswirkungen von reflektiertem bzw. unreflektiertem Einsatz von Sprache finden sich auch in Bezug auf andere Diversity-Bereiche. Durch die weit verbreitete Bezeichnung des beigehellrosa Farbtons als »Hautfarbe« wird sprachlich ein bestimmter Hautton als Normalität gesetzt, obwohl es in Wirklichkeit zahlreiche verschiedene Hauttöne gibt. Kindern mit anderer Hautfarbe kann so unterbewusst das Gefühl vermittelt werden, nicht dazuzugehören oder nicht »normal« zu sein.

Reflexionswürdig ist auch die verbreitete Bezeichnung von Kindern mit Migrationshintergrund als »türkische Kinder« oder »aus Spanien kommend«. Die Formulierung »Milena kommt aus Polen« ist in den meisten Fällen schlichtweg falsch, da der Großteil der Kinder in deutschen Kitas bereits in Deutschland geboren oder als kleines Baby nach Deutschland eingewandert ist. Passender ist demnach die Bezeichnung »Milena ist polnisch«. Allerdings sollten dabei zwei Dinge beachtet werden: Erstens sollte eine solche Bezeichnung nicht von der offiziellen Staatsangehörigkeit abhängig gemacht werden, sondern vielmehr von der empfundenen Zugehörigkeit der Kinder, das heißt ihrer Identität. Zweitens ist es von großer Bedeutung, allen Kindern zu vermitteln, dass Kinder mit (zum Beispiel) türkischem Migrationshintergrund deutsch *und* türkisch sind (sofern letzteres tatsächlich Teil ihrer Identität ist). Mithilfe einer reflektierten Sprache kann deutlich gemacht werden, dass sich verschiedene Zugehörigkeiten keinesfalls gegenseitig ausschließen, sondern vielmehr gegenseitig ergänzen. Je nach Kontext der Aussage kann es auch sinnvoll sein, sich lediglich auf die Sprache zu beziehen und von Kindern zu sprechen, »die neben Deutsch auch Arabisch sprechen« können.

Ein weiteres Beispiel für den bewussten Einsatz von Sprache erwähnen Kölsch-Bunzen und Kolleg:innen (2015, S. 33). Sie empfehlen, Fragen grundsätzlich möglichst offen zu formulieren. So unterstellt etwa die Frage »Wer möchte von seinem Urlaub erzählen?«, dass es normal sei, in den Urlaub zu fahren. Kinder, die aus finanziellen oder anderen Gründen nicht in den Urlaub fahren, können sich dadurch ausgegrenzt oder beschämt fühlen. Kölsch-Bunzen und Kolleg:innen schlagen daher folgende Formulierung vor:

> »Wir hatten nun drei Wochen Schließzeit, der Kindergarten war zu. Das war ja eine lange Zeit. Manche von euch waren zu Hause, andere bei Verwandten, manche sind vielleicht mit der Familie weggefahren, manche haben noch etwas ganz anderes gemacht. Überlege dir etwas, was du erzählen möchtest« (Kölsch-Bunzen et al., 2015, S. 33).

Der bewusste Einsatz der eigenen Sprache kann folglich eine hervorragende Quelle der Vermittlung von Vielfaltskompetenz darstellen. Ein unreflektierter Einsatz kann dagegen viel Schaden anrichten. Ein wichtiger Schritt zur Veränderung der eigenen Sprachgewohnheiten ist die reflexive Überprüfung der eigenen »Normalitätsvorstellungen, die oft unbewusst in den eigenen sprachlichen Äußerungen Ausdruck finden« (Herrmann et al., 2017, S. 32).

5.4.5 Mehrsprachigkeit wertschätzen

Migrationsbedingte Vielfalt geht in aller Regel mit einer Vielfalt an Sprachen einher. Zum Thema Mehrsprachigkeit und seiner Förderung liegt bereits eine Fülle von Literaturquellen vor, die eine vertiefende Behandlung des Themas ermöglichen (Bereznai, 2017; z. B. Chilla & Niebuhr-Siebert, 2017; Jahreiß et al., 2017). Im Folgenden sollen daher lediglich einige zentrale Ideen Erwähnung finden, wie Mehrsprachigkeit in der Kita sichtbar gemacht und wertgeschätzt werden kann. Auch hier gilt die Prämisse, dass sich Vielfaltslernen an alle Kinder, nicht nur diejenigen mit Migrationshintergrund, richtet:

> »Von dem Potenzial, das mehrsprachige Kinder mitbringen, können auch einsprachig aufwachsende Kinder profizieren. [...] Sie erfahren, dass es zwischen Sprachen und Schriften Ähnlichkeiten und Unterschiede gibt. Und sie erleben, dass derselbe Sachverhalt auf unterschiedliche Weise ausgedrückt werden kann und gleich klingende Wörter aus verschiedenen Sprachen

5 Arbeit mit Kindern in einer kulturell diversen Gesellschaft

unterschiedliche Bedeutungen haben oder auch unterschiedlich klingende Wörter das Gleiche bedeuten können. All diese Erfahrungen fördern die metasprachliche Kompetenz aller Kinder« (Bereznai, 2017, S. 189).

Einige Auswirkungen der Sichtbarmachung und Wertschätzung von Mehrsprachigkeit in der Kita kommen jedoch insbesondere mehrsprachigen Kindern zugute:

> »Wenn Kinder erfahren, dass sich andere für ihre (erst-) sprachlichen Erfahrungen und Fähigkeiten interessieren [...] so wirkt sich dies positiv auf ihr Selbstbild und ihre Lernmotivation aus. [...] Werden diese sprachlichen Kompetenzen indes in der Kita ignoriert oder gar negiert, so erleben Kinder dies als Abwertung ihrer Sprache und damit eines wichtigen Teils ihrer Identität [...].« (Bereznai, 2017, S. 189)

Samuel Jahreiß (2018, S. 43 ff.) nennt fünf Möglichkeiten, Sprachenvielfalt und Mehrsprachigkeit im Alltag gezielt zu einzubeziehen und sichtbar werden zu lassen:

1. *Einbezug der mehrsprachigen Eltern*: Eltern von neuen Kindern sollten dazu befragen werden, welche Sprache(n) das Kind in verschiedenen Kontexten spricht. Zudem können Eltern oder Großeltern der Kinder zum Singen, Spielen oder Vorlesen in verschiedenen Sprachen in die Kita eingeladen werden.
2. *Raumgestaltung*: Um Sprachenvielfalt auch im Raum sichtbar zu machen, kann beispielsweise ein Plakat mit Begrüßungsworten auf verschiedenen Sprachen und verschiedenen Schriften aufgehängt werden.
3. *Lieder, Reime, Fingerspiele, Bücher und Hörspiele*: Um Sprachenvielfalt nicht nur sichtbar, sondern auch hörbar zu machen, bieten sich mehrsprachige Lieder, Reime und Fingerspiele an, die die Kinder gemeinsam erlernen. Auch Bücher, die den Kindern vorgelesen werden, oder Hörbücher, die sie selbstständig anhören können, finden hier Einsatz. Selbstverständlich können dabei auch die Familienmitglieder mehrsprachiger Kinder einbezogen werden.
4. *Gestaltung von Peer-Gesprächen*: Ein grundsätzliches Verbot der nicht deutschen Sprachen in der Kita ist laut Jahreiß diskriminierend

und sollte vermieden werden. Das Sprechen in der Familiensprache hilft, Sicherheit zu gewinnen, sich wohl zu fühlen und ermöglicht Kindern, das auszudrücken, was in der deutschen Sprache vielleicht noch schwierig ist. Um dennoch die deutsche Sprache zu fördern, bieten sich Nachfragen an: »Euer Gespräch klingt interessant, leider habe ich es nicht verstanden. Kannst du mir auf Deutsch sagen, um was es geht?« oder »Ihr habt euch richtig Mühe gegeben mit eurem Bauprojekt. Könnt ihr mir euer Werk erklären?« (Jahreiß, 2018, S. 45)
5. *Ritualisiertes Aufgreifen der Sprachen*: Die Familiensprachen können darüber hinaus auch durch Rituale in den Alltag eingebunden werden. Dazu bietet sich beispielsweise die mehrsprachige Gestaltung des täglichen Abzählens der Kinder, der Begrüßung oder der Verabschiedung an.

Eine weitere Chance, Mehrsprachigkeit nicht nur sichtbar zu machen, sondern auch mehrsprachige Kinder im Sinne des Empowerments zu stärken, liegt darin, mehrsprachige Kinder zu ermutigen, ihre besonderen Kompetenzen an die übrigen Kinder weiterzugeben. So können mehrsprachige Kinder den anderen Kindern etwa im Morgenkreis einige Begrüßungsworte oder das Zählen in ihrer Familiensprache beibringen. Dadurch erfahren nicht nur die Sprachen, sondern auch die einzelnen Kinder eine besondere Anerkennung. Da eine solche Aufgabe jedoch viel Mut voraussetzt, werden meist eher ältere Kinder diese Chance ergreifen.

Beim Umgang mit Mehrsprachigkeit in der Kita sollte unbedingt beachtet werden, dass alle Sprachen die gleiche Wertschätzung erfahren – unabhängig davon, ob es sich um große Verkehrssprachen wie Englisch oder Französisch handelt oder um Kroatisch und Tigrinya.

»Schwierig wird es auch, wenn die Kinder merken, dass verschiedene Sprachen mit einem unterschiedlich hohen Ansehen verbunden werden und die eigene Erstsprache weniger zu gelten scheint: Man soll Deutsch, aber nicht Albanisch sprechen – aber wenn Pascal nach den Ferien, wenn er bei seiner Oma war, manches auf Französisch sagt, dann loben ihn die Erzieher_innen, warum?« (Kölsch-Bunzen et al., 2015, S. 45).

> **Tipps für die Praxis**
>
> Klassische Beispiele für Kinderlieder, die auf mehreren Sprachen vorliegen sind u. a. »Bruder Jakob« oder »Hej, Hallo, Bonjour, Guten Tag«
>
> - Weitere konkrete Anregungen zur Wertschätzung und Sichtbarmachung von sprachlicher Vielfalt in der Kita geben die Bücher »Die Welt trifft sich im Kindergarten« (Ulich et al., 2005) und »Sprachen und Kulturen sichtbar machen« (Focali & Viernickel, 2009)
> - Der Verlag edition bi:libri publiziert zweisprachige Kinderbücher unter anderem auf Arabisch, Englisch, Französisch, Griechisch, Italienisch, Kurdisch, Persisch, Russisch, Spanisch, Tigrinya, Türkisch – immer kombiniert mit Deutsch. Auf www.edition-bilibri.com bietet der Verlag zudem Anregung zur Verwendung zweisprachiger Bücher sowie Kopiervorlagen. Kitas erhalten kostenfrei Unterstützung bei der Durchführung von Bilderbuchkinos.
> - In einer online kostenlos erhältlichen Expertise des Deutschen Jugendinstituts nennt und bespricht Silvia Hüsler zahlreiche Verse, Lieder und Reime in verschiedenen Sprachen (Hüsler, 2011).

5.4.6 Sich einsetzen gegen Diskriminierung und Stereotypisierung

Ein wichtiger Aspekt von Vielfaltskompetenz ist das Erkennen und sich Wehren gegen Diskriminierung und Stereotypisierung. Pädagogische Fachkräfte nehmen in diesem Zusammenhang eine dreifache Rolle ein: Erstens sollten sie Vorbild für die Kinder sein. Zweitens kommt ihnen die Aufgabe zu, Diskriminierung in der Kita zu erkennen und entsprechend eingreifen. Drittens helfen sie den Kindern,

5.4 Methoden der Vermittlung von Vielfaltskompetenz in der Kita

Diskriminierung auch selbst zu erkennen und sich dagegen zu wehren (Derman-Sparks, 2017, S. 305 ff.).

Beispiele für diskriminierende Aussagen unter Kindern sind etwa:

- »Du isst ja wie ein Baby!« (Kind isst mit den Fingern, wie es in seiner Familie üblich ist)
- »Du kannst ja nicht mal richtig reden!« (Kind mit nicht-deutscher Erstsprache)
- »Mit dir will ich nicht spielen. Du siehst komisch aus.« (Kind mit dunkler Hautfarbe)
- »Hihi, du siehst aus wie ein Mädchen!« (Junge mit pinkem T-Shirt)

Je nach Situation kann es sinnvoll sein, ein Thema mit der gesamten Gruppe oder einzelnen Kindern zu besprechen oder ein kleines Projekt daraus zu machen. Manchmal kann es nötig sein, klar zu benennen, dass die Aussage ungerecht war, oft kann es aber auch effektvoller sein, die Kinder mit bewusst gewählten Fragen oder Aussagen zum Nachdenken anzuregen:

- »Warum sollten Jungen denn nicht mit Puppen spielen? Papas kümmern sich doch auch um ihre Babys?«
- »Wusstest du eigentlich, dass viele Fußballprofis auch pinke Schuhe tragen? Die sind deswegen doch auch keine Mädchen, oder?«[33]
- »Weißt du, es ist ganz normal, dass wir unterschiedlich aussehen. Manche Kinder haben schwarze Haare, andere rote oder blonde. Manche sind groß, andere klein, manche haben eine beige Haut, andere eine braune. Fatimah hat eine dunklere Haut, aber das ist ganz normal. Das haben ganz viele Menschen auf der Welt.«

---

33 Pinke Schuhe trugen u. a. schon die weltbekannten Fußballer Neymar, Mbappe, Reus oder Ronaldo.

> **Tipp für die Praxis**
>
> - Eine Methode, um mit Kindern über Gerechtigkeit, Ausgrenzung und Hänseleien ins Gespräch zu kommen, ist die Persona Dolls®-Methode. Nähere Informationen unter: https://situationsansatz.de/fortbildung/persona-dolls/
> - Viele weitere Anregungen, wie mit Kindern das Thema Diskriminierung thematisiert werden kann und wie Kinder befähigt werden, sich selbst gegen Diskriminierung einzusetzen, finden sich in den Publikationen zur Vorurteilsbewussten Bildung und Erziehung (Wagner, 2017a, 2017b).

5.4.7 Vorbild sein

Die wohl effektvollste Methode, um die Vielfaltskompetenz von Kindern zu fördern, ist es, als pädagogische Fachkraft den Kindern im Umgang mit Vielfalt Vorbild zu sein. Dazu ist es jedoch nötig, die eigene interkulturelle Kompetenz zu stärken und das eigene Wahrnehmen, Denken und Handeln (individuell und im Team) laufend zu reflektieren (▶ Kap. 2.2).

5.5 Interkulturelles Lernen in homogenen Kindergruppen

Wie in Kapitel 5.1.3 (▶ Kap. 5.1.3) erwähnt, stellen heterogene Kindergruppen (und Fachkräfteteams) mit Unterschieden in Bezug auf Kultur, Alter, Ability, finanzieller Situation, Gender etc. eine optimale Voraussetzung für die Förderung von Vielfaltskompetenz dar. Aber auch für homogenere Kindergruppen ist interkulturelles

5.5 Interkulturelles Lernen in homogenen Kindergruppen

Lernen wichtig. Louise Derman-Sparks, die Begründerin der Anti-Bias Education (▶ Kap. 5.2.3) erklärt:

»Die andere Perspektive vertreten inzwischen viele Fachkräfte, die mit weißen Kindern arbeiten und denen bewusst geworden ist, dass sich Diskriminierung negativ auf alle Menschen auswirkt. Sie verstehen, dass Überlegenheit aufgrund der eigenen Herkunft den Kindern letztendlich schadet, weil es sie von wichtigen Erfahrungen fernhält und ihnen keine Möglichkeit gibt, einen angemessenen Umgang mit Unterschieden in der Gesellschaft zu erlernen. Solche Erzieherinnen und Erzieher sind auch überzeugt, dass das Einsetzen für soziale Gerechtigkeit allen Menschen zugute kommt. Und dass soziale Gerechtigkeit nur erreicht werden kann, wenn Menschen aller gesellschaftlichen Gruppen sich langfristig dafür einsetzen – auch die Weißen« (Derman-Sparks, 2017, S. 307).

Sämtliche der in Kapitel 5.4.1 bis 5.4.7 genannten Bereiche lassen sich auch in homogeneren Gruppen umsetzen. Wenn Kinder selbst weniger Erfahrungen mit Vielfalt durch Kontakt mit einer vielfältigen Kindergruppe sammeln können, gewinnt Vielfaltslernen in der Kita sogar noch an Bedeutung. In Gruppen, in denen kaum migrationsbedingte Vielfalt und keine Kinder mit Behinderung zu finden sind, lässt sich oftmals an anderen Diversitätsdimensionen wie Armut/Reichtum oder Gender ansetzen. Zudem kann besonderer Wert darauf gelegt werden, migrationsbedingte Vielfalt durch Besucher:innen, Praktikant:innen, der Auswahl von Materialien und Geschichten sichtbar werden zu lassen.

Tipp

Das Buch »What If All the Kids Are White?« (Derman-Sparks & Ramsey, 2011) befasst sich ausführlich mit der Frage, welchen Nutzen interkulturelle Bildung für Kinder ohne Migrationshintergrund birgt.

5.6 Checkliste

☐ Kenne ich den Unterschied zwischen Stereotypen, Vorurteilen und Diskriminierung? (▶ Kap. 5.1.1)
☐ Bin ich mir der Chancen und Risiken im Zusammenhang mit der Vorurteilsentwicklung in der frühen Kindheit bewusst? (▶ Kap. 5.1.2 und ▶ Kap. 5.1.3)
☐ Bin ich mit aktuellen Ansätzen interkulturellen Lernens in Praxis und Theorie vertraut? (▶ Kap. 5.2)
☐ Kenne ich die vier zentralen Aussagen, auf denen das Konzept der Vielfaltskompetenz beruht? (▶ Kap. 5.3)
☐ Sind mir verschiedene Methoden der alltagsintegrierten Vermittlung von Vielfaltskompetenz in der Kita bekannt? (▶ Kap. 5.4)

6

Techniken zum Umgang mit (potenziellen) kulturellen Unterschieden

In den Ausführungen dieses Buches ist bereits deutlich geworden, dass der Umgang mit kulturell bedingten Unterschieden in einer »super-diversen« (Vertovec, 2015) Gesellschaft nicht auf einfachem Schubladen-Denken nach dem Motto »Türkische Familien sind so, spanische Familien so« basieren kann. Das folgende Kapitel ergänzt die bisherigen Ausführungen zur Zusammenarbeit mit Eltern, Kindern und im Fachkräfte-Team durch vier konkrete Techniken, die Möglichkeiten aufzeigen, wie Unterschieden in einer diversen Gesellschaft adäquat begegnet werden kann.

6 Techniken zum Umgang mit (potenziellen) kulturellen Unterschieden

Der Eisberg-Check (▶ Kap. 6.1) und die Fünf-Finger-Regel (▶ Kap. 6.2) sind sehr vielfältig einsetzbar. Sie unterstützen bei der Zusammenarbeit mit Eltern und Kindern, in kulturell diversen Fachkräfteteams, aber auch allen anderen interkulturellen Situationen. Der Vorteil-Nachteil-Check (▶ Kap. 6.3) und der Einflüsse-Check (▶ Kap. 6.4) verhelfen insbesondere im Umgang mit unterschiedlichen Bildungs- und Erziehungskonzepten zu einer konstruktiven und diversitätsbewussten Zusammenarbeit.

Zur Vorstellung der einzelnen Techniken wird zuerst der jeweilige theoretische Hintergrund dargestellt. Anschließend wird die Anwendung im Kita-Alltag erläutert. Anhand von zwei Fallbeispielen (»der unterlassene Handschlag« und »Schuhe anziehen«) werden die vier Techniken beispielhaft veranschaulicht.

6.1 Der Eisberg-Check

1 Theoretischer Hintergrund

Der berühmte Kulturanthropologe und Begründer der Interkulturellen Kommunikation als wissenschaftliche Disziplin, Edward T. Hall (1976), vergleicht Kultur mit einem Eisberg. Das Besondere an einem Eisberg ist, dass nur etwa ein Zehntel seines Volumens über der Wasseroberfläche liegt. Der weitaus größere Teil liegt unter der Oberfläche verborgen. Ebenso ist nur ein kleiner Teil von Kultur sinnlich wahrnehmbar. Dazu zählen etwa Sprache, Kleidung, Feste, Bräuche und Rituale wie zum Beispiel die Art der Begrüßung. Nicht wahrnehmbare Aspekte von Kultur umfassen unter anderem Werte, Normen, Einstellungen und Überzeugungen, Glaube, Kommunikationsstile, Bedeutung von Mimik und Gestik, Führungsverständnis, Rollenvorstellungen, und vieles mehr.

Während Menschen ihre kulturelle Orientierung größtenteils grundsätzlich nicht bewusst ist (▶ Kap. 2.3.1), sind es insbesondere die nicht wahrnehmbaren Aspekte, die sie besonders selbstverständlich hinnehmen. Wahrnehmbare und nicht wahrnehmbare Aspekte von Kultur stehen jedoch in enger Verbindung miteinander, denn die Aspekte unter der Oberfläche verleihen jenen oberhalb oft erst ihre Bedeutung. Anhand eines Beispiels lässt sich dies gut verdeutlichen: Die Verwendung der »Daumen hoch«-Geste ist eine sichtbare Handlung. Erst ein Blick unter die Wasseroberfläche enthüllt jedoch die Bedeutung der Geste, denn abhängig von der Kultur kann sie mit sehr unterschiedlichen Bedeutungen verknüpft sein. Während das Zeichen in Deutschland gemeinhin als »Gut gemacht!« verstanden wird, stellt es in Australien, Teilen Asiens und Afrikas eine vulgäre, rüde Geste dar und in Israel werben Prostituierte damit ihre Kunden.

2 Anwendung im Kita-Alltag

Im Kern zielt der Eisberg-Check darauf ab, Selbstreflexion anzuregen und die Spanne von Interpretationsmöglichkeiten von Situationen zu erweitern, um letztlich Missverständnisse und unnötige negative Emotionen zu vermeiden. Anhand des folgenden Fallbeispiels lässt sich die Technik veranschaulichen.

Fallbeispiel »Unterlassener Handschlag«

Ein Vater kommt zum Elterngespräch. Die Einrichtungsleiterin reicht ihm die Hand zur Begrüßung. Zu ihrem Erstaunen erwidert der Mann ihre Geste jedoch nicht, sondern tut vielmehr so, als hätte er ihre ausgestreckte Hand nicht gesehen. Die Einrichtungsleiterin ist höchst empört.

Auf der wahrnehmbaren Ebene zeigt sich in diesem Beispiel eine Handlung, in der die Einrichtungsleiterin dem Vater ihre Hand entgegenstreckt, dieser seine Hand aber bei sich behält. Auf der nicht wahrnehmbaren Ebene ist ihre ausgestreckte Hand für die deutsche Einrichtungsleiterin mit vielerlei Bedeutungen verknüpft. So stellt der Handschlag für sie eine Geste der Begrüßung dar. Seine Erwiderung ist für sie ein Ausdruck von Respekt und Höflichkeit und gilt für sie als Selbstverständlichkeit. Das Ausschlagen des Handschlags deutet die Einrichtungsleiterin daher als Zeichen einer starke Beleidung und Respektlosigkeit.

Die zentrale Frage besteht nun darin, ob die ausgestreckte Hand der Einrichtungsleiterin für den Vater mit denselben Bedeutungen verknüpft ist und die Entrüstung der Pädagogin insofern gerechtfertigt ist, oder ob es aufgrund von unterschiedlichen Bedeutungsverknüpfungen zu einem Missverständnis gekommen ist. Denkbar ist etwa, dass der Vater den Handschlag zwar sieht, dieser für ihn aber ein Dilemma kreiert, da seine Religion ihm verbietet, fremde Personen des anderen Geschlechts zu berühren. Möglich ist auch, dass er gelernt hat, Körperkontakt mit fremden Frauen *aus Respekt* vor ihnen zu vermeiden. Selbst wenn er mittlerweile weiß, dass dies in Deutschland anders gehandhabt wird, empfindet er es auf emotionaler Ebene eventuell noch immer als falsch und zieht es deshalb vor, so zu tun, als hätte er die ausgestreckte Hand nicht bemerkt. Möglich ist grundsätzlich auch, dass es sich schlicht um eine Begrüßungsform handelt, die ihm nicht bekannt ist oder dass er die ausgestreckte Hand tatsächlich übersehen hat. Auch Erklärungsmöglichkeiten wie Berührungsängste oder Mysophobie (eine krankhafte Angst vor Schmutz und Ansteckung) wären denkbar.

In der Interaktion von Personen, kann es – gerade im interkulturellen Raum – zu Irritationen und Missverständnissen kommen. Negative Emotionen kommen dabei oft deshalb auf, weil nicht erkannt wird, dass der Konflikt in Wirklichkeit »unter der Wasseroberfläche« stattfindet, d. h. dass nicht die sichtbare Handlung das eigentliche Problem darstellt, sondern die unsichtbaren Konzepte und Vorstellungen, die die beteiligten Personen jeweils mit der wahrnehmbaren Handlung verknüpfen. Der Eisberg-Check fordert dazu auf, bei Irritationen und negativen Emotionen zuerst darüber nachzudenken, welche nicht wahrnehmbaren Konzepte in dieser Situation aufeinandergetroffen sein und die Emotionen ausgelöst haben könnten. So kann der Situation die Emotionalität genommen und damit eine bessere Grundlage geschaffen werden, um in der interkulturellen Situation konstruktiv zu agieren.

6.2 Die Fünf-Finger-Regel

1 Theoretischer Hintergrund

Janet und Milton Bennett entwickelten 1973 eine Methode zur Förderung interkultureller Kompetenz, die als D.I.E.-Methode bekannt wurde. Ziel der Methode ist es, vorschnelle Beurteilungen und dadurch entstehende Missverständnisse in interkulturellen Situationen zu vermeiden. Der Kern der Methode besteht in einem Vorgehen bei kulturellen Differenzen, das in drei Schritte unterteilt wird: Erstens »Description« (Beschreibung), zweitens »Interpretation« und drittens »Evaluation« (Bewertung) (Bennett, 2015).

2 Anwendung im Kita-Alltag

Die hier vorgestellte Fünf-Finger-Regel stellt eine durch zwei weitere Schritte ergänzte Modifizierung der D.I.E.-Methode dar und ist sehr gut im Handlungsfeld pädagogischer Fachkräfte einsetzbar. Sie kann sowohl in der Zusammenarbeit mit Eltern mit Migrationshintergrund wie auch in kulturell diversen Fachkräfteteams Anwendung finden. Da aber auch Menschen ohne Migrationshintergrund oft andere Konzepte und Verhaltensweisen aufweisen, die sich von den eigenen unterscheiden und sich kulturelle Einflüsse nicht nur auf nationale Herkunft beschränken (▸ Kap. 2.3.1) ist die »Fünf-Finger-Regel« darüber hinaus auch in vielen weiteren interpersonalen Aushandlungssituationen hilfreich.

Gemäß der »Fünf-Finger-Regel« sollte beim Bemerken einer (kulturell oder anders bedingten) abweichenden Überzeugung oder Handlungsweise statt vorschnellem Urteilen mithilfe von fünf aufeinander folgenden Schritten vorgegangen werden (▸ Abb. 6.1).

6 Techniken zum Umgang mit (potenziellen) kulturellen Unterschieden

Im ersten Schritt wird das beobachtete Verhalten objektiv beschrieben, wobei ganz bewusst Interpretationen und Bewertungen vermieden werden. Im zweiten Schritt werden verschiedene (positive wie negative) Interpretationsmöglichkeiten für die betreffende Situation gesammelt. Bewertungen werden dabei weiterhin vermieden. Als dritter Schritt folgt, wann immer möglich, die Kommunikation, das heißt der Dialog mit den Eltern oder Kolleg:innen, deren Verhalten die Irritation ausgelöst hat. Erst wenn dieser Schritt abgeschlossen ist, sollte die pädagogische Fachkraft die beobachtete Situation bewerten (Schritt vier) und darauf aufbauend ihre weiteren Handlungen definieren (Schritt fünf).

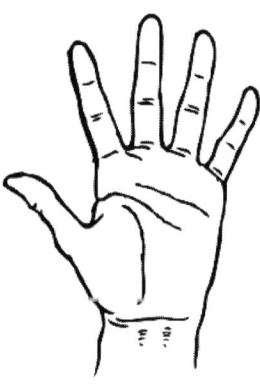

1. beschreiben
2. interpretieren
3. kommunizieren
4. bewerten
5. reagieren

Abb. 6.1: Die Fünf-Finger-Regel

Anhand des Fallbeispiels »Schuhe anziehen« wird die Technik genauer erläutert:

Fallbeispiel »Schuhe anziehen«

Die pädagogischen Fachkräfte der Kita »Villa Kunterbunt« beobachten, wie die Eltern eines 5-jährigen Kindes diesem Tag für Tag beim Abholen Schuhe und Jacke anziehen. Sie sind davon instinktiv entrüstet. »Die Eltern sind doch nicht seine Diener!«, meint eine von ihnen zu ihrer Kollegin. »Das Kind wird bald fünf, das kann sich doch wohl selbst die Schuhe anziehen. Wie soll es denn so selbstständig werden?« Sie geht auf die Mutter zu und erklärt ihr, dass ihr Kind sich bereits selbst anziehen kann und es nicht nötig ist, dass sie diese Aufgaben für es übernimmt.

Bei Anwendung der Fünf-Finger-Regel würde sich die Reaktion der Fachkraft dagegen anders gestalten:

1. Beschreiben: Statt die Eltern sofort darauf anzusprechen und ihnen zu erklären, dass ihr Kind sich in diesem Alter durchaus selbst anziehen kann, rekapituliert die Fachkraft zuerst, was sie genau gesehen hat: Die Eltern ziehen ihrem fünfjährigen Kind beim Abholen regelmäßig Schuhe und Jacke an. Das Kind lässt dies selbstverständlich und kommentarlos geschehen.

2. Interpretieren: Die Fachkraft sucht nach verschiedenen Erklärungsmöglichkeiten. Neben einigen aus ihrer Perspektive negativen Interpretationen findet sie nach einigem Nachdenken auch zahlreiche neutrale bis positive:

- Die Eltern wollen das Kind nicht selbstständig werden lassen.
- Die Eltern sind überfürsorglich.
- Die Eltern wissen nicht, dass es wichtig ist, ihr Kind in seiner Selbstständigkeit zu fördern.
- Die Eltern haben es eilig und ziehen das Kind selbst an, um Zeit zu sparen.
- Die Eltern lassen sich von ihrem Kind ausnutzen.
- Die Eltern drücken dem Kind ihre Hilfsbereitschaft aus.
- Die Eltern wollen ihrem Kind die für es mühevolle Arbeit abnehmen, weil es am Nachmittag sehr müde ist.
- Die Eltern nehmen das Kind beim Anziehen auf den Schoß und vermitteln ihm nach der Trennung des Vormittags durch den Körperkontakt ihre Liebe und Fürsorge.
- Für die Eltern ist Selbstständigkeit kein sehr wichtiges Erziehungsziel. Andere Ziele sind Ihnen wichtiger.

3. *Kommunizieren*: Die Fachkraft erzählt den Eltern von ihrer Beobachtung, indem sie die objektive Beschreibung der Situation aus Schritt eins nutzt. Sie äußert freundlich, dass sie sich gerne mit ihnen darüber austauschen würde und fragt, ob sie am nächsten Tag vor dem Abholen ein paar Minuten Zeit hätten. Am nächsten Tag setzt sich die Fachkraft mit den Eltern gemütlich an einen ruhigen Tisch in der »Elternecke« und erklärt ihnen, dass verschiedene Dinge von den vielen Familien in der Kita sehr unterschiedlich gehandhabt werden und sie neugierig ist, die Hintergründe zu erfahren. Sie beschreibt noch einmal ihre Beobachtung, erwähnt, dass manche Eltern die Kinder auffordern, sich selbst anzuziehen, und fragt, wie es ihnen damit geht. Ziel ist es, zuerst möglichst ohne weitere Lenkung des Gesprächs durch die Fachkraft, den Eltern Raum zu geben zu erzählen. Bei Bedarf können später auch einige der in Schritt 2 gesammelten Interpretationsmöglichkeiten eingebracht werden. Auch eine Kombination mit dem Vorteil-Nachteil-Check (▶ Kap. 6.3) ist hier sehr hilfreich.

4. *Bewerten*: Auf dieser Basis des Gesprächs mit den Eltern bewertet die Fachkraft nun die Situation. Ist es tatsächlich nötig, die Eltern zu überzeugen, dass sich das Kind selbst anziehen soll? Basiert das Handeln tatsächlich auf fehlendem Wissen, was für die Entwicklung ihres Kindes wichtig ist? Oder handelt es sich vielmehr um andere Prioritäten oder um ein Handeln, das im kulturellen Umfeld der Familie üblich ist und durchaus seinen Sinn hat?

5. *Reagieren*: Die Fachkraft einigt sich mit den Eltern darauf, dass diese sie darin unterstützen, dem Kind beizubringen, sich allein und zügig anzuziehen, da dies wichtig für den Kita-Alltag ist. Sobald es dazu aber in der Lage ist, sehen beide Seiten kein Problem mehr damit, wenn die Eltern ihrem Kind gern den Gefallen tun, ihm beim Anziehen zu helfen. Die Fachkraft äußert ihre Anerkennung für die Hilfsbereitschaft und Nähe, die die Eltern ihrem Kind durch die Hilfestellung beim Anziehen vermitteln wird und bedankt sich bei den Eltern für ihr Verständnis, dass sie als Fachkräfte es nicht leisten können, die größeren Kindern beim Anziehen zu unterstützen.

> **Zum Nachdenken**
>
> Probieren Sie die Fünf-Finger-Regel doch einmal am obigen Beispiel des »Händeschüttelns« aus.

Zu beachten ist bei dieser Technik, dass ein Großteil der Handlungen von Menschen auf unbewussten Intentionen basiert (▶ Kap. 2.3.1) und die Hintergründe eines Verhaltens oft nicht spontan dargelegt werden können. Es bietet sich daher an, die Reflexion durch eine Frage anzuregen, den Gesprächspartnern jedoch einige Zeit zum Nachdenken zu geben. Wenn Eltern mit einer solchen Frage überfordert sind, ist es auch möglich, dass die Fachkräfte, die von ihnen gefundenen Interpretationsmöglichkeiten nennen und mit ihrem Gegenüber besprechen. Eltern oder pädagogische Fachkräfte mit Migrationshintergrund haben jedoch oft reflektiertere Erziehungskonzepte als Eltern bzw. Fachkräfte ohne Migrationshintergrund, da sie durch den Wechsel des kulturellen Umfeldes und den damit verbundenen Erziehungsunterschieden in den verschiedenen Umfeldern zum Nachdenken und Entscheiden angeregt wurden.

6.3 Der Vorteil-Nachteil-Check

1 Theoretischer Hintergrund

Der Vorteil-Nachteil-Check basiert auf den Gedanken des Kulturrelativismus, der wiederum stark auf Erkenntnissen des frühen deutsch-amerikanischen Ethnologen Franz Boas beruht:

> »Der Kulturrelativismus als Grundhaltung entwickelte sich v. a. als Folge anthropologischer und ethnologischer Erkenntnisse in der Tradition Boas' (1904; 1940) und in Abgrenzung zu einem evolutionistischen Verständnis der Dynamik von Kulturen [...]« (Barmeyer, 2012, S. 105).

Der Kulturrelativismus betont die grundsätzliche Gleichwertigkeit von Kulturen und grenzt sich damit von früher vorherrschenden Ideen des Evolutionismus ab, demzufolge sich Kulturen unilinear, universellen Entwicklungsstufen folgend, in Richtung einer zunehmenden Höherentwicklung veränderten. Der Kulturrelativismus dagegen fordert, »Unterschiede als gleichwertig zu akzeptieren und als genauso plausibel und vernünftig zu erachten wie die eigenen« (Barmeyer, 2012, S. 105) Konzepte. Geht man von dieser Annahme aus und bemüht sich, andere Vorstellungen oder Handlungsweisen ungeachtet der eigenen kulturellen Brille zu betrachten, lassen sich in den meisten Fällen Vor- und Nachteile beider Konzepte beziehungsweise Handlungsweisen identifizieren.[34]

2 Anwendung im Kita-Alltag

Dem Vorteil-Nachteil-Check kommt eine besondere Bedeutung zu, da er eine grundlegend andere Perspektive auf von den eigenen Vorstellungen abweichende Konzepte oder Handlungsweisen ermöglicht und sich zudem sehr gewinnbringend mit den übrigen drei Techniken kombinieren lässt. Besonders zielführend ist er bei unterschiedlichen Bildungs- und Erziehungskonzepten in der Zusammenarbeit mit Eltern oder im Fachkräfteteam.

Wie bereits anhand einiger Beispiele in diesem Buch deutlich wurde, sind in Bezug auf spezifische Bildungs- und Erziehungskonzepte bzw. dem damit verbundenen Verhalten in aller Regel

---

34 Im Unterschied zum Kulturrelativismus, der keinerlei Anerkennung universeller Wertesysteme kennt, ergeben sich bei der pädagogischen Arbeit in deutschen Kindertageseinrichtungen Grenzen. Dies ist insbesondere der Fall, wenn die unterschiedlichen Konzepte oder Handlungsweisen das Kindeswohl gefährden oder in Konflikt mit den Werten des deutschen Grundgesetzes (inkl. der darin enthaltenen Menschenrechten) stehen. In diesen Fällen ist der Vorteil-Nachteil-Check nicht zielführend. Dies betrifft allerdings nur sehr vereinzelte Extremfälle.

mehrere Vor- wie auch Nachteile zu finden. Durch den ethnozentrischen Blick, den Menschen automatisch einnehmen (▶ Kap. 2.3.1), werden meist nur die Vorteile der eigenen Überzeugungen und die Nachteile der anderen Überzeugungen oder Handlungen gesehen. Der Vorteil-Nachteil-Check regt deshalb dazu an, vor einer Bewertung, Handlung oder Entscheidung bewusst nach Vor- und Nachteilen beider Varianten zu suchen. In Bezug auf das im vorigen Kapitel 6.2 (▶ Kap. 6.2) eingeführten Fallbeispiels »Schuhe anziehen«, könnten etwa die folgenden Vorteile beider Konzepte gefunden werden[35]:

Tab. 6.1: Vor- und Nachteile des Beispiels »Schuhe anziehen«

Vorteile Konzept 1: Eltern ziehen Kind an	Vorteile Konzept 2: Kind zieht sich selbst an
Vorleben von Hilfsbereitschaft	Förderung von Selbstständigkeit
Kind erlebt Nähe und Zuneigung	Kompetenzerleben
Kind kann sich entspannen nach anstrengendem Kita-Tag	Förderung der Feinmotorik
Es geht schneller	Kompetenz wichtig für Kita-Alltag
weniger Konflikte zwischen Eltern und Kind	Vorbereitung für die Schule (wo niemand da ist, der hilft)

---

35 Die Nachteile der Ansätze ergeben sich in der Regel aus dem Fehlen des jeweiligen Vorteils des anderen Ansatzes (z. B. Nachteile von Konzept 1: Kind erlebt *weniger* Nähe und Zuneigung in der Situation. Kind bekommt in dieser Situation *keine* Hilfsbereitschaft vorgelebt.)

> **Zum Nachdenken**
>
> In Bezug auf welche Differenzen kann Ihnen der Vorteil-Nachteil-Check helfen, konstruktiver mit ihren immigrierten Kolleg:innen (oder jenen aus einer anderen Altersgruppe) zusammenzuarbeiten?

Ziel des Vorteil-Nachteil-Checks ist eine Haltungsänderung. Die objektive Reflexion eigener und anderer Konzepte, mitsamt ihren jeweiligen Vor- und Nachteilen, ermöglicht eine objektive und wertschätzende Kommunikation mit Eltern oder anderen Fachkräften und ist dadurch Voraussetzung für eine Zusammenarbeit »auf Augenhöhe«, wie sie im Sinne der Bildungs- und Erziehungspartnerschaft angestrebt wird (▶ Kap. 3.1).

> **Tipp**
>
> Reflexionen über Vor- und Nachteile verschiedener Konzepte gelingen besonders gut in diversen Gruppen, wie etwa kulturell diversen Kita-Teams. Dabei sollte jedoch darauf geachtet werden, dass ein offenes und wertschätzendes Gesprächsklima herrscht und jede:r offen die eigene Meinung äußern kann ohne zu fürchten, dass diese abgewertet wird. Wie wäre es deshalb, wenn Sie sich im Rahmen Ihrer Team-Meetings einmal Zeit nehmen, Vor- und Nachteile verschiedener Bildungs- und Erziehungskonzepte zu sammeln? Falls Ihr Team relativ homogen aufgestellt ist, könnten beispielsweise auch Eltern, denen Sie eine entsprechende Reflexions- und Kommunikationsfähigkeit zutrauen, eingeladen werden.

6.4 Der Einflüsse-Check

1 Theoretischer Hintergrund

Zum Nachdenken

Überlegen Sie sich eine Überzeugung, die Sie in Bezug auf die Bildung und Erziehung von Kindern haben und formulieren Sie sie in einem Satz. Z. B. »Kinder sollten bereits in jungen Jahren im Sinne der Partizipation an Entscheidungen, die sie betreffen, beteiligt werden«. Überlegen Sie dann: Wer oder was hat sie beeinflusst, so dass Sie heute diese Überzeugung vertreten?

Bildungs- und Erziehungskonzepte setzen sich zusammen aus unbewussten und bewussten Anteilen. Bernhard Nauck (2006, S. 159) betrachtet das Phänomen auf der Makroperspektive und erklärt, dass die Ausgestaltung von Bildungs- und Erziehungsvorstellungen insbesondere auf drei Faktoren beruht: 1. Soziodemographische Merkmale, 2. Herkunftskultur und 3. (bei Familien mit Migrationshintergrund) Migrationssituation. Lilian Fried[36] (2003, S. 80) führt die Ausgestaltung von Erziehungskonzepten auf drei Aspekte zurück: 1. bewusst gelernte Theorien, Regeln und Fakten, 2. erfahrungsbasierte Konzepte, Einsichten, Weisheiten und 3. persönlichkeitsspezifische Haltungen und Einstellungen. Sara Harkness und Kolleg:innen (1992, S. 177 ff.) erklären noch spezifischer, dass insbesondere drei Einflüsse bei der Ausbildung von Bildungs- und Erziehungskonzepten von Relevanz sind: 1. Die Rekonstruktion der eigenen Vergangenheit, 2. der Bezug von Expertenwissen und 3. die Nutzung informeller Wissensnetzwerke.

---

36 Fried spricht von »subjektiven Orientierungen«.

6 Techniken zum Umgang mit (potenziellen) kulturellen Unterschieden

Durch Integration und Erweiterung dieser drei Ansätze ergibt sich das in Abbildung 6.2 dargestellte Modell (vgl. Morgan, 2016, S. 212 ff.).

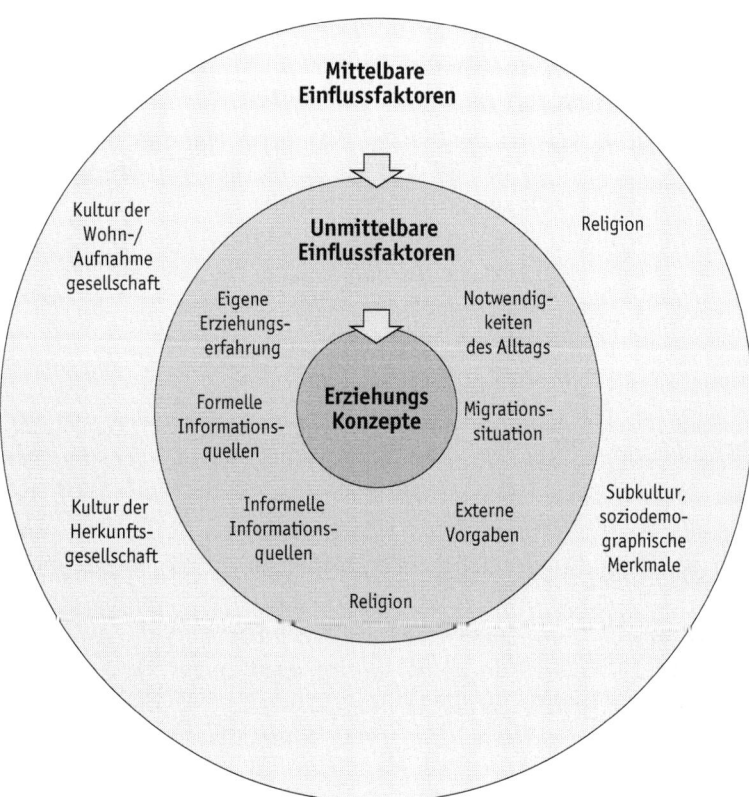

Abb. 6.2: Einflüsse auf die Ausbildung von Bildungs- und Erziehungskonzepten

Unterschieden werden können mittelbare und unmittelbare Einflüsse. Mittelbare Einflüsse wirken indirekt auf die Ausgestaltung von Bildungs- und Erziehungskonzepten, d. h. sie beeinflussen mittelbare Faktoren, die sich dann wiederum auf Bildungs- und Erziehungskonzepte auswirken. Zu mittelbaren Einflüssen zählt die Kultur der

6.4 Der Einflüsse-Check

Gesellschaft am aktuellen Wohnort sowie im Falle von Menschen mit Migrationshintergrund die Kultur des der Herkunftsgesellschaft. Auch andere (Sub-)Kulturen (▶ Kap. 2.3.1) und soziodemographische Merkmale wie etwa das Bildungsniveau, können hier Einfluss nehmen. Auch die Religion kann einen unmittelbaren Einflussfaktor für die Ausgestaltung von Bildungs- und Erziehungskonzepten darstellen, da sie eine Gesellschaft selbst dann prägen kann, wenn Sie für das einzelne Individuum im persönlichen Leben nur eine untergeordnete oder keine Rolle spielt. So spiegeln sich in Deutschland beispielsweise christliche Werte in der deutschen Gesetzgebung oder die protestantische Arbeitsethik in der heutigen Arbeitskultur wider.

Mittelbare Einflüsse wirken sich direkt auf die Ausbildung von Bildungs- und Erziehungskonzepten aus. Ein sehr wichtiger Einflussfaktor ist dabei die Erziehungserfahrung in der eigenen Herkunftsfamilie (aber auch in Bildungseinrichtungen). Hinzu kommen formelle Informationsquellen wie Fach- und Ratgeber-Literatur, Gespräche mit Kinderärzt:innen, Informationsabende oder professionelle Beratungsangebote. Nicht zu unterschätzen sind aber auch informelle Informationsquellen. Diese können der Erfahrungsaustausch mit Freunden, Erziehungstipps von Bekannten und Verwandten ebenso darstellen wie die Beobachtung anderer Eltern. Der Aspekt »externe Vorgaben« bezieht sich auf bestehende Gesetze und Vorschriften, wie etwa das Verbot der körperlichen Züchtigung von Kindern. Im Falle von pädagogischen Fachkräften zählen hierzu auch die Vorgaben des jeweils gültigen Bildungs- und Erziehungsplans[37] oder der Konzeption der Einrichtung. Einen weiteren unmittelbaren Einflussfaktor stellt die Migrationssituation, die durch das Aufeinandertreffen bisheriger Überzeugungen und neuer Konzepte in der Aufnahmegesellschaft eine Veränderungsdynamik anstößt, die in

---

37 In einigen Bundesländern werden die Rahmenpläne für die Frühe Bildung auch als »Orientierungsplan für Bildung und Erziehung«, »Bildungsprogramm«, »Rahmenplan« oder ähnliche bezeichnet.

ganz unterschiedliche Richtungen führen kann (▶ Kap. 2.3.1). Auch so genannte »Notwendigkeiten des Alltags« können Bildungs- und Erziehungskonzepte beeinflussen. Gemeint ist damit etwa die erwähnte Tatsache, dass es die zeitlichen Kapazitäten von Frühpädagog:innen in der Regel nicht ermöglichen, jedem einzelnen Kind Jacke und Schuhe anzuziehen, wenn sie in den Garten gehen. Schließlich können auch religiöse Überzeugungen unmittelbare Einflussfaktoren darstellen. Dies kommt dann zum Tragen, wenn der jeweilige Glaube für das einzelne Individuum persönliche Bedeutung hat und dadurch etwa die Ehrfurcht vor Gott, das regelmäßige Gebet oder das Ehren von Vater und Mutter zu einem wichtigen Erziehungsziel werden. Die genannten mittelbaren wie unmittelbaren Einflüsse wirken dabei meist unbewusst.

2 Anwendung im Kita-Alltag

Der Einflüsse-Check ist besonders hilfreich im Umgang mit unterschiedlichen Bildungs- und Erziehungskonzepten zwischen Fachkräften und Eltern mit Migrationshintergrund oder im kulturell diversen Fachkräfteteam. Im Kern geht es in dieser Technik darum zu reflektieren, durch welche Einflüsse sich bestimmte eigene Überzeugungen entwickelt haben (Schritt 1). Auf Basis dieser Reflexion eröffnen sich neue Möglichkeiten für Kommunikation und Zusammenarbeit (Schritt 2).

Auch diese Technik lässt sich gut am Beispiel: »Schuhe anziehen« (Fallbeispiel ▶ Kap. 6.2) erläutern.

Schritt 1: Die pädagogische Fachkraft stellt fest, dass die hohe Bedeutung, die sie dem Bildungsziel Selbstständigkeit zuweist, durch zahlreiche verschiedene Einflussfaktoren gestützt wird. Sie stellt in der deutschen Kultur (insbesondere der Mittelschicht) einen wichtigen Wert dar. In ihrer eigenen Herkunftsfamilie wurde großen Wert auf Selbstständigkeitserziehung gelegt, ebenso in ihrer Ausbildung sowie der (kulturell deutsch geprägten) Fachliteratur, die Sie während ihrer Ausbildung gelesen hat. All dies wird noch verstärkt durch die Tatsache, dass ihre Kolleg:innen dem Thema dieselbe Bedeutung zuweisen und dass der Alltag in der Kita darauf aufbaut, dass sich die Kinder selbst anziehen, wenn sie als Gruppe in den Garten gehen. Durch die Reflexion erkennt die pädagogische Fachkraft, weshalb ihr das selbstständige Anziehen so wichtig geworden ist und versteht, warum sie mit starkem Unverständnis auf das Anziehen des 5-jährigen Kindes durch die Eltern reagiert hat. Ihr wird aber auch bewusst, dass andere Einflüsse in ihrem Leben zu einer anderen Einschätzung der Situation geführt haben könnten, ebenso wie dies bei einigen Eltern der Fall ist.

Schritt 2: Auf dieser Basis dieser Erkenntnisse kann die pädagogische Fachkraft ihre eigenen Emotionen der Entrüstung einordnen und ungeachtet dieser Emotionen mit einer offenen Haltung in das Gespräch mit den Eltern gehen. Sie kann klarer kommunizieren, was ihr wichtig ist, wo Spielraum besteht und wo ihr durch Gesetze oder Vorgaben der Konzeption klare Grenzen gesetzt sind (▶ Abb. 6.3).

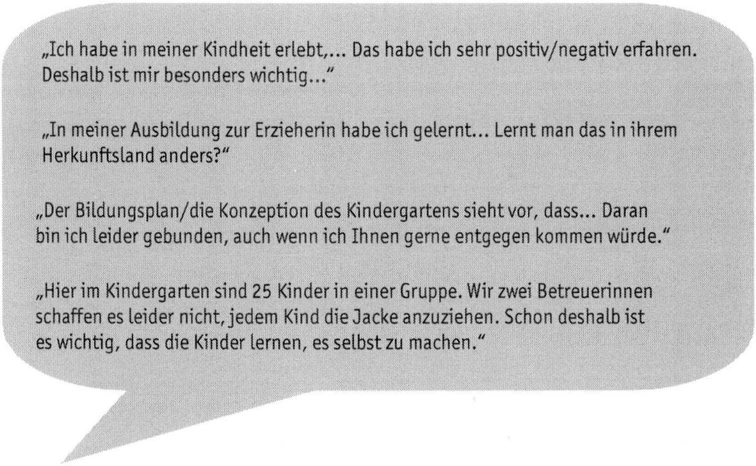

„Ich habe in meiner Kindheit erlebt,… Das habe ich sehr positiv/negativ erfahren. Deshalb ist mir besonders wichtig…"

„In meiner Ausbildung zur Erzieherin habe ich gelernt… Lernt man das in ihrem Herkunftsland anders?"

„Der Bildungsplan/die Konzeption des Kindergartens sieht vor, dass… Daran bin ich leider gebunden, auch wenn ich Ihnen gerne entgegen kommen würde."

„Hier im Kindergarten sind 25 Kinder in einer Gruppe. Wir zwei Betreuerinnen schaffen es leider nicht, jedem Kind die Jacke anzuziehen. Schon deshalb ist es wichtig, dass die Kinder lernen, es selbst zu machen."

Abb. 6.3: Erweiterte Kommunikationsmöglichkeiten auf Basis des Einflüsse-Checks (vgl. Morgan, 2016, S. 213)

6.5 Checkliste

☐ Kenne ich die vier Techniken, die mir helfen, mit interkulturellen Situationen diversitätsbewusst und konstruktiv umzugehen?
☐ Weiß ich, wofür der Eisberg-Check gut ist und wie ich ihn nutze?
☐ Weiß ich, wofür die 5-Finger-Regel gut ist und wie ich sie nutze?
☐ Weiß ich, wofür der Vorteil-Nachteil-Check gut ist und wie ich ihn nutze?
☐ Weiß ich, wofür der Einflüsse-Check gut ist und wie ich ihn nutze?

7

Fazit: Migrationssensible Zusammenarbeit mit Eltern, Kindern und im Team

Deutschland ist vielfältig und wird zunehmend vielfältiger. 26 Prozent der in Deutschland lebenden Menschen haben einen Migrationshintergrund. Unter den null- bis fünfjährigen Kindern sind es sogar 40 Prozent (Statistisches Bundesamt et al., 2021, S. 68). Aber auch Unterschiede in Bezug auf Alter, Gender, Fähigkeiten oder eventuelle Behinderungen, Weltanschauungen, Biografien und persönliche Überzeugungen tragen zur Vielfalt der deutschen Gesellschaft bei. Hinzu kommt, dass sich die Bevölkerung mit Migrationshintergrund neben den bereits genannten Faktoren auch auf Basis unterschiedlicher Herkunftsländer, Gründe der Migration, Dauer

7 Fazit: Migrationssensible Zusammenarbeit mit Eltern, Kindern und im Team

des Aufenthalts in Deutschland, Bildungserfahrungen, Beschäftigungs- und Aufenthaltsstatus oder Sprachkenntnisse äußerst divers gestaltet. Im Kita-Alltag begegnen pädagogische Fachkräfte dieser Diversität insbesondere auf drei Ebenen: der Zusammenarbeit mit Eltern (mit Migrationshintergrund), der Zusammenarbeit in kulturell diversen Fachkräfteteams und der Arbeit mit Kindern in einer diversen Gesellschaft.

Die Zusammenarbeit mit Eltern mit Migrationshintergrund birgt zahlreiche Chancen. So kann die Kita den Eltern eine große Unterstützung bei der Integration sein. Erfahren Eltern hier Offenheit, Verständnis und Anerkennung, können sie mit Zuversicht und Selbstvertrauen auch an anderen Stellen Kontakte knüpfen und sich in die deutsche Gesellschaft eingliedern. Studien zeigen, dass damit einerseits dem Wunsch vieler Menschen mit Migrations- und Fluchthintergrund nach mehr Kontakten zur deutschen Bevölkerung nachgekommen wird, gleichzeitig aber auch ein wichtiger Beitrag zu einem erfolgreichen Zusammenleben in einer diversen Gesellschaft gelingt. Denn ein friedliches Zusammenleben funktioniert insbesondere dort gut, wo Kontakte zwischen Menschen mit und ohne Migrationshintergrund im Alltag bestehen. Chancen bietet die Zusammenarbeit mit Eltern mit Migrationshintergrund, aber auch für die pädagogischen Fachkräfte selbst. Angeregt durch die interkulturellen Kontakte können sie die eigenen Ideen und Konzepte reflektieren, neue Impulse erhalten und ihre interkulturelle Kompetenz ausbauen. Die Kinder in der Einrichtung erfahren durch das Vorleben einer offenen und respektvollen Zusammenarbeit der Erwachsenen eine optimale Vorbereitung auf das Leben in einer diversen Gesellschaft.

Dennoch ergeben sich bei der Zusammenarbeit mit Eltern mit Migrationshintergrund auch einige besondere Herausforderungen. Dazu zählen sprachliche Hürden sowie Irritationen durch unterschiedliche Verständnisse von Ablauf und Aufgaben der Kindertagesstätte oder der Verantwortungsteilung zwischen Kita und Familie. Missverständnisse können auch durch kulturell bedingt unterschiedliche Kommunikationsstile oder differente Bildungs- und Erziehungskonzepte von Eltern und Fachkräften entstehen. Spezielle Weiterbildungsangebote für pädagogische Fachkräfte helfen ihnen, diesen Herausforderungen konstruktiv zu begegnen und der Entstehung von Irritationen und Missverständnissen vorzubeugen.

Den Herausforderungen, die im Kita-Alltag durch kulturell bedingte Unterschiede zwischen Bildungs- und Erziehungskonzepten von pädagogischen Fachkräften und Eltern mit Migrationshintergrund bestehen, ist nicht einfach zu begegnen. Einfache Aussagen über die Erziehung in Familien mit Migrationshintergrund im Allgemeinen oder in bestimmten Herkunftsgruppen sind aufgrund der großen Vielfalt innerhalb dieser Personengruppen als problematisch zu betrachten. Eine alternative Möglichkeit, sich mit der Thematik zu befassen, stellt die reflexive Bearbeitung typischer Fallbeispiele dar. Ziel ist dabei nicht, eindeutige Erklärungen für »die« Erziehung von bestimmten Gruppen zu finden. Vielmehr geht es darum, Selbstreflexion anzuregen, für die Existenz kultureller Unterschiede zu sensibilisieren und die Fähigkeit zu fördern, verschiedene Erklärungsmöglichkeiten für mögliche kulturell Unterschiede zu identifizieren. Typische Bereiche, in denen es immer wieder zu Irritationen zwischen Eltern mit Migrationshintergrund und pädagogischen Fachkräften kommt, sind etwa Selbstständigkeit, Spielen und Lernen, Umgang mit Autorität, Bindung oder unterschiedliche Verständnisse über die Rollen von Kita und Familie.

Eine zweite Ebene, auf der Kita-Fachkräfte migrationsbedingter Vielfalt in ihrer Arbeit begegnen, ist die Arbeit in kulturell diversen Fachkräfteteams. Diese werden in Deutschland mehr und mehr zur Normalität. 2016 hatten bereits 13 Prozent der Kita-Kräfte einen Migrationshintergrund. Aufgrund des aktuellen Fachkräftemangels und der Tatsache, dass Menschen mit Migrationshintergrund im Vergleich zu ihrem Anteil an der Gesamtbevölkerung im Arbeitsfeld Kita weiterhin deutlich unterrepräsentiert sind, ist ein weiterer Anstieg in den kommenden Jahren zu erwarten.

Bezüglich der Zusammenarbeit in kulturell diversen Teams offenbart der Forschungsstand eine Diskrepanz zwischen einerseits großen Potenzialen, die diese Teams mit sich bringen, und andererseits

Tendenzen, die in der Praxis häufig dazu führen, dass diese Potenziale nicht (oder noch zu wenig) zum Einsatz kommen. Die Potenziale diverser Teams liegen insbesondere darin, dass diverse Teams Katalysatoren für Kreativität darstellen. Durch unterschiedliche Erfahrungen und die damit verbundenen unterschiedlichen Sichtweisen inspirieren sie in besonderer Weise neue Ideen und Konzepte und ermöglichen, Synergieeffekte herzustellen und für die Arbeit zu nutzen. Sie können helfen, einer vielfältigen Klientel besser gerecht zu werden und bieten die Chance, durch ihr Vorbild Rassismus und Diskriminierung in der Gesellschaft entgegenwirken. Nicht zuletzt hat die erfolgreiche Zusammenarbeit in kulturell diversen Teams das Potenzial, dem gravierenden Fachkräftemangel im Arbeitsfeld Kita entgegenzuwirken.

Damit diese Potenziale zum Einsatz kommen können, ist es jedoch nötig, dass das Team positive Diversity-bezogene Einstellungen, Denkweisen und Wahrnehmungen vertritt, bestehende Vorurteile und Stereotype aufgedeckt und bearbeitet sowie Ungleichheiten in der Aufgabenverteilung thematisiert. Zudem ist eine kompetente Führung dieser Teams von großer Bedeutung. Eine weitere notwendige Voraussetzung für ein erfolgreiches Team liegt aber auch in der Beseitigung der besonderen Herausforderungen, mit denen Fachkräfte mit Migrationshintergrund konfrontiert sind. Dies geschieht etwa durch die Anerkennung ihrer Kompetenzen und Ressourcen, ohne ihnen eine Sonderrolle als Expertin bzw. Experte für Migrationsthemen oder Übersetzer:in aufzudrängen. Aber auch Ausgrenzung oder Diskriminierung und insbesondere ein unreflektierter Anpassungsdruck ihnen gegenüber sollte dringend vermieden werden.

Ebenso wie in der Zusammenarbeit mit Eltern kann es auch in kulturell diversen Fachkräfteteams zu Irritationen aufgrund von unterschiedlichen Methoden und Konzepten kommen. Einige typische Bereiche sind etwa die Themen »Küssen, Kuscheln, Körperkontakt«, der Umgang mit Zeit, Kommunikation oder die Gestaltung von pädagogischen Angeboten. Auch hier gilt es, vorschnellen Bewertungen und Anpassungserwartungen zu widerstehen, sondern vielmehr zu versuchen, andere Sichtweise zu verstehen und das in der Unterschiedlichkeit enthaltene Potenzial zu nutzen, um die pädagogische Arbeit weiterzuentwickeln.

Die dritte Ebene, auf der Kita-Fachkräfte mit kultureller (und anderer) Diversität befasst sind, ist die Arbeit mit Kindern in einer vielfältigen Gesellschaft. Das vorgestellte Konzept des Vielfaltslernens ist speziell auf die Entwicklungsvoraussetzungen und die Lebensrealität junger Kinder in einer diversen Gesellschaft abgestimmt. Es basiert auf vier Grundsätzen. Erstens nimmt Vielfaltslernen in der frühen Kindheit mehrere Diversitätsdimensionen gemeinsam in den Blick. Neben Kultur/Migration zählen dazu beispielsweise auch Gender, Ability, Religion, Armut/Reichtum, Sprache, Aussehen, Religion und Alter. Wichtigster Vorteil dieses erweiterten Fokus ist die Vermeidung impliziter Grenzziehungen zwischen Kindern mit und ohne Migrationshintergrund, die mit einer expliziten und separaten Thematisierung migrationsbedingter Unterschiede unweigerlich verbunden sind. Zweitens besteht das Ziel des Vielfaltslernens darin, dass Kinder von Beginn ihres Lebens an lernen, Diversität als Normalität wahrzunehmen und entsprechend zu handeln. Drittens findet Vielfaltslernen auf methodischer Ebene alltagsintegriert und kontinuierlich statt und setzt an der Lebensrealität der Kinder in der Einrichtung an. Viertens besteht die basale Grundvoraussetzung, damit Kindern Vielfaltskompetenz vermittelt werden kann, in der interkulturellen und Gender-Kompetenz der pädagogischen Fachkräfte. Diese darf, wie unten noch einmal aufgegriffen wird, keineswegs als automatisch gegeben oder sich von selbst durch die pädagogische Arbeit entwickelnd verstanden werden.

Quer durch diese drei Ebenen (Zusammenarbeit mit Eltern, Kindern und im Fachkräfteteam) zieht sich die Frage, wie pädagogische Fachkräfte migrationsbedingter Vielfalt gerecht werden können, ohne zu kulturalisieren, Stereotypisierung zu fördern, ungewollte Grenzziehungen vorzunehmen, aber auch ohne den Faktor Kultur schlichtweg zu ignorieren. Einen möglichen Ansatz bieten die in Kapitel 6 (▶ Kap. 6) vorgestellten Techniken.

Dem Eisberg-Check, der Fünf-Finger-Regel, dem Vorteil-Nachteil- und dem Einflüsse-Check liegen dabei drei grundlegende Prämissen

7 Fazit: Migrationssensible Zusammenarbeit mit Eltern, Kindern und im Team

zugrunde. Erstens wird angenommen, dass Unterschiedlichkeit immer auch mit den eigenen Überzeugungen und Prägungen in Verbindung steht. Selbstreflexion ist daher eine der wichtigsten Voraussetzungen für ein adäquates Handeln in einer diversen Welt. Zweitens sind vorschnelles Urteilen und eine ethnozentrische Sichtweise zwar menschlich, aber gerade in einer diversen Gesellschaft äußerst problematisch, da sie das Potenzial haben, bestehende strukturelle Diskriminierungen, Stereotype und Machtverhältnisse zu verstärken. Sich dem eigenen Ethnozentrismus bewusst zu sein und unterschiedliche Konzepte objektiv und inklusive ihrer jeweiligen Vor- und Nachteile betrachten zu können, stellt daher eine weitere wichtige Kompetenz in einer diversen Gesellschaft dar. Drittens führen einfache Zuschreibungen und Einordnungen der Handlungen anderer Menschen in einer »super-diversen« Welt zu Fehleinschätzungen und Konflikten. Wo immer möglich, sollte mit dem Gegenüber daher in einen offenen Dialog über die möglichen kulturellen Unterschiede eingetreten werden.

Insgesamt zeigt sich, dass neben den Herausforderungen, die migrationsbedingte Vielfalt im pädagogischen Alltag mit sich bringt, dringend die Chancen der Diversität im Blick behalten werden sollten. Kita-Kräfte sollten befähigt werden, die Herausforderungen besser zu meistern. Gleichzeitig sollten die positiven Aspekte in den Blick gerückt und Hürden abgebaut werden, damit die Potenziale von Diversität in den pädagogischen Einrichtungen nutzbar werden.

Eines der größten Missverständnisse in diesem Bereich liegt allerdings darin, dass sich interkulturelle Kompetenz quasi »naturwüchsig« entwickele oder bei Menschen mit einer offenen und positiven Haltung anderen Menschen gegenüber gar automatisch gegeben wäre. Viele pädagogische Fachkräfte halten sich daher selbst für interkulturell kompetent, bewerten aber kulturelle Unterschiede gleichzeitig aus der eigenen ethnozentrischen Perspektive oder vermitteln stereotype Bilder anderer Kulturen, ohne dies zu bemerken. Denn die Befähigung zur Identifikation solcher verzerrten Muster und Bewertungen ist gerade ein wichtiger Lerneffekt, den professionelle interkulturelle Weiterbildungen anstreben. Eine wich-

7 Fazit: Migrationssensible Zusammenarbeit mit Eltern, Kindern und im Team

tige Voraussetzung dafür, dass sich die deutsche Frühpädagogik in Richtung einer stärkeren Migrationssensibilität entwickelt, liegt folglich im Erkennen des Bedarfs an interkultureller Fortbildung. Bereits die Teilnahme des Teams an einer professionellen interkulturellen Fortbildung oder Teambuilding-Maßnahme kann dabei wichtige Grundlagen legen, auf die im Rahmen von Teamsitzungen und Fallsupervisionen weiter aufgebaut werden kann.

Eine weitere große Aufgabe, der sich in einem ersten Schritt primär die Wissenschaft widmen sollte, um der Praxis anschließend entsprechende Modelle und Konzepte anzubieten, ist die Entwicklung weiterer Möglichkeiten, kulturelle Diversität ernst zu nehmen, aber gleichzeitig die Fallen, die die Thematisierung von Kultur begleiten, zu umgehen. In Bezug auf das interkulturelle Lernen junger Kinder ist in diesem Buch ein entsprechender Vorschlag unterbreitet worden. Deutlich wurde dabei auch, dass sich die Wissenschaft nicht darauf beschränken kann, theoretische Leitlinien zu entwickeln, sondern es auch der Ausarbeitung konkreter Methoden bedarf, damit diese Leitlinien in der Praxis umgesetzt werden können. Während auch diese Konzepte und Methoden interkulturellen Lernens mit Bezug auf junge Kinder selbstverständlich weiterentwickelt werden können und sollten, bedarf es insbesondere aber spezifischer Vorschläge in Bezug auf andere Personengruppen und Arbeitsfelder. Denn es kann davon ausgegangen werden, dass es nur mittels einer spezifischen kontext-, zielgruppen- und handlungsfeldspezifischen Perspektive gelingen kann, Ansätze interkultureller Kompetenz und interkulturellen Lernens zu entwickeln, die die dringend notwendigen Kompetenzen in einer diversen Gesellschaft fördern und gleichzeitig die mit der der Kulturthematisierung verbundenen Fallen umgehen (Morgan, 2020a).

Literatur

Ackermann, L. & Georgi, V. (2011). Lehrende mit Migrationshintergrund im Verhältnis zu schulischen Akteurinnen und Akteuren. In V. Georgi, L. Ackermann & N. Karakaş (Hrsg.), *Vielfalt im Lehrerzimmer: Selbstverständnis und schulische Integration von Lehrenden mit Migrationshintergrund in Deutschland* (S. 145–183). Waxmann.

Adair, J. K., Tobin, J. & Arzubiaga, A. E. (2012). The Dilemma of Cultural Responsiveness and Professionalization: Listening Closer to Immigrant Teachers Who Teach Children of Recent Immigrants. *Teachers College Record, 114*(12), 1–37.

Adler, N. J. (1980). Cultural Synergy: The Management of Cross-Cultural Organizations. In W. W. Burke & L. D. Goodstein (Hrsg.), *Trends and issues in OD: Current theory and practice* (S. 163–184). University Associates.

Ahyoud, N., Aikins, J. K., Bartsch, S., Bechert, N., Gyamerah, D. & Wagner, L. (2018). *Wer nicht gezählt wird, zählt nicht: Antidiskriminierungs- und Gleichstellungsdaten in der Einwanderungsgesellschaft - eine anwendungsorientierte Einführung.* https://www.kiwit.org/media/material-downloads/antidiskriminierungs_-_gleich stellungsdaten_-_einfuehrung.pdf

Ainsworth, M. D. S., Blehar, M. C., Waters, E. & Wall, S. (1978). *Patterns of Attachment: A Psychological Study of the Strange Situation.* Erlbaum.

Akbaba, Y., Bräu, K. & Zimmer, M. (2013). Erwartungen und Zuschreibungen. Eine Analyse und kritische Reflexion der bildungspolitischen Debatte zu Lehrer/innen mit Migrationshintergrund. In K. Bräu, V. Georgi, Y. Karakaşoğlu & C. Rotter (Hrsg.), *Lehrerinnen und Lehrer mit Migrationshintergrund: Zur Relevanz eines Merkmals in Theorie, Empirie und Praxis* (S. 37–57). Waxmann.

Akbaş, B. & Leiprecht, R. (2015a). Auf der Suche nach Erklärungen für die geringe Repräsentanz von Fachkräften mit Migrationshintergrund im frühpädagogischen Berufsfeld: Ergebnisse einer Befragung an Kindertagesstätten, Berufsfachschulen und Fachakademien. In *Frühkindliche Erziehung und Bildung in der Migrationsgesellschaft* (S. 207–228). Springer VS.

Akbaş, B. & Leiprecht, R. (2015b). *Pädagogische Fachkräfte mit Migrationshintergrund in Kindertagesstätten.* BIS.

Aktion Mensch. (o.J.). *Was ist Inklusion?* https://www.aktion-mensch.de/dafuerstehen-wir/was-ist-inklusion?gclid=Cj0KCQjwna2FBhDPARIsACAEc_VejitwZk 2OE-TLshF1-9I8nmvXpjONtfxTov3Nhsij_tj02oTOvZsaAiRLEALw_wcB

Ali-Tani, C. (2017). *Wie Kinder Vielfalt wahrnehmen: Vorurteile in der frühen Kindheit und die pädagogischen Konsequenzen.* https://www.kita-fachtexte.de/uploads/media/KiTaFT_AliTani_2017_WIeKinderVielfaltwahrnehmen.pdf

Al-Khatib, A. J. (2013). *A Case Study of an Early Childhood Minority Teacher and How She Formed Her Professional Identity* [Kent State University College and Graduate School of Education, Health, and Human Services, Kent]. https://etd.ohiolink.edu/rws_etd/document/get/kent1364315701/inline

Allport, G. W. (1954). *The nature of prejudice.* Addison-Wesley.

Ansari, M., Höhme, E., Krause, A., Lindemann, U., Richter, S. & Wagner, P. (Hrsg.). (2016). *Die Zusammenarbeit im Team vorurteilsbewusst gestalten.* wamiki.

Aschenbrenner-Wellmann, B. (2009). Diversity-Kompetenz: Überlegungen zu einer Schlüsselqualifikation für Theorie und Praxis der Sozialen Arbeit. In B. Aschenbrenner-Wellmann (Hrsg.), *Mit der Vielfalt leben: Verantwortung und Respekt in der Diversity- und Antidiskriminierungsarbeit mit Personen, Organisationen und Sozialräumen* (S. 61–85). Verlag der Evangelischen Gesellschaft.

Aschenbrenner-Wellmann, B. (2017). Diversity-Lernen - eine Selbstverständlichkeit für Kindertageseinrichtungen? Chancen, Anforderungen und Widersprüche für Bildungsprozesse in der Migrationsgesellschaft. In C. Wustmann, S. Kägi & J. Müller (Hrsg.), *Diversity im Feld der Pädagogik der Kindheit* (S. 222–247). Beltz Juventa.

Auernheimer, G. (1990). *Einführung in die interkulturelle Erziehung.* Wissenschaftliche Buchgesellschaft.

Auernheimer, G. (2013). Interkulturelle Kommunikation, mehrdimensional betrachtet, mit Konsequenzen für das Verständnis von interkultureller Kompetenz. In G. Auernheimer (Hrsg.), *Interkulturelle Kompetenz und pädagogische Professionalität* (S. 37–70). VS Verlag für Sozialwissenschaften.

Auernheimer, G. (2016). *Einführung in die Interkulturelle Pädagogik.* WBG.

Autorengruppe Fachkräftebarometer (2019). *Fachkräftebarometer Frühe Bildung 2019.* https://www.fachkraeftebarometer.de/fileadmin/Redaktion/Publikation_FKB2019/Fachkraeftebarometer_Fruehe_Bildung_2019_web.pdf

Bargsten, A. (2012). Ziele von Erziehungs- und Bildungspartnerschaften. In W. Stange, R. Krüger, A. Henschel & C. Schmitt (Hrsg.), *Erziehungs- und Bildungspartnerschaften: Grundlagen und Strukturen von Elternarbeit* (S. 391–395). Springer VS.

Barmeyer, C. (2010). Kulturdimensionen und Kulturstandards. In C. Barmeyer, P. Genkova & J. Scheffer (Hrsg.), *Interkulturelle Kommunikation und Kulturwissenschaft: Grundbegriffe, Wissenschaftsdisziplinen, Kulturräume* (S. 93–127). Stutz.

Barmeyer, C. (2012). *Taschenlexikon Interkulturalität.* Vandenhoeck & Ruprecht.

Barmeyer, C. (2018). *Konstruktives interkulturelles Management.* Vandenhoeck & Ruprecht.

Barth, B., Flaig, B. B., Schäuble, N. & Tautscher, M. (Hrsg.). (2018). *Praxis der Sinus-Milieus: Gegenwart und Zukunft eines modernen Gesellschafts- und Zielgruppenmodells*. Springer VS.

Barwig, K. & Hinz-Rommel, W. (Hrsg.). (1995). *Interkulturelle Öffnung sozialer Dienste*. Lambertus.

Baumert, J. & Schümer, G. (2001). Familiäre Lebensverhältnisse, Bildungsbeteiligung, Kompetenzerwerb. In Deutsches PISA-Konsortium (Hrsg.), *PISA 2000: Basiskompetenzen von Schülerinnen und Schülern im internationalen Vergleich* (S. 323–410). Leske + Budrich.

Baumrind, D. (1966). Effects of Authoritative Parental Control on Child Behavior. *Child Development, 37*(4), 887–907.

Baumrind, D. (1967). Child care practices anteceding three patterns of preschool behavior. *Genetic Psychology Monographs, 75*(1), 43–88.

Baumrind, D. (1971). Current patterns of parental authority. *Developmental Psychology, 4*, 1–101.

Bayerisches Staatsministerium für Familie, Arbeit und Soziales & Staatsinstitut für Frühpädagogik München (Hrsg.). (2019). *Der Bayerische Bildungs- und Erziehungsplan für Kinder in Tageseinrichtungen bis zur Einschulung*. Cornelsen. https://www.ifp.bayern.de/veroeffentlichungen/books/bildungs-erziehungsplan/6/

Beauftragte der Bundesregierung für die Belange von Menschen mit Behinderungen (Hrsg.). (2017). *Die UN-Behindertenrechtskonvention: Übereinkommen über die Rechte von Menschen mit Behinderungen. Die amtliche, gemeinsame Übersetzung von Deutschland, Österreich, Schweiz und Lichtenstein.* https://www.behindertenbeauftragte.de/SharedDocs/Publikationen/UN_Konvention_deutsch.pdf?__blob=publicationFile&v=2

Beelmann, A. & Neudecker, C. (2020). Entwicklungspsychologische Grundlagen für die Entstehung von Vourteilen. In L.-E. Petersen & B. Six (Hrsg.), *Stereotype, Vorurteile und soziale Diskriminierung: Theorien, Befunde und Interventionen* (S. 113–124). Beltz.

Bennett, J. M. (2015). Description, Interpretation, Evaluation. In J. M. Bennett (Hrsg.), *The SAGE encyclopedia of intercultural competence* (S. 221–222).

Bereznai, A. (2017). Mehrsprachigkeit leben: Sprachliche Vielfalt in Kitas als Entwicklungschance für alle. In B. Lamm (Hrsg.), *Handbuch interkulturelle Kompetenz: Kultursensitive Arbeit in der Kita* (S. 188–196). Herder.

Berry, J. W. (2006). Conceptual Approaches to Acculturation. In D. L. Sam & J. W. Berry (Hrsg.), *The Cambridge Handbook of Acculturation Psychology* (S. 17–37). Cambridge University Press.

Betz, T. (2015). *Das Ideal der Bildungs- und Erziehungspartnerschaft: Kritische Fragen an eine verstärkte Zusammenarbeit zwischen Kindertageseinrichtungen, Grundschulen und Familien.* Bertelsmann Stiftung.

Betz, T., Bischoff, S., Eunicke, N., Kayser, L. B. & Zink, K. (2017). *Partner auf Augenhöhe? Forschungsbefunde zur Zusammenarbeit von Familien, Kitas und Schulen mit Blick auf Bildungschancen.* Bertelsmann Stiftung.

Betz, T., Bischoff-Pabst, S., Eunicke, N. & Menzel, B. (2019). *Kinder zwischen Chancen und Barrieren: Zusammenarbeit zwischen Kita und Familie: Perspektiven und Herausforderungen.* Bertelsmann Stiftung. https://www.bertelsmann-stiftung.de/fileadmin/files/Projekte/Familie_und_Bildung/Studie_WB_Kinder_zwischen_Chancen_und_Barrieren_Kita_Forschungsbericht_1_2019.pdf https://doi.org/10.11586/2019063

BMFSFJ. (2020). *Gelebte Vielfalt: Familien mit Migrationshintergrund in Deutschland.* BMFSFJ. https://www.bmfsfj.de/blob/116880/a75bd78c678436499c1afa0e718c1719/gelebte-vielfalt-familien-mit-migrationshintergrund-in-deutschland-data.pdf

Boas, F. (1904). The History of Anthropology. *Science, 20*(512), 513–524.

Bolten, J. (2006). Interkultureller Trainingsbedarf aus der Perspektive der Problemerfahrungen entstandter Führungskräfte. In K. Götz (Hrsg.), *Interkulturelles Lernen, interkulturelles Training* (S. 57–75). Hampp.

Bolten, J. (2018). *Einführung in die Interkulturelle Wirtschaftskommunikation.* Vandenhoeck & Ruprecht.

Bolten, J. (2020). Rethinking Intercultural Competence. In G. Rings & S. M. Rasinger (Hrsg.), *Cambridge handbooks in language and linguistics. The Cambridge handbook of intercultural communication* (S. 56–67). Cambridge University Press.

Boos-Nünning, U. (2011). *Migrationsfamilien als Partner von Erziehung und Bildung: Expertise im Auftrag der Abteilung Wirtschafts- und Sozialpolitik der Friedrich-Ebert-Stiftung.* http://library.fes.de/pdf-files/wiso/08725.pdf

Borke, J. (2017). Der interkulturelle Ansatz in den Bildungs- und Orientierungsplänen: Ein Rahmen zur individuellen Ausgestaltung und konkreten Umsetzung. In B. Lamm (Hrsg.), *Handbuch interkulturelle Kompetenz: Kultursensitive Arbeit in der Kita* (S. 109–121). Herder.

Borke, J. & Keller, H. (2021). *Kultursensitive Frühpädagogik. Entwicklung und Bildung in der Frühen Kindheit.* Kohlhammer.

Borke, J., Lamm, B. & Schröder, L. (2019). *Kultursensitive Entwicklungspsychologie (0–6 Jahre): Grundlagen und Praxis für pädagogische Arbeitsfelder.* Vandenhoeck & Ruprecht.

Bossong, L. (2016). *Kulturell divergierende Vorstellungen von Erziehung, frühkindlicher Bildung und Betreuung in deutschen Kindertageseinrichtungen: Die Perspektiven von pädagogischen Fachkräften und von Müttern aus unterschiedlichen ökosozialen Kontexten [Dissertation]. Universität Osnabrück, Osnabrück.

Reflexive Anthropologie. (1996). Suhrkamp.

Bowlby, J. (1951). *Maternal Care and Mental Health*. World Health Organisation.

Bowlby, J. (1953). *Child care and the growth of love*. Penguin Books.

Bowlby, J. (1969). *Attachment and Loss (Vol.1). Attachment.* Penguin Books.

Bowlby, J. (1975). *Attachment and Loss (Vol. 2). Separation: Anxiety and Anger.* Basic Books and Penuin Books.

Bowlby, J. (1981). *Attachment and Loss (Vol. 3). Loss: Sadness and Depression.* Penguin Books.

Braches-Chyrek, R. (2021). *Theorien, Konzepte und Ansätze der Kindheitspädagogik.* Wochenschau Verlag.

Bronner, K. & Paulus, S. (2017). *Intersektionalität: Geschichte, Theorie und Praxis.* Barbara Budrich.

Buengeler, C. & Homan, A. C. (2016). Diversity in Teams: Was macht diverse Teams erfolgreich? In P. Genkova & T. Ringeisen (Hrsg.), *Handbuch Diversity Kompetenz: Perspektiven und Anwendungsfelder* (S. 663–677). Springer.

Chao, R. K. (1994). Beyond parental control and authoritarian parenting style: Understanding Chinese parenting through the cultural notion of training. *Child Development, 65*(4), 1111–1119.

Chhokar, J. S. (Hrsg.). (2009). *Culture and leadership across the world: The GLOBE book of in-depth studies of 25 societies*. Psychology Press. http://www.loc.gov/catdir/enhancements/fy0728/2007297387-d.html

Chilla, S. & Niebuhr-Siebert, S. (2017). *Mehrsprachigkeit in der KiTa: Grundlagen, Konzepte, Bildung*. Kohlhammer.

Cho, C. L. (2010). ›Qualifying‹ as Teacher: Immigrant Teacher Candidates' Counter-Stories. *Canadian Journal of Educational Administration and Policy, 100*.

Cloos, P., Kalicki, B., Lamm, B. & Leyendecker, B. (Hrsg.). (2020). *Zusammenarbeit mit vielfältigen Familien*. Herder.

Crenshaw, K. (1989). Demarginalizing the Intersection of Race and Sex: A Black Feminist Critique of Antidiscrimination Doctrine, Feminist Theory and Antiracist Politics. *University of Chicago Legal Forum* (1), 139–167.

Deardorff, D. K. (2006). *Policy Paper zur Interkulturellen Kompetenz*. Bertelsmann Stiftung.

Degner, J. & Dalege, J. (2013). The apple does not fall far from the tree, or does it? A meta-analysis of parent-child similarity in intergroup attitudes, *139*(6), 1270–1304.

Delcroix, C. (2013). Creative Parenting in Transnational Families. In H.-G. Soeffner (Hrsg.), *Transnationale Vergesellschaftungen* (S. 1159–1166). Springer.

Deniz, C. (2012). Perspektiven für die Elternarbeit mit migrantischen Familien. In W. Stange, R. Krüger, A. Henschel & C. Schmitt (Hrsg.), *Erziehungs- und Bildungspartnerschaften: Grundlagen und Strukturen von Elternarbeit* (S. 326–331). Springer VS.

Derman-Sparks, L. (1989). *Anti-Bias Curriculum: Tools for Empowering Young Children*. National Association for the Education.

Derman-Sparks, L. (2017). Anti-Bias Education for Everyone - Vorurteilsbewusste Bildung und Erziehung für alle. In P. Wagner (Hrsg.), *Handbuch Inklusion: Grundlagen vorurteilsbewusster Bildung und Erziehung* (S. 299–314). Herder.

Derman-Sparks, L. & Edwards, J. O. (2010). *Anti-Bias Education for Young Children and Ourselves*. National Association for the Education.

Derman-Sparks, L. & Ramsey, P. G. (2011). *What if all the kids are white? Anti-bias multicultural education with young children and families*. Teachers College Press.

Diehm, I. (2008). Pädagogik der frühen Kindheit in der Einwanderungsgesellschaft. In W. Thole, H.-G. Rossbach, M. Foelling-Albers & R. Tippelt (Hrsg.), *Bildung und Kindheit. Pädagogik der frühen Kindheit in Wissenschaft und Lehre* (S. 203–213). Barbara Budrich.

Dippelhofer-Stiem, B. (2002). Kindergarten und Vorschulkinder im Spiegel pädagogischer Wertvorstellungen von Erzieherinnen und Eltern. *Zeitschrift für Erziehungswissenschaft, 5*(4), 655–671.

Domenech Rodríguez, M. M., Donovick, M. R. & Crowley, S. L. (2009). Parenting styles in a cultural context: Observations of »protective parenting« in first-generation Latinos. *Family Process, 48*(2), 195–210.

Duden. (o. J.). *Kultur*. https://www.duden.de/rechtschreibung/Kultur

Edelmann, D. (2007). *Pädagogische Professionalität im transnationalen sozialen Raum: Eine qualitative Untersuchung über den Umgang von Lehrpersonen mit der migrationsbedingten Heterogenität in ihren Klassen*. LIT.

Edelmann, D. (2010). Frühe Förderung von Kindern aus Familien mit Migrationshintergrund - von Betreuung und Erziehung zu Bildung und Integration. In M. Stamm & D. Edelmann (Hrsg.), *Frühkindliche Bildung, Betreuung und Erziehung: Was kann die Schweiz lernen?* (S. 197–217). Rüegger.

Esser, H. (2001). Integration und ethnische Schichtung. *Arbeitspapiere - Mannheimer Zentrum für Europäische Sozialforschung, 40*.

Fachkommission der Bundesregierung zu den Rahmenbedingungen der Integrationsfähigkeit. (2020). *Gemeinsam die Einwanderungsgesellschaft gestalten: Bericht der Fachkommission der Bundesregierung zu den Rahmenbedingungen der Integrationsfähigkeit*. https://www.fachkommission-integrationsfähigkeit.de/resource/blob/1786706/1787474/fb4dee12f1f2ea5ce3e68517f7554b7f/bericht-de-data.pdf?download=1

Literatur

Farrokhzad, S., Ottersbach, M., Tunç, M. & Meuer-Willuweit, A. (2011). *Verschieden - Gleich - Anders? Geschlechterarrangements im intergenerativen und interkulturellen Vergleich*. VS Verlag für Sozialwissenschaften.

Fee, J. F. (2011). Latino Immigrant and Guest Bilingual Teachers: Overcoming Personal, Professional, and Academic Culture Shock. *Urban Education*(46), 390–407.

Filtzinger, O. (2014). Interkulturelle Öffnungsprozesse gestalten - im Elementarbereich. In E. Vanderheiden & C.-H. Mayer (Hrsg.), *Handbuch interkulturelle Öffnung: Grundlagen, Best Practice, Tools* (S. 203–217). Vandenhoeck & Ruprecht.

Fischer, S. (2017). Kultursensible Zusammenarbeit mit Eltern. In G. Aich, C. Kuboth & M. Behr (Hrsg.), *Kooperation und Kommunikation mit Eltern in frühpädagogischen Einrichtungen* (S. 62–86). Beltz Juventa.

Flaig, B. B. & Schleer, C. (2018). Migrantische Lebenswelten in Deutschland: Update des Modells der Sinus-Migrantenmilieus®. In B. Barth, B. B. Flaig, N. Schäuble & M. Tautscher (Hrsg.), *Praxis der Sinus-Milieus: Gegenwart und Zukunft eines modernen Gesellschafts- und Zielgruppenmodells* (S. 113–124). Springer VS.

Florence, N. (2011). *Immigrant Teachers, American Students: Cultural Differences, Cultural Disconnections*. Palgrave Macmillan.

Focali, E. & Viernickel, S. (Hrsg.). (2009). *Sprachen und Kulturen sichtbar machen: Interkulturelle Kompetenzen bei Kleinstkindern*. Bildungsverlag EINS.

Franken, S. (2016). Potenziale der kulturellen Diversität in Unternehmen. In P. Genkova & T. Ringeisen (Hrsg.), *Handbuch Diversity Kompetenz: Perspektiven und Anwendungsfelder* (S. 437–449). Springer.

Fried, L. (2003). Pädagogische Programme und subjektive Orientierungen. In L. Fried, B. Dippelhofer-Stiem, M. S. Honig & L. Lioglo (Hrsg.), *Einführung in die Pädagogik der frühen Kindheit* (S. 54–85). Beltz.

Fröbel, F. (1826). *Die Menschenerziehung: Die Erziehungs-, Unterrichts- und Lehrkunst, angestrebt in der Allgemeinen Deutschen Erziehungsanstalt zu Keilhau*. Eigenverlag.

Fuchs-Rechlin, K. & Strunz, E. (2014). *Die berufliche, familiäre und ökonomische Situation von Erzieherinnen und Kinderpflegerinnen. Sonderauswertung des Mikrozensus. Im Auftrag der Max-Traeger-Stiftung der GEW*. http://www.gew.de/index.php?eID=dumpFile&t=f&f=20673&token=1c1207327d9790b80c4460054b6beafc0245a797&sdownload

Gaitanides, S. (2007). *»Man müsste mehr voneinander wissen!«: Umgang mit kultureller Vielfalt im Kindergarten*. Fachhochschulverlag.

Gaitanides, S. (2013). Interkulturelle Teamentwicklung: Beobachtungen in der Praxis. In *Interkulturelle Kompetenz und pädagogische Professionalität* (S. 155–172). Springer VS.

Gao, Y. (2010). *A Tale of Two Teachers: Chinese Immigrant Teachers' Professional Identity in US Foreign Language Classrooms* [Dissertation]. University of Minnesota, Minnesota. http://conservancy.umn.edu/bitstream/handle/11299/93898/Gao_umn_0130E_11192.pdf?sequence=1&isAllowed=y

Georgi, V. & Keküllüoğlu, F. (2018). Integration - Inklusion. In I. Gogolin, V. Georgi, M. Krüger-Potratz, D. Lengyel & U. Sandfuchs (Hrsg.), *Handbuch interkulturelle Pädagogik*. Julius Klinkhardt.

Gereke, I., Akbaş, B., Leiprecht, R. & Brokmann-Nooren, C. (o. J.). *Forschungsprojekt ›Pädagogische Fachkräfte mit Migrationshintergrund in Kindertagesstätten: Ressourcen - Potenziale - Bedarfe‹: Schlussbericht*. https://uol.de/f/1/inst/paedagogik/personen/rudolf.leiprecht/01NV1112_Schlussbericht-uebearb_15.12.14.pdf

Geserick, B. (2004). *Die Bedeutung von Bindung und mütterlicher Unterstützung für die emotionale Regulation von sechsjährigen Kindern in Anforderungssituationen* [Dissertation]. Justus-Liebig-Univerität Gießen, Gießen. http://geb.uni-giessen.de/geb/volltexte/2004/1814/pdf/GeserickBarbara-2004-07-20.pdf

GLOBE. (o.J.). *GLOBE 2020 Project*. https://globeproject.com/about?page_id=intro#globe2020_intro

Gögercin, S. (2018). Integration und aktuelle sozialwissenschaftliche Integrationskonzepte: Ein Überblick. In B. Blank, S. Gögercin, K. E. Sauer & B. Schramkowski (Hrsg.), *Soziale Arbeit in der Migrationsgesellschaft: Grundlagen - Konzepte - Handlungsfelder* (S. 173–186). Springer VS.

Gramelt, K. (2021). Diversity in der Kindheitspädagogik und Familienbildung. In V. Fischer & K. Gramelt (Hrsg.), *Diversity in der Kindheitspädagogik und Familienbildung* (S. 16–56). Wochenschau Verlag.

Gresch, C. (2012). *Der Übergang in die Sekundarstufe I*. Springer.

Gröschke, D. (2016). Diversity Kompetenz: Führung von und in (interkulturellen) Teams. In P. Genkova & T. Ringeisen (Hrsg.), *Handbuch Diversity Kompetenz: Perspektiven und Anwendungsfelder* (S. 649–662). Springer.

Hall, E. T. (1969). *The hidden dimension*. Anchor Books.

Hall, E. T. (1976). *Beyond culture*. Anchor Books.

Hall, E. T. (1989). *The dance of life: The other dimension of time*. Anchor Books.

Hall, E. T. (1990). *The silent language*. Anchor Books.

Hall, S. (1994). *Rassismus und kulturelle Identität*. Argument.

Hambrecht, N. (2019). Sooo viele Kinder. In M. Morgan (Hrsg.), *Interkulturelles Lernen mit Kinderbüchern: Eine Literatur-Analyse zur Unterstützung interkulturellen Lernens in der Kita. 2. erweiterte Version Stand August 2019* (S. 19–20). https://www.ikk.uni-muenchen.de/download/kinderbuchprojekt2019.pdf

Literatur

Hamburger, F. (1984). Erziehung in der Einwanderungsgesellschaft. In *Der gläserne Fremde* (S. 59–70). VS Verlag für Sozialwissenschaften. https://doi.org/10.1007/978-3-322-92591-6_4

Hamburger, F. (2012). *Abschied von der Interkulturellen Pädagogik*. Juventa.

Hamburger, F., Seus, L. & Wolter, O. (1984). Über die Unmöglichkeit, Politik durch Pädagogik zu ersetzen. In H. M. Griese (Hrsg.), *Der gläserne Fremde: Bilanz und Kritik der Gastarbeiterforschung und der Ausländerpädagogik* (S. 32–42). VS Verlag für Sozialwissenschaften.

Hansen, N. & Sassenberg, K. (2020). Reaktionen auf soziale Diskriminierung. In L.-E. Petersen & B. Six (Hrsg.), *Stereotype, Vorurteile und soziale Diskriminierung: Theorien, Befunde und Interventionen* (S. 288–297). Beltz.

Harkness, S., Super, C. M. & Keefer, C. H. (1992). Learning to be an American parent: How cultural models gain directive force. In R. G. D'Andrade & C. Strauss (Hrsg.), *Human motives and cultural models*. Cambridge University Press.

Herder, J. G. (1990 [1774]). *Auch eine Philosophie der Geschichte zur Bildung der Menschheit*. Reclam.

Herrmann, K., Sauerhering, M. & Völker, S. (2017). *Vielfalt leben und erleben! Chancen und Herausforderungen der Heterogenität*. nifbe-Beiträge zur Professionalisierung Nr. 7. https://www.nifbe.de/images/nifbe/Aktuelles_Global/2018/Vielfalt.pdf

Herzog, W. (2003). Interkulturelle Kompetenz - Grundlagen, Probleme und Konzepte. *Erwägen Wissen Ethik*, *14*(1), 178–190.

Hinz, A. (2002). Von der Integration zur Inklusion - terminologisches Spiel oder konzeptionelle Weiterentwicklung? *Zeitschrift für Heilpädagogik*, 354–361.

Hinz-Rommel, W. (1994). *Interkulturelle Kompetenz: Ein neues Anforderungsprofil für die soziale Arbeit*. Waxmann.

Hofbauer, C. (2017). *Kinder mit Fluchterfahrung in der Kita: Leitfaden für die pädagogische Praxis*. Herder.

Hofstede, G. (2000). *Culture's consequences: International differences in work-related values* (Bd. 5). Sage.

Hofstede, G. & Hofstede, G. J. (2011). *Lokales Denken, globales Handeln: Interkulturelle Zusammenarbeit und globales Management*. Deutscher Taschenbuch Verlag.

Hofstede, G., Hofstede, G. J. & Minkov, M. (2010). *Cultures and organizations: Software of the mind : intercultural cooperation and its importance for survival*. McGraw-Hill.

House, R. J. (Hrsg.). (2011). *Culture, leadership, and organizations: The GLOBE study of 62 societies*. Sage.

House, R. J., Dorfman, P. W., Javidan, M., Hanges, P. J. & Sully De Luque, M. F. (2014). *Strategic leadership across cultures: The GLOBE study of CEO leadership behavior and effectiveness in 24 countries*. SAGE.

Hüsler, S. (2011). *Verse, Lieder und Reime - traditionelle sprachliche Bildung für die Kleinsten quer durch viele Sprachen.* https://www.dji.de/fileadmin/user_upload/bibs/672_Expertise_Huesler_Kinderlieder.pdf

Ialuna, F. & Leyendecker, B. (2020). Zusammenarbeit mit (neu-)zugewanderten Eltern: Aktuelle Herausforderungen durch geflüchtete Famiien und ethnische Minderheiten. In P. Cloos, B. Kalicki, B. Lamm & B. Leyendecker (Hrsg.), *Zusammenarbeit mit vielfältigen Familien* (S. 90–101). Herder.

Jahreiß, S. (2018). Sprachenvielfalt und Mehrsprachigkeit wertschätzen: Ideen und Materialien für den Kita-Alltag. *TPS Theorie und Praxis der Sozialpädagogik* (5), 42–46. https://www.mehrsprachigkeit.uni-hamburg.de/foerderung-von-mehrsprachigkeit/tps-5-18-042-046-spektrum-jahreiss.pdf

Jahreiß, S., Ertanir, B., Frank, M. & Sachse, S. (2017). Sprachenvielfalt und Mehrsprachigkeit in sprachlich heterogenen Kindertageseinrichtungen. *Journal of Childhood and Adolescence Research* (4), 439–453.

Jonas, K. & Schmid Mast, M. (2007). Stereotyp und Vorurteil. In J. Straub, A. Weidemann & D. Weidemann (Hrsg.), *Handbuch interkulturelle Kommunikation und Kompetenz: Grundbegriffe, Theorien, Anwendungsfelder* (S. 69–75). J. B. Metzler.

Jugert, P., Eckstein, K., Beelmann, A. & Noack, P. (2016). Parents' influence on the development of their children's ethnic intergroup attitudes: a longitudinal analysis from middle childhood to early adolescence. *European Journal of Developmental Psychology, 13*(2), 213–230.

Kalicki, B. (2020). Die wechselseitigen Erwartungen von Eltern und Fachkräften an ihre Zusammenarbeit. In P. Cloos, B. Kalicki, B. Lamm & B. Leyendecker (Hrsg.), *Zusammenarbeit mit vielfältigen Familien* (S. 26–38). Herder.

Kalinec-Craig, C. A. (2014). Examining My Window and Mirror: A Pedagogical Reflection from a White Mathematics Teacher Educator about Her Experiences with Immigrant Latina Pre-service Teachers. *Association of Mexican-American Educators*(2), 45–54.

Karakaş, N. (2011). Benachteiligungs- und Diskriminierungserfahrungen. In V. Georgi, L. Ackermann & N. Karakaş (Hrsg.), *Vielfalt im Lehrerzimmer: Selbstverständnis und schulische Integration von Lehrenden mit Migrationshintergrund in Deutschland* (S. 214–241). Waxmann.

Karakaşoğlu, Y. (2011). Lehrer, Lehrerinnen und Lehramtsstudierende mit Migrationshintergrund: Hoffnungsträger der interkulturellen Öffnung von Schule. In U. Neumann & J. Schneider (Hrsg.), *Schule mit Migrationshintergrund* (S. 121–135). Waxmann.

Keller, H. (2011). *Kinderalltag: Kulturen der Kindheit und ihre Bedeutung für Bindung, Bildung und Erziehung.* Springer.

Keller, H. (2013). Kulturelle Modelle und ihre Bedeutung für die frühkindliche Bildung. In H. Keller (Hrsg.), *Interkulturelle Praxis in der Kita: Wissen - Haltung - Können* (S. 11–23). Herder.

Keller, H. (2019). *Mythos Bindungstheorie: Konzept - Methode - Bilanz.* Verlag das netz.

Keller, H. & Bard, K. A. (Hrsg.). (2017). *The Cultural Nature of Attachment: Contextualizing Relationships and Development.* MIT Press.

Keller, H. & Chaudhary, N. (2017). Is the Mother Essential for Attachment? Models of Care in Different Cultures. In H. Keller & K. A. Bard (Hrsg.), *The Cultural Nature of Attachment: Contextualizing Relationships and Development* (S. 109–138). MIT Press.

Keller, H. & Otto, H. (2009). The cultural socialization of emotion regulation during infancy. *Journal of Cross-Cultural Psychology, 40*(6), 996–1011.

Keller, J. (2020). Stereotype als Bedrohung. In L.-E. Petersen & B. Six (Hrsg.), *Stereotype, Vorurteile und soziale Diskriminierung: Theorien, Befunde und Interventionen* (S. 90–98). Beltz.

Kiesel, D. & Volz, F. R. (2013). »Anerkennung und Intervention«: Moral und Ethik als komplementäre Dimensionen interkultureller Kompetenz. In G. Auernheimer (Hrsg.), *Interkulturelle Kompetenz und pädagogische Professionalität* (S. 71–84). VS Verlag für Sozialwissenschaften.

Kitonga, N. (2010). *Postcolonial Construction of Self: Two Immigrant Secondary Science Teachers from Nigeria and Kenya Explore the Role of Cultural and Indigenous Beliefs in their Teaching* [Dissertation]. Chapman University, Orange, CA.

Klauer, K. C. (2020). Soziale Kategorisierung und Stereotypisierung. In L.-E. Petersen & B. Six (Hrsg.), *Stereotype, Vorurteile und soziale Diskriminierung: Theorien, Befunde und Interventionen* (S. 23–32). Beltz.

Koch, U. (2018). Vielfalt, Differenz und ›interkulturelle Kompetenz‹ im Diskurs. In B. Blank, S. Gögercin, K. E. Sauer & B. Schramkowski (Hrsg.), *Soziale Arbeit in der Migrationsgesellschaft: Grundlagen - Konzepte - Handlungsfelder* (S. 187–198). Springer VS.

Kölsch-Bunzen, N., Morys, R. & Knoblauch, C. (2015). *Kulturelle Vielfalt annehmen und gestalten: Eine Handreichung zur Umsetzung des Orientierungsplans für Kindertageseinrichtungen in Baden-Württemberg.* Herder.

Kristen, C. & Dollmann, J. (2010). Sekundäre Effekte der ethnischen Herkunft: Kinder aus türkischen Familien am ersten Bildungsübergang. In B. Becker & D. Reimer (Hrsg.), *Vom Kindergarten bis zur Hochschule: Die Generierung von ethnischen und sozialen Disparitäten in der Bildungsbiographie* (S. 117–144). VS Verlag für Sozialwissenschaften.

Krüger-Potratz, M. (2005). *Interkulturelle Bildung: Eine Einführung.* Waxmann.

Krüger-Potratz, M. (2018). Interkulturelle Pädagogik. In I. Gogolin, V. Georgi, M. Krüger-Potratz, D. Lengyel & U. Sandfuchs (Hrsg.), *Handbuch interkulturelle Pädagogik* (S. 183–190). Julius Klinkhardt.

Küchler, A. & Ivanova, A. (2019). Anerkennung als Voraussetzung für inklusives und migrationspädagogisches Handeln in der Schule. *Zeitschrift für Pädagogik*, 65(3), 315–334.

Kul, A. (2013). »Jetzt kommen die Ayşes auch ins Lehrerzimmer und bringen den Islam mit«: Subjektiv bedeutsame Erfahrungen von Referendarinnen und Referendaren im Rassismuskontext. In K. Bräu, V. Georgi, Y. Karakaşoğlu & C. Rotter (Hrsg.), *Lehrerinnen und Lehrer mit Migrationshintergrund: Zur Relevanz eines Merkmals in Theorie, Empirie und Praxis* (S. 157–171). Waxmann.

Kultusministerkonferenz & Jugendministerkonferenz (Hrsg.). (2004). *Gemeinsamer Rahmen der Länder für die frühe Bildung in Kindertageseinrichtungen*. http://www.kmk.org/fileadmin/veroeffentlichungen_beschluesse/2004/2004_06_04-Fruehe-Bildung-Kitas.pdf

Lamm, B. (Hrsg.). (2017). *Handbuch interkulturelle Kompetenz: Kultursensitive Arbeit in der Kita*. Herder.

Lamm, B. (2020). Familienkulturen. In P. Cloos, B. Kalicki, B. Lamm & B. Leyendecker (Hrsg.), *Zusammenarbeit mit vielfältigen Familien* (S. 52–63). Herder.

Lamm, B., Keller, H., Teiser, J., Gudi, H., Yovsi, R. D., Freitag, C., Poloczek, S., Fassbender, I., Suhrke, J., Teubert, M., Vöhringer, I., Knopf, M., Schwarzer, G. & Lohaus, A. (2018). Waiting for the Second Treat: Developing Culture-Specific Modes of Self-Regulation. *Child Development*, 89(3), 261–277.

Lansford, J. E., Sharma, C., Malone, P. S., Woodlief, D., Dodge, K. A., Oburu, P., Pastorelli, C., Skinner, A. T., Sorbring, E., Tapanya, S., Tirado, L. M. U., Zelli, A., Al-Hassan, S. M., Alampay, L. P., Bacchini, D., Bombi, A. S., Bornstein, M. H., Chang, L., Deater-Deckard, K. & Di Giunta, L. (2014). Corporal punishment, maternal warmth, and child adjustment: a longitudinal study in eight countries. *Journal of clinical child and adolescent psychology: the official journal for the Society of Clinical Child and Adolescent Psychology, American Psychological Association, Division 53*, 43(4), 670–685.

Leenen, W. R., Groß, A. & Grosch, H. (2013). Interkulturelle Kompetenz in der Sozialen Arbeit. In G. Auernheimer (Hrsg.), *Interkulturelle Kompetenz und pädagogische Professionalität* (S. 105–126). VS Verlag für Sozialwissenschaften.

Leiprecht, R. (2008). Eine diversitätsbewusste und subjektorientierte Sozialpädagogik: Begriffe und Konzepte einer sich wandelnden Disziplin. *Neue Praxis. Zeitschrift für Sozialarbeit und Sozialpädagogik*, 38, 427–439.

Leung, A. K., Maddux, W. W., Galinsky, A. D. & Chiu, C.-Y. (2008). Multicultural Experience Enhances Creativity: The When and How. *American Psychologist*, 63, 169–181.

Mac Naughton, G. M. (2006). Respect for diversity: An international overview. *Working Papers in Early Childhood Development, Nr. 40*.

Maccoby, E. & Martin, J. A. (1983). Socialization in the context of the family: Parent child interaction. In E. M. Hetherington (Hrsg.), *Handbook of child psychology 4: Socialization, personality, and social development* (S. 1-102). John Wiley & Sons.

Main, M. & Solomon, J. (1986). Discovery of an insecure-disorganized/disoriented attachment pattern: Prodecures, findings and implications for the classification of behavior. In T. B. Brazelton & M. W. Yogman (Hrsg.), *Affective development in infancy* (S. 95-124). Ablex.

Markus, H. R. & Kitayama, S. (1991). Culture and the Self: Implications for Cognition, Emotion, and Motivation. *Psychological Review, 98*(2), 224-253.

Massing, C. (2015). Authoring Professional Identities: Immigrant and Refugee Women's Experiences in an Early Childhood Teacher Education Program. *Canadian Children, 40*(1), 73-99.

Mayer, C.-H. & Vanderheiden, E. (2014). Grundlagentexte: Begriffe und Konzepte im Kontext interkultureller Öffnung. In E. Vanderheiden & C.-H. Mayer (Hrsg.), *Handbuch interkulturelle Öffnung: Grundlagen, Best Practice, Tools* (S. 27-66). Vandenhoeck & Ruprecht.

McKown, C. & Weinstein, R. S. (2003). The Development and Consequences of Stereotype Consciousness in Middle Childhood. *Child Development, 74*(2), 498-515.

McNamara, O., Howson, J., Gunter, H. & Fryers, A. (2009). *The Leadership Aspirations and Careers of Black and Minority Ethnic Teachers*. NASUWT and National College for Leadership of Schools and Children's Services.

Mecheril, P. (2003). *Prekäre Verhältnisse: Über natio-ethno-kulturelle (Mehrfach-) Zugehörigkeit*. Waxmann.

Mecheril, P. (2004). *Einführung in die Migrationspädagogik*. Beltz.

Mecheril, P. (2010). Migrationspädagogik: Hinführung zu einer Perspektive. In P. Mecheril, do Mar Castro Varela, Maria, I. Dirim, A. Kalpaka & C. Melter (Hrsg.), *Migrationspädagogik* (S. 7-22). Beltz.

Mecheril, P. (2013). »Kompetenzlosigkeitskompetenz«: Pädagogisches Handeln unter Einwanderungsbedingungen. In G. Auernheimer (Hrsg.), *Interkulturelle Kompetenz und pädagogische Professionalität* (S. 15-35). VS Verlag für Sozialwissenschaften.

Mecheril, P. (Hrsg.). (2016). *Handbuch Migrationspädagogik*. Beltz.

Mecheril, P., do Mar Castro Varela, M., Dirim, I., Kalpaka, A. & Melter, C. (Hrsg.). (2010). *Migrationspädagogik*. Beltz.

Merget, E. & Richert, K. (2017). Herausforderungen für die Kita - Eltern mit Fluchterfahrung inkludieren. In G. Aich, C. Kuboth & M. Behr (Hrsg.), *Kooperation und Kommunikation mit Eltern in frühpädagogischen Einrichtungen* (S. 183–195). Beltz Juventa.

Meyer, E. (2015). *The culture map: Decoding how people think, lead, and get things done across cultures.* PublicAffairs.

Meyer, E. (2018). *Die Culture Map - Ihr Kompass Für das Internationale Business.* John Wiley & Sons Incorporated.

Moles, J. (2014). A Fair Game or No Contest? Contested Identitites in Teacher Education. *Gender and Education, 26*(2), 168–179.

Montessori, M. (1965). *Dr. Montessori's own handbook.* Schocken Books.

Montessori, M. (1969). *Die Entdeckung des Kindes.* Herder.

Montessori, M. (2021). *Meine Pädagogik: Einführung in eine neue Erziehung.* Herder.

Moosmüller, A. (2000). Die Schwierigkeit mit dem Kulturbegriff in der interkulturellen Kommunikation. In R. Alsheimer, A. Moosmüller & K. Roth (Hrsg.), *Lokale Kulturen in einer globalisierten Welt* (S. 15–32). Waxmann.

Moosmüller, A. (2009). Kulturelle Differenz: Diskurse und Kontexte. In A. Moosmüller (Hrsg.), *Konzepte kultureller Differenz: Diskurse und Kontexte* (S. 13–45). Waxmann.

Moosmüller, A. (Hrsg.). (2020). *Münchener Beiträge zur interkulturellen Kommunikation: Bd. 30. Interkulturelle Kompetenz: Kritische Perspektiven.* Waxmann.

Morgan, M. (2016). *Erziehungspartnerschaft und Erziehungsdivergenzen: Die Bedeutung divergierender Konzepte von Erzieherinnen und Migranteneltern.* Springer VS.

Morgan, M. (2019a). Erziehungsstil. *socialnet Lexikon.* https://www.socialnet.de/lexikon/Erziehungsstil

Morgan, M. (Hrsg.). (2019b). *Interkulturelles Lernen mit Kinderbüchern: Eine Literatur-Analyse zur Unterstützung interkulturellen Lernens in der Kita.* 2. erweiterte Version Stand August 2019. https://www.ikk.uni-muenchen.de/download/kinderbuchprojekt2019.pdf

Morgan, M. (2019c). Pädagogische Fachkräfte mit Migrationshintergrund: Diskussion des Forschungsstandes. *Migration und Soziale Arbeit, 41*(3), 252–258.

Morgan, M. (2020a). Interkulturelle Kompetenz: Ein Konzept für die frühe Kindheit? In A. Moosmüller (Hrsg.), *Münchener Beiträge zur interkulturellen Kommunikation: Bd. 30. Interkulturelle Kompetenz: Kritische Perspektiven* (S. 333–348). Waxmann.

Morgan, M. (2020b). Kultursensibles Arbeiten: Berührungspunkte mit Kindern aus anderen Kulturen. *fiduz Infoblatt der Arbeitsstelle Frühförderung Bayern, Medizinische Abteilung, 23*(46), 12–14.

Literatur

Müller, J. (2017). Diversity im Kita-Team - Status Quo, Herausforderungen und Chancen für das Organisations- und Personalmanagement. In C. Wustmann, S. Kägi & J. Müller (Hrsg.), *Diversity im Feld der Pädagogik der Kindheit* (S. 202–221). Beltz Juventa.

Mummendey, A., Kessler, T. & Otten, S. (2009). Sozialpsychologische Determinanten: Gruppenzugehörigkeit und soziale Kategorisierung. In A. Beelmann & K. J. Jonas (Hrsg.), *Diskriminierung und Toleranz: Psychologische Grundlagen und Anwendungsperspektiven* (S. 43–60). VS Verlag für Sozialwissenschaften / GWV Fachverlage GmbH, Wiesbaden.

Nauck, B. (2006). Kulturspezifische Sozialisationsstile in Migrantenfamilien? In C. Alt (Hrsg.), *Kinderleben - Integration durch Sprache? Bedingungen des Aufwachsens von türkischen, russlanddeutschen und deutschen Kindern* (S. 155–183). Verlag für Sozialwissenschaften.

Nembhard, I. M. & Edmondson, A. C. (2006). Making it safe: the effects of leader inclusiveness and professional status on psychological safety and improvement efforts in health care teams. *Journal of Organizational Behavior, 27*(7), 941–966.

Nieke, W. (2008). *Interkulturelle Erziehung und Bildung: Wertorientierungen im Alltag* (Bd. 4). VS Verlag für Sozialwissenschaften.

Nishii, L. H. & Mayer, D. M. (2009). Do inclusive leaders help to reduce turnover in diverse groups? The moderating role of leader-member exchange in the diversity to turnover relationship. *The Journal of applied psychology, 94*(6), 1412–1426.

Ortlipp, M. & Nuttall, J. (2011). Supervision and assessment of the early childhood practicum. Experiences of pre-service teachers who speak English as a second language and their supervising teachers. *Australasian Journal of Early Childhood, 36*(2), 87–94.

Otto, H. (2014). Don't show your emotions! Emotion regulation and attachment in the Cameroonian Nso. In H. Otto & H. Keller (Hrsg.), *Different Faces of Attachment: Cultural Variations on a Universal Human Need* (S. 215–229). Cambridge University Press.

Pestalozzi, J. H. (1826). *Pestalozzis Schwanengesang.* in der Cotta'schen Buchhandlung.

Pettigrew, T. F. (1998). Intergroup contact theory. *Annual Review of Psychology, 49,* 65–85.

Portes, A. & Rumbaut, R. (2001). *Legacies. The Story of the Immigrant Second Generation.* University of California Press.

Prengel, A. (1993). *Pädagogik der Vielfalt: Verschiedenheit und Gleichberechtigung in interkultureller, feministischer und integrativer Pädagogik.* Leske + Budrich.

Prengel, A. (2006). *Pädagogik der Vielfalt: Verschiedenheit und Gleichberechtigung in Interkultureller, Feministischer und Integrativer Pädagogik*. VS Verlag für Sozialwissenschaften.

Raabe, T. & Beelmann, A. (2011). Development of ethnic, racial, and national prejudice in childhood and adolescence: A multinational meta-analysis of age differences. *Child Development, 82*(6), 1715–1737.

Radtke, F.-O. (1995). Interkulturelle Erziehung: Über die Gefahren eines pädagogisch halbierten Rassismus. *Zeitschrift für Pädagogik*(6), 853–864.

Remland, M. S., Jones, T. S. & Brinkman, H. (1995). Interpersonal Distance, Body Orientation, and Touch: Effects of Culture, Gender, and Age. *Journal of Social Psychology, 135*(3), 281–297.

Riegel, C. (2009). Integration - Ein Schlagwort? Zum Umgang mit einem problematischen Begriff. In K. E. Sauer & J. Held (Hrsg.), *Beiträge zur Regional- und Migrationsforschung. Wege der Integration in heterogenen Gesellschaften: Vergleichende Studien* (S. 23–40). VS Verlag für Sozialwissenschaften / GWV Fachverlage GmbH.

Roopnarine, J. L. (2015). Play as culturally situated: Diverse perspectives on its meaning and significance. In J. L. Roopnarine, M. M. Patte, J. E. Johnson & D. Kuschner (Hrsg.), *International Perspectives On Children's Play* (S. 1–8). Open University Press.

Roth, J. & Ettling, S. (2014). *Interkulturelle Kompetenz in Gesundheit und Pflege: Culture communication skills*. EduMedia.

Roth, X. (2010). *Handbuch Bildungs- und Erziehungspartnerschaft: Zusammenarbeit mit Eltern in der Kita*. Herder.

Rotter, C. (2014). *Zwischen Illusion und Schulalltag: Berufliche Fremd- und Selbstkonzepte von Lehrkräften mit Migrationshintergrund*. Springer VS.

Sabbagh, M. A., Xu, F., Carlson, S. M., Moses, L. J. & Lee, K. (2006). The development of executive functioning and theory of mind. A comparison of Chinese and U.S. preschoolers. *Psychological science, 17*(1), 74–81.

Schein, E. H. & Schein, P. A. (2017). *Organizational culture and leadership. The Jossey-Bass Business & Management Series*. Wiley.

Schlösser, E. (2009). Händeschütteln und andere Stolpersteine: Erziehungspartnerschaft mit Zuwandererfamilien. *Frühe Kindheit, 5*.

Schneid, M., Isidor, R., Steinmetz, H., Kabst, R. & Weber, H. (2014). Der Einfluss der Teamdiversität auf die Teamleistung: Eine Metaanalyse. *DBW Die Betriebswirtschaft, 74*(3), 183–210.

Schondelmayer, A.-C. (2018). Interkulturelle Kompetenz. In I. Gogolin, V. Georgi, M. Krüger-Potratz, D. Lengyel & U. Sandfuchs (Hrsg.), *Handbuch interkulturelle Pädagogik* (S. 49–54). Julius Klinkhardt.

Schramkowski, B. (2018). Paradoxien des ›Migrationshintergrundes': Von vorder- und hintergründigen Bedeutungen des Begriffes. In B. Blank, S. Gögercin, K. E. Sauer & B. Schramkowski (Hrsg.), *Soziale Arbeit in der Migrationsgesellschaft: Grundlagen - Konzepte - Handlungsfelder* (S. 43–52). Springer VS.

Schreiber, N. (2004). Qualität von was? Qualität wozu? Zur Perspektivität von Eltern- und Erzieherinnenurteilen. In M.-S. Honig, M. Joos & N. Schreiber (Hrsg.), *Was ist ein guter Kindergarten? Theoretische und empirische Analysen zum Qualitätsbegriff in der Pädagogik* (S. 39–67). Juventa.

Schröer, H. (2007). Interkulturelle Orientierung und Öffnung: Ein neues Paradigma für die soziale Arbeit. *Archiv für Wissenschaft und Praxis der sozialen Arbeit*(3), 80–91.

Schröer, H. (2018). Interkulturelle Öffnung und Diversity Management: Konturen einer neuen Diversitätspolitik in der Sozialen Arbeit. In B. Blank, S. Gögercin, K. E. Sauer & B. Schramkowski (Hrsg.), *Soziale Arbeit in der Migrationsgesellschaft: Grundlagen - Konzepte - Handlungsfelder* (S. 773–785). Springer VS.

Smetana, J. G. (2017). Current research on parenting styles, dimensions, and beliefs. *Current Opinion in Psychology*(15), 19–25.

Spitzberg, B. H. & Changnon, G. (2009). Conceptual Intercultural Competence. In D. K. Deardorff (Hrsg.), *The SAGE handbook of intercultural competence* (S. 3–52). SAGE.

Stange, W. (2012). Erziehungs- und Bildungspartnerschaften - Grundlagen, Strukturen, Begründungen. In W. Stange, R. Krüger, A. Henschel & C. Schmitt (Hrsg.), *Erziehungs- und Bildungspartnerschaften: Grundlagen und Strukturen von Elternarbeit* (S. 12–39). Springer VS.

Statistisches Bundesamt (Hrsg.). (2006). *Leben in Deutschland: Haushalte, Familien und Gesundheit: Ergebnisse des Mikrozensus 2005*. Statistisches Bundesamt Pressestelle.

Statistisches Bundesamt. (2020). *Bevölkerung in Privathaus-halten nach Migrationshintergrund*. https://www.destatis.de/DE/Themen/Gesellschaft-Umwelt/Bevoelkerung/Migration-Integration/Tabellen/migrationshintergrund-geschlecht-insgesamt.html

Statistisches Bundesamt, Wissenschaftszentrum Berlin für Sozialforschung & Bundesinstitut für Bevölkerungsforschung. (2021). *Datenreport 2021: Ein Sozialbericht für die Bundesrepublik Deutschland*. https://www.destatis.de/DE/Service/Statistik-Campus/Datenreport/Downloads/datenreport-2021.pdf;jsessionid=7ACC868980CC3153F34CAFC2345BCAEE.live742?__blob=publicationFile

Steele, C. M. & Aronson, J. (1995). Stereotype threat and the intellectual test performance of African Americans. *Journal of Personality and Social Psychology, 69* (5), 797–811.

Steinberg, L., Lamborn, S. D., Darling, N., Mounts, N. S. & Dornbusch, S. M. (1994). Over-Time Changes in Adjustment and Competence among Adolescents from Authoritative, Authoritarian, Indulgent, and Neglectful Families. *Child Development, 65*(3), 754.

Stürmer, S. & Kauff, M. (2020). Die Kontakthypothese. In L.-E. Petersen & B. Six (Hrsg.), *Stereotype, Vorurteile und soziale Diskriminierung: Theorien, Befunde und Interventionen* (S. 327–338). Beltz.

Sulzer, A. (2017). Inklusion als Werterahmen für Bildungsgerechtigkeit. In P. Wagner (Hrsg.), *Handbuch Inklusion: Grundlagen vorurteilsbewusster Bildung und Erziehung* (S. 12–21). Herder.

Sumner, W. G. (1940). *Folkways: A Study of the Sociological Importance of Usages, Manners, Customs, Mores, and Morals*. Ginn.

SVR. (2016). *Was wir über Flüchtlinge (nicht) wissen: Der wissenschaftliche Erkenntnisstand zur Lebenssituation von Flüchtlingen in Deutschland. Eine Expertise im Auftrag der Robert Bosch Stiftung und des SVR-Forschungsbereichs*. SVR. https://www.svr-migration.de/wp-content/uploads/2017/07/SVR-FB_Fluechtlinge_wissen.pdf

SVR. (2017). *Was wirklich wichtig ist: Einblicke in die Lebenssituation von Flüchtlingen*. Kurzinformation des SVR-Forschungsbereichs 2017-1. https://www.svr-migration.de/wp-content/uploads/2017/07/SVR-FB_Lebenslage_Fluechtlinge.pdf

SVR. (2018). *Stabiles Klima in der Integrationsrepublik Deutschland: SVR-Integrationsbarometer 2018*. SVR. https://www.svr-migration.de/wp-content/uploads/2018/09/SVR_Integrationsbarometer_2018.pdf

Tajfel, H. & Turner, J. C. (1979). An integrative theory of intergroup conflict The social psychology of intergroup relations. In S. Worchel & W. G. Austin (Hrsg.), *The social psychology of intergroup relations* (33–47). Brooks/Cole.

Textor, M. R. (2006). Einleitung. Die Zusammenarbeit mit Eltern aus der Perspektive der Erziehungs- und Bildungspläne der Länder. In M. R. Textor (Hrsg.), *Erziehungs- und Bildungspartnerschaft mit Eltern* (S. 11–31). Herder.

Textor, M. R. (2011). *Bildungs- und Erziehungspartnerschaft in Kindertageseinrichtungen*. Books on Demand.

Textor, M. R. & Blank, B. (2004). *Auf dem Wege zur Bildungs- und Erziehungspartnerschaft*. Bayerisches Staatsministerium für Arbeit und Sozialordnung, Familie und Frauen.

Thomas, A. (1993). Psychologie interkulturellen Lernens und Handelns. In A. Thomas (Hrsg.), *Kulturvergleichende Psychologie* (S. 377–424). Hogrefe Verlag für Psychologie.

Thon, S. (2017). *Bindung und Beziehung* [DVD]. AV1 Pädagogikfilme.

Literatur

Toprak, A. (2008). Erziehungsstile und Erziehungsziele türkischer Eltern. *Kinder- und Jugendschutz in Wissenschaft und Praxis, 53*(3), 72–75.

Ulich, M., Oberhuemer, P. & Soltendieck, M. (2005). *Die Welt trifft sich im Kindergarten: Interkulturelle Arbeit und Sprachförderung in Kindertageseinrichtungen.* Beltz.

Verkuyten, M. (2002). Ethnic attitudes among minority and majority children: The role of ethnic identification, peer group, peer group victimization and parents. *Social Development, 11*(4), 558–570.

Vertovec, S. (2007). Super-diversity and its implications. *Ethnic and Racial Studies, 30*(6), 1024–1054.

Vertovec, S. (2015). *Super-diversity. Key ideas.* Routledge.

Wagner, P. (2017). Vielfalt respektieren, Ausgrenzung widerstehen - aber wie kann man das lernen? Konzepte und Praxis der Aus- und Fortbildung. In P. Wagner (Hrsg.), *Handbuch Inklusion: Grundlagen vorurteilsbewusster Bildung und Erziehung* (S. 262–279). Herder.

Wagner, P. (Hrsg.). (2017a). *Handbuch Inklusion: Grundlagen vorurteilsbewusster Bildung und Erziehung.* Herder.

Wagner, P. (2017b). Vorurteilsbewusste Bildung und Erziehung mit jungen Kindern. In A. Polat (Hrsg.), *Migration und Soziale Arbeit: Wissen, Haltung, Handlung* (S. 143–152). Kohlhammer.

Walgenbach, K. (2017). *Heterogenität - Intersektionalität - Diversity in der Erziehungswissenschaft.* Barbara Budrich.

Wehinger, U. (2016). *Eltern beraten, begeistern, einbeziehen: Erziehungspartnerschaft in der Kita.* Herder.

Wemke, C. & Bemsch, C. (2019). Interkulturelle Erziehung: Ansätze und Prinzipien einer Pädagogik am Beispiel der interkulturellen Arbeit in Kindertageseinrichtungen. In N. Biedinger (Hrsg.), *Was Eltern und Fachkräfte bewegt: Ein Überblick über die vorschulische Bildung in Deutschland* (S. 128–142). Barbara Budrich.

Will, A.-K. (2016). 10 Jahre Migrationshintergrund in der Repräsentativstatistik: ein Konzept auf dem Prüfstand. *Leviathan, 44*(1), 9–35.

Will, A.-K. (2019). The German Statistical Category »Migration Background«: Historical Roots, Revisions and Shortcomings. *Ethnicities, 19*(3), 535–557.

Wöhlert, S. (2015). In Beziehung gehen: Dialogspaziergänge mit Eltern in der Eingewöhnungszeit. *Kindergarten heute, 45*(9), 32–33.

World Values Survey. (2020). *Online Data Analysis: World Values Survey Wave 7: 2017-2020.* http://www.worldvaluessurvey.org/WVSOnline.jsp